淳林话品牌

Dialogue on Branding

（第二版）

段淳林　著

WUHAN UNIVERSITY PRESS
武汉大学出版社

图书在版编目(CIP)数据

淳林话品牌/段淳林著.—2版.—武汉：武汉大学出版社,2019.2
ISBN 978-7-307-20069-2

Ⅰ.淳…　Ⅱ.段…　Ⅲ.品牌—企业管理—文集　Ⅳ.F273.2-53

中国版本图书馆 CIP 数据核字(2018)第054603号

责任编辑:韩秋婷　　责任校对:李孟潇　　版式设计:汪冰滢

出版发行：**武汉大学出版社**　(430072　武昌　珞珈山)
(电子邮箱：cbs22@whu.edu.cn　网址：www.wdp.com.cn)
印刷：武汉市金港彩印有限公司
开本:720×1000　1/16　印张:30.25　字数:430千字　插页:4
版次:2017年5月第1版　2019年2月第2版
2019年2月第2版第1次印刷
ISBN 978-7-307-20069-2　定价:125.00元

作者简介

段淳林，武汉大学广告学博士，教授，现任广东省新媒体与品牌传播创新应用重点实验室主任，华南理工大学新闻与传播学院副院长、品牌研究所所长。整合品牌传播（IBC）理论体系创始人，中央电视台广告经营与管理中心品牌顾问，中国广告教育研究会常务理事，中国广告协会学术委员会委员，中国品牌营销学会理事，广东省广告协会学术专业委员会主席。主要研究领域为移动互联网与整合品牌传播创新研究、大数据与新媒体传播效果研究。

创办全国第一个品牌传播专业，成为广东省优长学科和特色学科，交叉融合了传播学、管理学、营销学等学科，更融入华南理工大学工科技术的优势，与软件、计算机、环境等学院实现跨学科融合发展。设立广东省新媒体与品牌传播创新应用重点实验室，成为广东省首批跨学科研究平台，出版专著《整合品牌传播——从IMC到IBC的理论建构》，成为理论粤军的重要著作。

为企业转型升级提供品牌战略咨询服务，服务比音勒芬、千家智客、广东广播电视台、团贷网等50多家企业近40个行业。主持与参与国家级、省厅级项目20余项，其中“大数据与国家品牌形象的构建”获批国家社科基金立项。曾受邀出访美国爱达荷大学讲授“大数据与计算广告学”，出席美国AAA年会与ACR会议，印度新德里营销会议，并应邀出席台湾“两岸行销传播论坛”等。

公开发表学术论文40余篇，出版全国第一套“21世纪品牌传播与管理”系列教材，出版专著8部。主讲EDP、MBA、EMBA、DBA的整合品牌传播（IBC）、品牌差异化战略、大数据与增长黑客营销、大数据与移动场景营销、大数据与计算广告学的发展等课程，为近100家企业提供企业管理培训。

序

2016年2月，我受广东新闻广播之邀，在广东新闻广播《风云财经》栏目开辟《淳林话品牌》节目。转眼已经两年有余，从2016年到2017年，节目每周通过对时事热点的解读来探讨中国品牌的建设之路，对品牌的相关知识进行讲解，并在喜马拉雅、蜻蜓FM、企鹅FM等平台播出。2017年2月，节目改版升级，推出《淳林话品牌》的"2.0版"。除音频之外，通过采访企业品牌领袖，增加了网络视频，并在腾讯视频、爱奇艺等平台播出。2018年1月和今日头条达成战略合作，并设置"悟空问答"环节，在西瓜短视频平台播出。

品牌，在今天受到了越来越多的重视。什么是品牌？怎样建设品牌？在新的市场环境与媒体环境下，怎样整合传播资源，更好地进行品牌推广？这是《淳林话品牌》这个节目也是这本书想和所有的听众朋友和读者朋友一起探讨的问题和分享的观点。自栏目开通以来，我得到了很多听众朋友的支持和回应，我希望所有的听众和读者都能从这个栏目和这本书中获得一些对中国品牌建设的感悟，使得中国品牌能够在未来长远的建设中获得启发。

作为世界第二大经济体，今天的中国比任何时候都需要能够在全球市场上代表国家形象、参与商业竞争和文化交流的国家品牌。习近平总书记强调的"三个转变"、第一个"中国品牌日"的到来，都表明品牌战略已上升为国家战略。在未来，我们应该要培育和塑造一批能够代表中国参加全球商业竞争和文化交流的国家级品牌，实现“中国造”的伟大复兴，这也是每一个品牌的夙愿和使命。

品牌对企业来说有什么作用？当今的企业还有必要做品牌吗？这是我在与企业长期广泛的接触中被问及最多的问题之一，也这是大多数企业未能自发理解的一个问题。答案是肯定的。在经济全球化时代，品牌对于企业的重要性已被广泛接受和重视，品牌价值的核心所在就是加强品牌内涵的建设，以市场需求为导向，才能不断提高市场的销量。品牌价值的提升是一个多层次的、长期的过程，创建“百年老店”没有“捷径”可走。品牌是一家企业的无形资产，是消费者对企业的忠诚和信任。品牌是企业与消费者沟通的桥梁，是企业市场竞争力的综合体现。一个成功的品牌除了满足消费者对产品的功能性需求外，还要能更多地满足他们对产品某种心理需求的附加值。品牌既属于企业也属于消费者。

在 EMBA、MBA、DBA、EDP 等课程的长期授课和近 100 家企业培训及近 40 个行业的品牌咨询中，我与许多企业建立了广泛而长远的联系，深知当前中国企业的处境与疑惑。当前市场环境下，市场从成长型走向成熟型，产品同质化的问题日益严重，消费者已经很难从同类型产品的功能、质量中获得差异化体验。少数企业察觉到这种同质化，想要“创造不同”而高度关注竞争对手，最后却因为这种敏感的关注，导致自己与同行们非但没有差异，反而越发趋同，陷入“异质同质化”的陷阱。如何突破极端竞争环境？这是本书重点探讨的一个问题。

从做节目到出书进行二次传播，是有感于一位听众，她是私营企业主，是《淳林话品牌》节目的忠实粉丝。她专程从湛江飞到广州，拿着鲜花来到实验室，感谢节目内容给予她的启发，并且她已应用在企业的实践中。她说中小企业太需要这样专业的品牌指导了，并拿出了她做的密密麻麻的读书笔记，由此让我产生了出书的想法，想更好地服务于企业，服务于社会。

本书中的学术思考，是我多年求真求知与洞察现实的思想结晶。我始终认为，学术的成果不应该被当作艺术品束之高阁，在生活中它往往蕴含着巨大的能量。学术也并不遥远，有时它恰恰是生活本身。本书的特色，便是注重数据、案例与观点的统一，真正做到了学术与生活的有机结合。若能让更多企业家的经验分享为其他品牌的建设提供灵感和启发，本书的目的便已达到。

《诗》曰“周虽旧邦，其命维新”，中国历来不缺少“变”的智慧。“苟日新，日日新，又日新。”身处变动不居的环境中，欲于巨变之中把握方向，于纷繁乱象间洞若观火，仍须于事业追寻中研辨理论，在热点中“冷”思考。正如巴尔扎克所说：“一切事物的日趋完善，都来自适当的改革。”力有不逮之处，欢迎批评指正。

最后，我在此再次感谢社会各界的关心和支持，也特别感谢广东广播电视台新闻广播、广东省广告协会学术专业委员会、慧兰荟等机构对本书出版工作的大力支持。衷心感谢省广、科大讯飞、东鹏、尚品宅配、马可波罗、华帝等所有上过节目的企业的大力支持。感谢听众朋友们一直以来的关注和支持。

是为序。

段淳林

丙申年九月

于华园

目 录

目　录

Dialogue on Branding | 01

第 1 期

经济新常态下，
发展品牌是企业升级的重要路径

Dialogue on Branding ▶▶▶▶▶▶▶▶

第1期
经济新常态下，
发展品牌是企业升级的重要路径

【本期节目概述】

品牌理论是20世纪广告人对营销传播最为重大和卓越的理论贡献。在激烈的市场竞争环境中，品牌的作用越来越重要。事实上，许多世界知名企业往往都把品牌发展看成是企业发展创新的优先战略，尤其是在经济新常态下，发展品牌已经成为企业转型升级的重要路径。那么，为什么品牌在今天变得如此重要？在新的市场环境与媒体环境下，怎样整合传播资源，更好地进行品牌推广？本期节目主持人晨辰和段淳林教授将会围绕这些问题给大家提供一些建议。

一、创办全国第一个品牌传播专业

◎ 段淳林教授如何与品牌结缘？

广告学专业在华南理工大学设立较晚，属于一个年轻的专业。与此同时，全国的广告学专业保守估计有300余家，各个学校设立的广告学专业之间具有很大的相似性，如果从传统意义上去做广告学，不仅很难突破，也并非我们的初衷，我们希望找到一个突破口来发展专业特色。

因此我尝试从以下几个方面来做出努力。首先，我走访了很多高校和企业。只有从与企业的接触中了解企业真正的需求，才能培养出社会需要的人才。一直以来，我给MBA、EMBA学生讲企业文化的课程，与企业保持着亲密的接触。我打破了传播学和管理学的界限，提出了一个新的概念——传播学和管理学的交叉，市场营销和创意策划的相融。其次，借助华南理工大学的工科背景，结合工科的特色，我想把这个专业办成“文科中的工科”，于是我创办了品牌传播这一专业。

专业建立之后，我们面临许多问题，最突出的问题是没有师资。于是我到各大高校寻找合适的老师，比如陈春花老师的博士生、张金海老师的博士生、陈培爱老师的博士生，还有中山大学卢泰宏老师的博士生，中国人民大学赵启正老师的博士生，广州美术学院胡川妮老师的学生，我要找的是这些领域顶级导师的学生。因为品牌传播这个专业的吸引力，他们都愿意来尝试建设一个新的专业。

我们的辛苦也有了回报。当时新闻与传播学院的设置是四个专业，每个专业招收一个班，但品牌传播专业却是两个班，是新闻与传播学院最大的一个专业。在这几年的建设过程中，我们也发现品牌传播这个专业现在已经有了很大的影响力和学术地位，为社会输送了大量的复合型人才。

二、十年理论构建——从 IMC 到 IBC

◎ 整合品牌传播理论 IBC 是如何提出的？

整合品牌传播理论的提出，只是我的抛砖引玉。我不敢自诩，但这确实是我十年理论的沉淀和发展。《整合品牌传播》这本书出版之前三易其稿，前两次书稿中的内容我个人认为全是炒别人的冷饭。其实任何一个体系的形成，都需要一个过程，需要一点一滴的积累。在某个阶段突然想通某个点，这是需要灵感的，也需要把理论框架慢慢建构起来。其实每一个阶段都有不同的突破，对我也有一些启发。

这本书的第二版在今年就要出版了，在新书里面又加了两章 8 个主题的新内容，有原生广告、移动互联网广告、场景营销、大数据、计算广告学等前沿内容。在移动互联网的背景下，无论是前沿理论还是现实实践，发展都很快，迫使我们对很多东西都需要不断的吸收和学习。除了思考理论体系的建构，还要更多地思考在实践层面怎样用理论去指导实践。

我一直认为，传统意义上的营销学理论、管理学理论、传播理论都来自于国外。在改革开放初期，中国理论体系的缺失，给我们提供了更多的机会去学习国外的东西。但是国外的理论对中国的实践到底有多大的指导作用，是我一直以来思考的问题。国外理论成型于西方成熟的、理性的、规范的、法制化的经济环境，对他们自身的科学性指导有帮助，但是中国经济整体的发展和企业的发展，和国外有一定的差距，两者不在一个起点上，而且中国的市场规模又很大，各种不同层次的需求很多，在这种情况下怎样形成能够指导中国实践的理论，是我一直思考的问题。我认为不要总是拿西方的东西来解决中国的现实问题，我看到很多中国企业在创建品牌的过程里，是从小到大、从无到有、从弱势到强势、从不为人知到有很多忠实的用户和消费者的。

三、品牌，企业转型升级的重要路径

◎ 为什么现在我们会认为品牌这一概念更为重要？

其实这离不开国家的宏观背景和整体发展战略。我们现在经常提到新常态，在新常态这一概念里除了“不要以 GDP 为唯一的导向”，另一个很重要的点就是创新驱动，创新驱动是内在的。还有一个是产业结构的升级和调整。在整个产业结构升级里，品牌的升级是其中一个路径。对企业的发展来讲，有很多升级的路径，比如从 OEM 给别人代加工到 ODM 自主设计，再到 OBM 自主品牌，这是一个升级路径；也有产品品质自身的升级、技术的升级和价值链的升级。但是在所有升级发展的过程中，对中国的企业发展来讲，从中国制造到中国自主品牌的发展，或许是一个非常重要的路径。

今天我们都在谈论经济宏观的压力，我的观点是挑战和机遇是并存的。很多企业经过十几年的发展，有了良好的产品基础、良好的工艺、良好的技术，甚至良好的服务，那么在未来是进一步地发展提升，还是被动地缩减？每个企业的思路不一样，但是我个人认为，在这个重新洗牌、市场重新集中的过程里，可能很多行业会在自主品牌建设的过程中，逐渐集中到某些大品牌里。我经常举一个例子——像20世纪90年代电器行业的重新洗牌一样，通过市场化的洗牌，很多小品牌被市场淘汰了，逐渐集中到对品牌建设比较重视的大型企业中。不打价格战，要打精品战，通过品牌的附加值来提升品牌的无形资产和价值点，来增强企业品牌的核心竞争力，从这个层面上，品牌理念是非常重要的。

◎ 在未来的节目中，大家可以学到怎样去建设自己的品牌，应该如何建设品牌？

谈到品牌，每个人对品牌都有不同的理解，那么品牌到底是什么？品牌一定是基于战略的思考，它不仅仅是战术的问题。跟营销有所不同，品牌更多的是从战略角度去思考。品牌战略如何选择，怎么去应用？品牌系统如何建构？做单一的企业品牌还是产品品牌或者是混合品牌，是做多品牌还是双品牌等，这些战略的选择其实都是很重要的。

对企业真正有意义的，是战略的选择、对品牌系统的思考和思维方式的选择。所以对品牌系统思维上的认识，也包括品牌竞争力，都作为一种企业的综合竞争力，是一项既复杂又重要的内容。它涉及的面非常多，包括品牌竞争力如何打造、如何提升，还有品牌的传播、品牌的文化，包括品牌资产的管理等。谈及整合品牌传播时，我更多地强调在数字营销和移动互联网背景下，如何去实施品牌整体的管理和传播。很多企业在面对新的环境和传播的时候，特别是在“互联网+”背景下，移动互联网的发展促使新的传播方式层出不穷，企业主们会觉得很迷茫。原因有两点，一个是怎么从内部去建构自身的品牌，另一个是怎么从外部和用户或消费者沟通，这两者都是品牌建设中非常重要的话题。

第1期
经济新常态下，发展品牌是企业升级的重要路径

* 关键词解读 *

整合品牌传播(IBC)

1. 整合品牌传播理论提出的前提

(1)理论基础。

自1992年美国西北大学教授唐·舒尔茨提出整合营销传播理论之后，广告、促销、公关、直销、CI、包装、新闻媒体等传播活动都被纳入了营销活动的范围。唐·舒尔茨早期的整合营销传播开启了一个全新的营销时代，但是其传播目标更偏向于消费者对产品功能的认知，其传播根据是消费者对产品的认知和使用、购买方式，这决定了整合营销传播活动本质上只是一种广告策略，而品牌在整个过程中也只是作为一种印象存在于消费者心里，其本身无法在传播中发挥价值，不是真正意义上的消费者沟通。而凯文·凯勒提出的战略品牌管理理论针对的是品牌资产的建立，其理论贡献是品牌资产整合。但其理论更偏向于管理理论，对品牌共鸣、品牌核心价值和传播模式等都没有展开。因此，整合品牌传播的提出是对现有理论进行审视，探讨其借鉴意义和不足，并结合当前的营销环境和平台特点，探讨性地提出整合品牌传播理论。

(2)实践基础。

无论是营销观念还是营销实践，近30年国内营销界已经达到了一定的深度和广度。但回归中国经济的现实，大多数企业的营销依然没有达到战略规划的高度，营销只是注重短期利益而忽视长远利益的策略。如图1-1所示，营销环境整体处于一种市场为本、多方尝试的多层次状态，也经历着科特勒所描述的营销1.0、营销2.0和营销3.0三个阶段的发展，但时间上的界限没有西方市场清晰与成熟。营销1.0主要以产品销售为目标，是一种单向传播，这一阶段的营销特点是以产品功能和属性来驱动的。而营销2.0以消费者为中心，其营销目的是建立品牌关系，是一种双向沟通。营销3.0

涵盖了其他两个层次的营销活动，并能够最大限度地发挥品牌、企业、消费者和社会公众的价值，使品牌价值最大化。整合品牌传播理论研究的逻辑起点就是营销 3.0 的价值观营销。营销 3.0 是以价值观为驱动，以价值共鸣为目标的多向传播。在此情境下，消费者更具有主动性，更能控制和影响企业或品牌的发展，形成以 O2O 应用为主的价值共创的营销 3.0 传播模式。

(3) 技术前提。

移动互联网是目前最有效的消费者沟通渠道，其移动性、数字化、社会性和互动性的特性使品牌传播与创意设计产生了质的飞跃。基于大数据与云计算的数字化，实现了精准营销，并提高了传播的创意。移动性客户端提供的是消费者终端的个性化服务，互动性则增强了消费者的参与度，加强了消费者体验。社会化移动网络平台满足了消费者的社会性需求和信息扩散动力的需求。

在传统营销阶段，整合只是工具意义和传播策略上的整合，通过大众传播实现与消费者沟通的目的。但在传播技术、数字媒体、消费者行为都在改变的今天，整合的内涵已经不仅仅是一种传播工具或观念、方法，而是围绕品牌的核心价值，通过数字传播平台，从品牌战略的高度上升到消费者参与、价值认同与品牌精神价值的整合。因此移动互联网技术的发展为整合品牌传播提供了技术前提。

2. IBC 的定义

整合品牌传播理论是指：企业以移动社会化媒体为主要平台，使用跨媒体整合的方式，围绕品牌核心价值开展价值共创活动，与消费者互动沟通建立价值关系，使品牌价值突破经济价值上升到社会价值的战略组织传播过程。如图 1-1 所示。

3. 整合品牌传播 IBC 的核心内涵

(1) IBC 的主体：社会性消费群体。

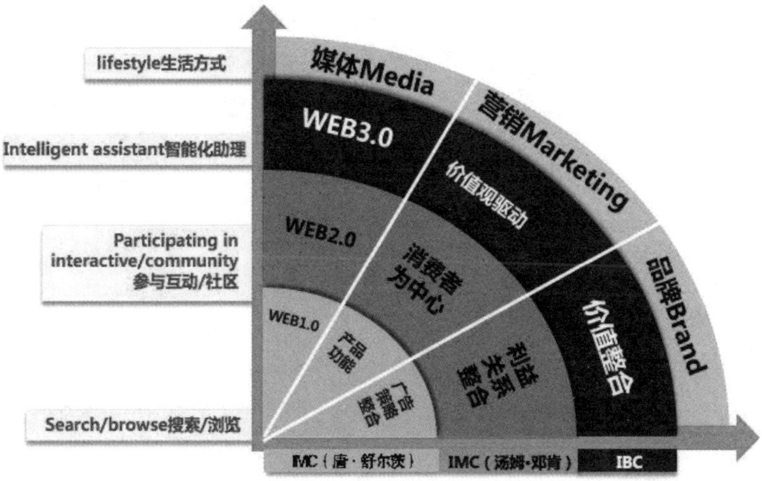

图1-1　整合品牌传播IBC构建的基础

随着表达型和创造型社会化媒体的出现和发展，消费者的社会性逐渐从心理需求层面外显化为社会化行为，他们除了有自我表达的意愿之外，还乐于参与到社会群体的讨论中，与他人共同创造出符合自身价值观的事物。从需求到行动的升级是消费者社会性的完整体现，对营销与品牌传播产生了直接影响。

(2)IBC的核心：文化精神价值。

消费者沟通核心随着品牌竞争的加剧而逐步深化，完成从差异化沟通到价值观沟通的转变。整合品牌传播(IBC)的最终目的是使品牌成为某种价值观的唯一载体。品牌核心价值是整合品牌传播的核心，而品牌核心价值的本质是文化性精神价值，这种文化性精神价值根植于特定的社会文化或民族文化。品牌通过不断吸收和整合外界文化保持自身的生命力，并围绕着品牌核心价值通过品牌文化尤其是社区文化的方式与消费者沟通，最终实现与消费者的价值共鸣。

(3) IBC 的形态：移动化跨媒体整合。

从信息传播的角度，移动化跨媒体整合的目的是通过移动终端对品牌接触点进行整合，将信息全面渗透到消费者的移动生活中，实现信息整合碎片化的重聚。从品牌资源的角度，移动化跨媒体整合的目的是建立横向和纵向的整合渠道，将品牌资源进行全面整合。任何移动化跨媒体整合，其目的是为了找到互动和交易融合的最佳渠道。

(4) IBC 的运作：战略组织传播。

企业内部良好的组织管理是品牌资源整合的重要保障，明确的品牌市场战略则是品牌资源的整合方向。整合品牌传播是一个品牌资源整合的过程，是企业从战略的角度，通过各种传播形式对企业内外部品牌资源进行整合，达到企业与消费者以及其他利益关系者的互动、互利，形成价值共同体，进而实现企业与社会协调发展的目的。

4. 整合品牌传播理论创新

整合品牌传播的理论创新是从具体操作层面对整合品牌传播理论的总结。表 1-1 是整合品牌传播理论与各经典理论对比表。

表 1-1　　**整合品牌传播理论与各经典理论对比表**

理论	层次	理论贡献	消费者关系	营销阶段
IMC(唐·舒尔茨)	产品	广告策略整合	价值认知	营销 1.0
定位理论	市场	营销战略整合	价值认知	营销 1.0
IMC(汤姆·邓肯)	消费者	利益关系整合	价值认可	营销 2.0
战略品牌管理	品牌资产	品牌资产整合	价值认同	营销 2.0
整合品牌传播	品牌价值	品牌价值整合	价值共创	营销 3.0

(1)品牌接触点的转变。

从 Web 2.0 开始，用户自创内容的产生使得消费者本身也成为品牌接触点的提供者，品牌接触点的概念在泛化，进而形成了以内容为核心的“一切接触点”的概念。消费者生成媒介 CGM 在品牌传播过程中具有主动性、实用性、真实性和易获得性等特征，消费者在 CGM 中获取信息，包括了解品牌的信息，其生成的内容就成了品牌接触点。信息本身成了载体，不同的传播媒介，品牌信息的植入性及品牌传播的融合性成了主流，从而实现“内容即媒体”的充分融合，消费者自创的信息就是品牌接触点。

(2)从消费者参与到消费者控制的转变。

互联网时代，消费者除了在互联网上获得商品信息之外，还能与其他消费者进行社交化网络信息分享，消费者的地位随着其获取信息能力的提高而提升。根据消费者对信息的掌控能力，将消费者在营销活动中的地位发展划分为三个阶段，即消费者接受、消费者参与和消费者控制。Web3.0以消费者参与为主的品牌传播逐渐向以消费者控制的信息传播转变，整合品牌传播的方式也变得娱乐化、游戏化、故事化。

(3)从广告运动到品牌运动的转变。

移动社会化媒体，奠定了消费者的市场主导地位，意味着消费者将作为精神个体存在，消费者更看重品牌的精神，即品牌的内在价值，要赢得消费者的认可就必须保证品牌价值与消费者追求价值的一致性。因此，广告运动适应移动社会化媒体的发展转向品牌运动，将品牌的话语权由企业转向消费者。从品牌运动的特点可以得知，品牌运动是一个长期性的品牌活动，实施步骤应该环环相扣，以达到传达品牌核心价值的目的。

(4)从品牌资产到社会化资产的转变。

当品牌的社会作用比其他功能更加显著的时候，其公共性也愈加凸显，品牌不再只满足消费者的需求和潜在需求，而是能产生一定的社会效益，这是一个品牌差异化到品牌社会化的过程。具体包括四方面的内涵转变：

品牌功能转变——从差异符号到价值载体；品牌拥有者转变——从私有到共有；品牌资产转变——从企业资产到社会化资产；品牌关系转变——从顾客关系到社会关系。

＊案例＊

小茗同学品牌上市整合传播

2016 年艾菲共颁出 106 个奖项，其中金奖 25 个，银奖 30 个，铜奖 51 个。统一企业(中国)投资有限公司凭借“小茗同学品牌上市整合传播”在饮料—非酒水—非碳酸类别的突出表现收获了全场大奖。来自 2015 年第三方调研公司 IRI 的一份调查显示：无提示时小茗同学的品牌认知度已经超过 30%。小茗同学为何能够在众多竞争者中脱颖而出呢？

1. 案例背景

小茗同学，是 2015 年 3 月统一企业推出的一款冷泡茶饮料品牌，以“认真搞笑，低调冷泡”为品牌口号。中国市场上的茶饮料在 2011 年以后一直不温不火，对于“95 后”来说，气泡饮料和 VC 水等功能饮料已基本满足了他们的需求。喝茶，听上去，既不时髦又不实惠。然而，2015 年 3 月横空出世的小茗同学，短短数月中一举成为统一企业甚至饮料市场的销售冠军，瞬间横扫泛“95 后”市场。原来“95 后”们不是不喝茶，只是没有精准定位。

2. 创意

(1)精准定位，打造吸引“95 后”的专属形象。

例如日本的 Qoo 酷儿果汁，在中国大热的小黄人，还有中国台湾的张君雅小妹妹，它们在本土市场的表现都非常出色，而根本卖点是品牌本身鲜明有趣的卡通形象。但是，在中国却很少有哪个饮料品牌的形象有那么鲜明的人性化设计。除了品牌调性不够鲜明及人性化，现有市场上的饮料品牌早已趋于同质化，尤其是茶饮料，看上去包装统统五光十色，给消费者的感觉却并无太大差异。基于此，统一企业打造了一款针对“95后”的品牌——“小茗同学”。

①名字的亲切感。小明是一个在学生时代无处不在的名字，出现于各种应用题、算术题、英语对话、中文造句中，所以回忆起来特别亲切。将冷泡茶新品命名为“小茗同学”，借助了同音的“茗”字，这个名字首先就在心理上贴近了消费者。

②冷幽默的魅力。“冷”是整个品牌沟通中的关键词。小茗同学的“冷”着眼于认真搞笑的冷幽默，而统一企业的冷泡制茶工艺也与之呼应，产品特点与人物性格特征相结合，由此诞生了“认真搞笑，低调冷泡”这句品牌标语。

(2)针对校园场景，多渠道精准投放。

2015年3月，统一企业在自媒体上用一轮搞笑的海报开始预热。同时，在各大学校开展校园包装创意大赛，用各种以“小茗同学”为主题的线下活动吸引校园消费者。紧接着，推出7月的宣传大戏——小茗同学独家冠名大型明星校园体验式真人秀节目《我去上学了》节目，在节目里进行深度植入；以正在悸动年龄的“95后”为主题，打造了一支《小茗同学冷泡NEW上市》广告片，在东方卫视和爱奇艺双平台进行传播。

同年9月，“鬼畜风”微表情TVC上线；同时，小茗同学和秒拍合作，号召人们模仿小茗同学的“鬼畜”表情和动作，录制并上传到秒拍，和原TVC无缝匹配地参与活动。小小一个互动活动却掀起了消费者们的模仿热潮。

3. 结果

经过一系列的整合传播，统一企业茶饮料整体收益同比增长5.4%，跑赢饮料行业和茶饮料市场大盘，市场占有率提升至24.8%。

4. 启示

为何小茗能够获得“95后”的喜爱？

“95后”的特点是理想自我多元化，个体差异大，不随便盲从，他们信奉“我就是我”。如图1-2所示，据相关调查表明，“95后”最认同当前互联网流行的价值观：宅、高冷、逗趣、呆、坏。

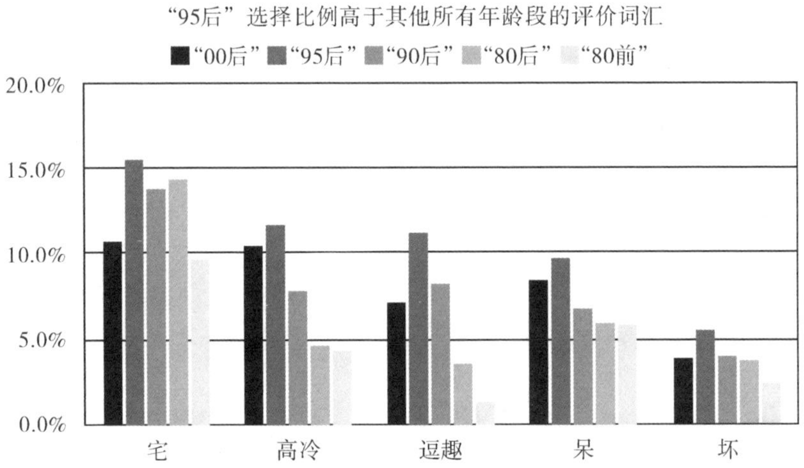

图1-2 “95后”认同的互联网流行价值观统计

而小茗同学这么一位有个性、逗趣、形象亮眼的小伙伴，要去上学却不用考试，每天的任务就是负责认真的逗趣搞笑，这样的人物性格刚好与“95后”认同的宅、逗趣、呆等个人特质紧密贴合。看似简单却基于深度人性化洞察的创意，是打动消费者的关键，精准的娱乐营销是增加热度的推手。通过拟人化的品牌战略，抓住了目标消费群的心理特征，成功将产品引入了“95后”的生活，赢得了他们的喜爱。

Dialogue on Branding 02

第 2 期

什么是品牌

Dialogue on Branding ▶▶▶▶▶▶▶▶

第 2 期
什么是品牌

【本期节目概述】

品牌存在于我们生活的方方面面，但究竟什么是品牌？品牌的价值体现在何处？企业如何解决短期利益和长期投资之间的矛盾？在目前的经济大环境下如何打造企业的品牌？本期节目主持人晨辰和段淳林教授将一起探讨商品与品牌的区分、品牌的定义和价值关系，以及企业为什么要做品牌等问题。

一、商品与品牌

◎ 什么才是真正的品牌？

品牌是非常重要的话题。实际上，我们可以这样思考，首先有一种东西叫作商品，例如小袁手机贴膜，其实是一种有名字的商品。在这之后，我们才说品牌，到最后形成强势品牌。这里面有什么差别呢？比如我们到菜市场买菜、买鱼，买的东西就是商品。在买的过程里，你特别希望有一种品牌的鱼，或者一种品牌的菜和肉，比一般的更好，更让你放心。那么假如出现“土猪壹号”这个品牌，它就是猪肉里面一个有名字的商品。那这样是不是就形成品牌了？有名字还不能算是品牌，它只是有名字的商品。在同类型产品里，如果我作为消费者要买某个产品的时候，就会想要买我认为比较好的那个产品。也就是说，消费者觉得好的、喜欢的、有信誉保障的商品，才称得上品牌。所以从用户的角度来说，他会认为通过品牌可以获得产品信誉的保障和让人能够放心使用的价值。

◎ 强势品牌和一般品牌之间最大的差别是什么？

一般品牌能让用户喜欢，觉得有品质的保障。而强势品牌，它的独特性告诉我们，它是没有选择的选择，消费者只认它，在消费者心目中有忠诚度。对于一般的品牌，我们可能会换，会有不同选择。但是对于强势品牌，从消费者的角度就会觉得我就喜欢这个品牌。消费者成为强势品牌的粉丝后，无论品牌推出什么产品，都觉得它是最好的，都相信它。在消费者脑海里会觉得强势品牌的产品是有品质保障的，是放心的东西。

◎ 从企业的角度，对品牌会有什么不同的理解？

比如有人认为，品牌对企业来说是企业的储钱罐，也就是能给企业带来未来的现金流，是企业的长期投资，未来能够给企业带来附加值；也有人说，从企业品牌主和用户的关系上来讲，品牌就像年轻人谈恋爱一样，从我不知道这个品牌，到逐渐地喜欢这个品牌，到“走进婚姻”，培养了忠诚度，除非有更好的代替它的产品出现。这是关系上的理解。有人说品牌就是用户对你的评价，有人说品牌就意味着一种信誉和承诺，也有人说品牌可以输出一种文化价值，像耐克和麦当劳，就代表了一种美国文化，像王老吉，就是中国文化的代表，等等。而光从字面上理解，“品”和“牌”是什么概念？品牌特别讲究由内而外、以内养外，一“品”一“牌”，恰好暗合儒家“内圣外王”的哲学之道：没有内部“品”的支撑，对外展现的“牌”只能是夸夸其谈，空壳一个。“品”指的是品牌的内在修养，处于核心位置；“牌”指的是关注外在的品牌传播、营销手段等。我们讲“孤阴不生，独阳不长”，只有当“品”和“牌”和谐融为一体，阴阳结合，沿着“内圣外王”的路径开出，才会真正形成富有生命力的品牌。

二、品牌是一种双向价值关系

◎ 品牌的价值是什么？

我理解的品牌实际上是一种双向的价值。从理论上讲，对品牌的理解有很多种观点。比如说品牌标识论，标识论就是区别品牌之间的差异，以差异性的符号来区分。而形象论，就是企业给消费者营造的一种形象。除却形象论之外，还存在个性论、关系论以及价值论等。

品牌是一种双向价值关系。如图2-1所示，其实双向价值关系就是品牌依托于产品，以产品为载体，以文化和理念为灵魂的组合体。在这个意义上来讲，一方面，它能满足消费者的需求；另一方面，也能实现企业主、品牌主或者是企业的价值，否则的话，企业为什么要投那么多钱去做品牌？因为企业是经济组织，它首先需要拥有的就是长期的利润来源、未来的现金流，或者是长期的回报。但是我们从消费者的角度来理解这两者之间关系的时候，首先这个品牌要对我有用，要有使用价值。其次，不仅是有用，我还愿意付出一些情感，我喜欢这个品牌，甚至可以推荐给其他人。除却情感价值之外，它还有文化价值和社会价值。从用户和使用者的角度来讲，品牌需要满足使用价值、情感价值、文化价值和社会价值的需求。

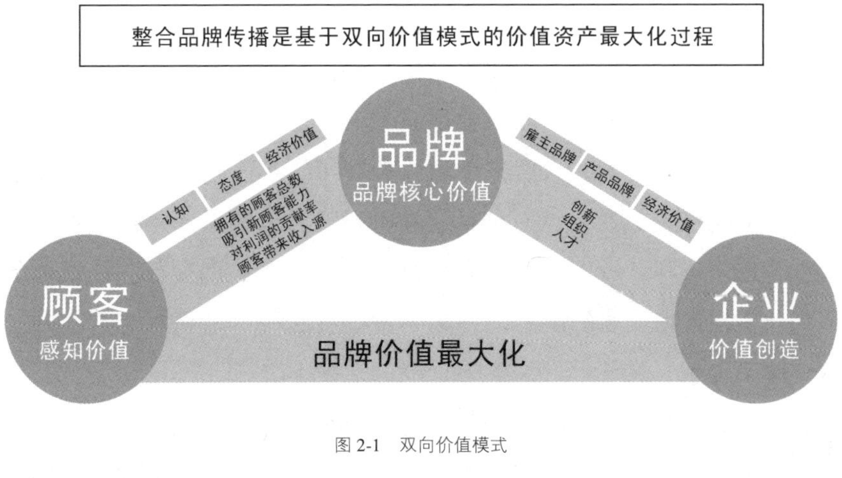

图2-1　双向价值模式

从企业的角度来讲，有了品牌之后给用户、使用者提供的就是一种承诺。那你的承诺是什么呢？首先企业要能提供良好的产品和服务，要提供产品的品质，如果是有技术含量的产品那就需要有创新的技术等。此外，企业要有诚信，还要有创新的承诺和社会责任的承诺等。从这个意义上来讲，我认为所谓的双向价值就是，一方面，我们能让企业实现它的承诺，能够给企业带来高附加值的回报；另一方面能够让消费者获得价值上的满足。所以一边是企业对用户的承诺，另一边是消费者对于某一产品或品牌的认知和评价。

三、企业为什么要做品牌

◎ 企业做品牌的迫切性在哪里？

从小企业的角度来说，如果不做品牌，就是靠规模或者价格优势在市场上生存。在这个过程里面，获得利润的空间可能会越来越小。举个例子，我认识一个老板做娃娃头雪糕生意，其实这个生产流水线是他最早引入中国的。一开始他生产一个娃娃头雪糕能挣一块钱，但是他只卖产品就只能赚取很低的利润。后来他发现和路雪也在做同样的产品，而和路雪可以卖八块钱的价格，自己的产品却只能维持低利润。到最后，他收获的利润越来越薄，没办法继续下去只能把生产线关闭了。其实他的产品质量可能是不错的，但是没有品牌，没有传播，没有形象，价格是卖不起来的，因此利润就会越来越薄。所以说，对中小企业来讲，要长远发展，很重要的一点，企业主在市场上要解决的问题和矛盾是什么呢？就是短期利益和长期投资之间的关系。

很多品牌都是从小企业开始起步的，但是它为什么能发展为大品牌或者强势品牌，能够靠它的无形资产给企业很大的回报？其中很重要的原因就是，企业主在企业的短期利益和长期投资的博弈中找到了一个平衡点。一方面，企业在市场的生存中获得短期的利益；另一方面，考虑长期的投资、品牌的战略。只有维持好这两个方面的平衡，未来当市场变动的时候，企业才可能有立足之地。

* 关键词解读 *

IBC双向价值模式

只有将品牌解释为以品牌核心价值为纽带的价值关系，才能解释品牌价值的来源。

1. 品牌本质是双向价值关系

“双向”即消费者和品牌形成双向价值关系的同时，企业与品牌也形成双向价值关系。不仅仅是企业—消费者的互动关系，还是品牌—企业—消费者三者的互动关系。其中品牌作为核心纽带，使得品牌、企业与顾客三者之间得以互动沟通，最终形成企业—品牌—消费者和消费者—品牌—企业两个过程，品牌价值在这两个过程中产生。

2. 品牌关系的核心是价值共享

(1)从单向推销到双向沟通的营销传播环境的转变。

互联网技术的迅速发展，让媒体传播环境发生了根本性的变化，社会化媒体、大数据、LBS技术等新技术的不断涌现让消费者的生活方式产生了巨大的改变，消费者成为信息生产中心。在传统营销环境中，品牌传播是控制和影响品牌信息的过程，品牌信息的主要来源是品牌主或者第三方代理机构，营销传播的重点在于选择有效的创意和媒体组合，通过与消费者互动参与的方式输出品牌信息，塑造统一的品牌形象，消费者处于被动接受信息的位置，组织的传播职能是传递和控制信息。但是在如今社会化媒体的传播平台上，消费者是主要的信息生产者，其按照自己的价值观对信息进行生产、选择、评价和传播，品牌信息的完整性和单一性逐渐弱化，并与其他信息融合，带有消费者个性和社会主流价值取向。

(2)从价值传递到价值共享的转变。

新的媒体环境和营销环境下，消费者的个人价值开始凸显，其主要的信息传播渠道是社会化媒体，社会化媒体的发展使消费者成为信息生产中心，品牌传播活动成为消费者主导的社会化活动，其社会性也日益凸显，口碑传播成为品牌传播中最有效的环节。这意味着社会化分享将主导品牌价值并影响渠道与销售流通环节，最典型的现象便是传统的B2C方式将向B2C2C和C2B转变。

而当消费者成为品牌传播主体时，品牌传播的商业性质将大大降低，变成一种社会化活动，其传播主体也将从消费群体向社会公众扩散。而对于品牌主来说，品牌传播已经不仅仅是针对目标消费群体传播产品或品牌信息的过程，而变成了面向社会公众输出品牌核心价值观，以期实现价值认同的过程，其目标是品牌与消费群体乃至社会公众形成基于品牌核心价值的价值共同体。

(3)基于顾客价值和企业价值的双向价值模式。

在双向价值模式中，顾客与企业通过品牌核心价值产生联系，进行互动沟通，形成品牌关系，两者同时也从各自的角度对品牌价值作出贡献，影响品牌核心价值的内涵；反过来，品牌的核心价值同样会影响顾客和企业的行为，并通过这种行为对品牌核心价值的正负作用来影响彼此的行为，企业和顾客的这些行为都会增加或削弱品牌价值。显然，良性的双向互动关系将会不断增加品牌的价值，在品牌关系中，双向价值模式是使品牌价值最大化的核心。

(4)双向价值模式的核心：品牌核心价值。

①品牌双向价值关系的建立。品牌双向价值关系中包含三个主体，分别是顾客、品牌和企业，品牌关系是由顾客与品牌之间的双向价值关系以及企业与品牌之间的双向价值关系构成的。顾客与品牌之间是通过顾客感

知价值产生价值联系，企业与品牌之间是通过企业的品牌价值创造系统产生价值联系，顾客、品牌与企业三者之间相互需要、相互依存、相互影响，共同构成了品牌双向价值关系的整合概念，如图 2-2 所示。

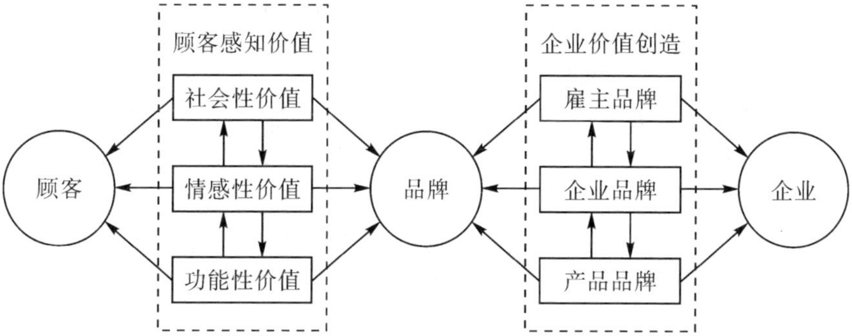

图 2-2　品牌双向价值关系的整合概念模型

②价值观的一致性是品牌关系的基石。品牌关系的本质是价值共鸣。在传统的以交易关系为核心的营销视角下，企业将价值创造的过程看作完全是由价值链条从生产到销售递减的过程，在这种条件下，消费者被看作是企业生产成本中的一部分，消费者获得的价值越多，则企业获得的价值就越少。在品牌关系的视角下，消费者将不再作为成本，而是被视为品牌资产。企业与消费者之间不是价值争夺的关系，而是价值共享的关系，这种关系模式会让品牌资产不断扩大，从而为企业和顾客双方都带来更多的价值。

品牌的核心价值观是双向价值模式的核心，它是品牌利益相关者所共同认同、遵循的价值观的高度凝结，品牌是这种价值观的载体和表征，它影响着不同利益相关者对品牌的态度和行为。对顾客来说，品牌核心价值观与消费者个人的价值观整合具有一致性，且满足了顾客的个性需求和价值表达；对企业来说，品牌核心价值观同企业价值观、企业文化的整合，是企业存在的意义和一切运营活动的指导原则。品牌的核心价值观与顾客价值和企业价值高度匹配，将会使品牌价值突破经济价值上升到社会价值，让品牌成为社会普世价值观的载体，成为强势品牌。

＊案例＊

“饿了么”：明星+直播+造节促销，用公益营销传递品牌价值

提到明星参与公益营销，两年前的“冰桶挑战”在短短两周内动员了世界各地的娱乐界、体育界甚至政界大佬的盛况还历历在目。近日，“饿了么”再出奇招，同样是明星参与，却巧妙利用H5游戏，将社会大众一同卷入，展开了一次体验式营销，通过“公益+明星+直播”的模式，再度拓宽传统公益项目边际，激发全民公益热情。

1. 案例背景

2016年9月23日，“饿了么”展开“挑战篮球传奇”的公益活动，并上线了一款简单的H5投篮游戏“饿货神投手”，参与者用进球数挑战代言人科比，并承诺：只要所有参与人数的投篮次数总和达到14亿，“饿了么”就会向“中国宋庆龄基金会科比中国基金”捐出100万元善款，为西部的孩子们建造篮球场。

2. 创意

明星+直播+游戏，公益传递品牌价值观。以篮球明星易建联、陈建州为主的首发阵容录制游戏视频，晒出游戏战绩，邀请圈内大咖进行PK接力；紧接着，吴亦凡、陈柏霖、郑恺、蒋劲夫、韩庚等群星的公益接棒，很快就带来了粉丝之间的自发传播。另外，百名“网红”也开始化身游戏主播，在美拍、一直播、映客三大年轻人聚集的平台晒出自己的“投篮技能”。

随着各位明星和行业大咖们的参与以及爱心传递，“挑战篮球传奇”顺

利霸占了微博话题榜第一的位置，话题阅读量达到了惊人的4.7亿。这也直接引发了直播红人们的挑战比拼，于是这场投篮大战从娱乐圈向网红界轰轰烈烈地蔓延开来，大批网红赶来攻占了90%的首页热门位置，吸引了1200万人次围观。最后，篮球巨星科比也发布了微博回应挑战，成为神来之笔。截至9月29日，“饿货神投手”游戏已经累计15亿次投篮数，远超最初设定的14亿目标。

3. 分析

公益营销不是新概念，但“饿了么”何以获得如此成功？

(1)合宜的话题切入。

在中国媒体环境复杂而碎片化的现在，“饿了么”选择以公益为切入点，配合明星的影响力，为消费者找到一个情感归属，创造了一个具备正面价值的营销活动。

(2)精准的节点把控。

用球星易建联连接体育圈族群与娱乐人群，用王祖蓝连接娱乐族群及财经族群，用吴亦凡连接娱乐族群及“网红”族群，通过关键传播节点的精准把控，实现了传播渠道的完美裂变。

(3)低门槛的体验式营销。

以往的公益营销往往会变成明星和企业的自嗨秀场，过于功利的态度与大众的互动越来越远。“饿了么”聪明地在活动形式上放弃了说教和盲目打感情牌，而是主要切入体验式的感官层面——“饿货神投手”用类似“冰桶挑战”的接力方式，本质是让用户参与游戏、进行体验，与此同时传递正向的情感。但与“冰桶挑战”不同的是，“饿了么”的游戏更为简单，也更为有趣，简单的手指投篮、限时30秒的刺激感，带给用户成瘾般的参与体验。

4. 执行

“饿了么”不仅关爱西部儿童的身心健康，在科比回应结束第一阶段的公益活动之后，紧接着将活动推向第二阶段。9月27日，“饿了么”集结了

4000 多家连锁大牌推出 9.27 品质节，并为之前献上爱心的小伙伴们提供了总额 1 个亿的“927 品质节”红包以示犒劳。

首先，用节奏感十足的 Rap《就爱吃得好一点》打响头炮，并在秒拍平台设置“就爱吃得好一点”专题，吸引众多秒拍红人进行模仿，一同倡导“就爱吃得好一点”的用餐理念，号召年轻人关注工作以外的生活质量，从容易引发共鸣的生活压力入手，最终落实在高品质的美食上。“就爱吃得好一点”生活态度一经推出，立刻得到澎湃新闻、浦发银行、乐视 TV 等各大行业品牌的热心响应，让外卖摆脱“将就”“不营养”的负面形象，成为品质生活的代表。

其次，为了吸引大家关注一日三餐，回归“品质用餐”，活动过程中，“饿了么”不断推出下午茶第二份半价优惠、“满减折扣”“1 折霸王餐”等撩人优惠，用专业服务和美食品质打动消费者，借势建立深层次的用户黏性。

最后，不仅要将吃货们喂饱，更要传达出“品质美食+品质服务”的诉求。从营销的本质上来说，“饿了么”通过红包、抽奖奖励形式，激发用户参与，最终将用户结合业务引流回 App。

5. 启示

此次，“饿了么”将公益作为品牌新支点，让品牌与社会公益活动之间产生良好的化学反应，变成网上的一股能量波迅速扩散。巧设温情路线，联动体育界、明星圈、“网红”资源，运用讨巧的游戏手段吸引普通民众对公益的重视，形成巨大的公益影响力，其所主导的“明星+直播+造节促销”不仅拉近了与用户之间的距离，更重塑了品牌本身的形象，让公益营销传递了企业价值观，这正是娱乐、公益到电商的跨界力量。

Dialogue on Branding 03

第 3 期

经济新常态下，品牌打造迫在眉睫

Dialogue on Branding ▶▶▶▶▶▶▶▶

第3期
经济新常态下，品牌打造迫在眉睫

【本期节目概述】

经济新常态下，我国企业急需升级转型，品牌打造迫在眉睫。企业是否陷入非做品牌不可的境地了，品牌对企业的作用是什么？本期节目主持人晨辰和段淳林教授将围绕经济新常态下品牌打造为何迫在眉睫，国产自主品牌在全球化道路上如何讲好中国故事等问题进行探讨。

一、我国企业急需升级转型

◎ 企业是否陷入非做品牌不可的境地了？

其实品牌不是企业唯一选择，对一个企业来说，它只要在市场上找到生存立足的独特模式就足够了。但是中国企业在前30年基本上是依靠规模、外部市场的发展以及非核心技术的转移发展的。而我们今天说的新常态实际上是一种新的经济结构的增长方式。这种新的经济结构就是以内在的驱动力、创新力为核心的一种形式，对中国很多的企业来讲就看企业怎么把握这个机会。在市场重新洗牌的过程中，各个不同的行业会把力量逐渐集中到某些大的品牌上，而一些不能适应社会发展的中小企业可能会被淘汰。转型升级是我们必须要面对的一个话题，我们有很多转型的路径，比如技术的提升、产品品质的提升，也有从OEM到ODM再到OBM的品牌转型升级，也就是价值链升级。当然我觉得品牌转型对中国大部分中小企业来讲是一个非常紧迫的话题，因为如果我们不改变OEM这种角色的定位，那几乎就没有生存空间了。

◎ 为什么我们要做自主品牌？

以阳江刀剪为例，众所周知阳江是生产刀剪的，而我们能说出来的自主品牌可能只有十八子。除了十八子之外，瑞士的剪刀和美国陆战队的匕首也在阳江加工生产，其中最著名的品牌是德国的双立人剪刀，它是两头在外的模式。什么是两头在外呢？就是一头是它的品牌和技术在外，另一头是它的原材料在外。而实际上我们扮演的角色只是哑铃中间的环节，也就是加工环节。双立人剪刀有270年的历史，它本身具有历史和品牌的积淀，所以一把剪刀可以卖到上千元人民币，而我国代工厂加工的利润是多少？大约10~12元钱，是非常低的，而且在这种情况下我们还面临着其他国家市场成本更低的挑战。比如说东南亚的一些国家，当越南等国的成本更低时，这些企业就有可能转移。而所有加工的产业链转移走之后，我们靠什么生存？所以我们还是要做自主品牌，虽然品牌在构建的过程中不会像我们想象的那么容易，但自主品牌的建设确实很重要。中国经济发展30年的积累给我们奠定了一个非常好的生产品质基础和技术研发基础，让我们有能力而且同时拥有国内庞大的市场需求，与此同时，很多企业也要有转向自主品牌建设的紧迫感。

比如有一个企业叫LINKFAIR（凌丰），它原来是做出口的，在出口行业里面它自主品牌的比例是非常低的，但是它有一个导向，就是在出口的产品里面卖凌丰的自主品牌。到后面，它自主品牌的份额就逐渐在扩大。遇到外部经济环境不好、出口量下降的时候，它有国内市场在支撑，它有自主品牌在支撑，因此出口的下降不会对它的整个经营造成太大的压力。

◎ 自主品牌为什么要讲好中国故事？

现在淘宝上低价的产品已经靠运费来赚钱，但低价能低到不要成本吗？企业还能把成本全部贴上吗？低于成本价还怎么去赚钱呢？

现在创建品牌的一个优势就是国家在宏观层面上给我们创造了比较好的环境。原来企业走出去基本上是靠企业自己，而现在通过国家形象的展示，比如习近平总书记及其夫人彭丽媛的出访对中国实力的展示，其实都为我们国家企业品牌走出去创造了一个良好的外部国际形象。其实习近平总书记之前也说过我们要“讲好中国故事”①，“讲好中国故事”也是打好自己品牌的另外一种说法。中国经济的一个重要的组成部分就是中国的自主品牌会不会讲自己的故事，所以这个是非常重要的。如果我们的产品足够好了，但是我们不会宣传自己的品牌也是没有用的。因此我们不仅要在国外有话语权，要有传播的渠道，更重要的是我们要知道我们自己讲什么，我们怎么讲，我们对谁讲，因为品牌传播很多时候就是一种口碑传播。

二、品牌的作用

◎ 究竟品牌能给企业带来什么？它有什么作用呢？

品牌的作用主要包括两个方面，一方面，真正有前瞻性、有战略眼光的企业家认为品牌是一种长期的投资，品牌给企业带来的是未来的现金流，能够给企业带来附加值和长期的回报，但这样会要求企业在短期行为和长期的投资过程里面找到一种平衡点。所以我们说品牌其实能够给企业带来的是一种高附加值。另一方面就是品牌代表的一种精神理念，或者一种文化的体现，它能够传播企业想传达的文化精神。比如耐克代表美国的一种文化，王老吉代表中国的一种文化，尚品宅配代表现代传统产业和互联网结合的企业品牌发展的新模式。

◎ 为什么品牌能带给企业核心竞争力？

我们特别看重品牌能够给企业带来一种核心竞争力。什么是核心竞争力？所谓核心竞争优势，就是这个企业独有的优势。所以可口可乐就算什么都没有了，只要这个品牌还在，它就可以重新来过，这就是企业的无形资产和核心竞争力，是别人无法代替的稀缺资源，也是企业独一无二的东西。任何一个企业在发展过程里面最重要的就是无形资产，比如说陈李济

---

① http://politics.people.com.cn/n1/2017/0222/c1001-29098080.html,2017-2-22。

这个四百多年历史的老字号，实际上就是沉淀下来的无形资产，那么这个无形资产就是企业所独有的。对一个企业来讲，品牌解决的是企业持续生命力的问题，它是企业的综合竞争力，又是企业的核心竞争力，因为它代表一种文化的内涵。所以从这个意义上来讲，对一个企业来说，它的生命力持续的发展离开了品牌是不行的。从消费者的层面来讲，品牌能够满足消费者的一些价值，比如同样一个品牌，你可以看到使用者给这个品牌的背书。比如我会认为和我使用同样手机的人跟我的价值观比较相近，我们是同一个圈子的人。使用者有这种关于情感、文化、精神和社会地位的满足感，从品牌对消费者的层面来讲，它还是一种商誉的保障。

在做品牌的过程中，我们中国的大部分企业都要向日本和德国的一些品牌学习。比如日本的王子制纸，你可能不知道它有什么品牌，但是它的妮飘纸巾其实有100多年的历史，这个产品的品质也是比较好的，从这可以看出，对任何一个企业来讲，产品品质其实是最重要的。100多年就做一款，或者是做一两款产品，能把它做到极致，这是做品牌非常重要的内容。而我们国内的企业总是希望能够尽快地获利，刚在某个主业上赚了一点点钱，就开始搞投资，就开始赚别的钱。实际上品质是最重要的，能把品质做到极致，是做品牌的一个基础。

* 关键词解读 *

品牌与企业

企业品牌是一种企业产品乃至一个企业区别于其他产品和企业的标志。对企业而言，它代表了一种潜在的竞争力与获利能力；对消费者而言，它是质量与信誉的保证，减少了消费者的购买成本与风险。因此，品牌为企业带来的利益是内在而持久的，品牌经营与品牌战略应成为企业发展的根本任务。

第3期
经济新常态下，品牌打造迫在眉睫

1. 品牌与企业的关系

(1)品牌战略是企业战略的重要组成部分。

品牌战略是企业战略中极为重要的组成部分之一。品牌在我们身边以不同形式和状态存在，它们所处的状态和保有的形式，就是企业战略实施的结果，尤其是品牌战略实施的结果。战术决定战略，品牌助理作为一种职业化服务，首先是战术的，或称为战术组合的，同时要密切关注战略目标，根据竞争的需要和所确立的各个阶段目标，分析所有技术，寻找出能持久支持战略甚至可以发展成为战略的那一类加以完善和发挥。

(2)品牌具有沟通企业与消费者的作用。

现代市场是一个资源竞争的市场，沟通已成为企业与消费者共同的难题。商品的交换必须建立在沟通的基础上，企业必须将特定的商品及相关知识告诉潜在的消费者，消费者也必须获得特定的商品知识作为选择商品的依据。从企业角度来看，品牌是一个企业经营活动的综合表现，有物质层面的，也有心理层面的，要在竞争中获胜，这两个层面缺一不可；从消费者角度看，品牌是消费者消费产品和服务的依据和经验、体现身份和个性的方法和工具，也是满足更高需求的期望和要求。在企业与消费者的沟通中，品牌能够起到很好的沟通和桥梁作用，是企业与消费者建立良好关系的工具，也是企业与竞争者争夺消费者的手段。

(3)优秀的品牌能提升企业的核心竞争力。

品牌经营是企业核心竞争力提升的外在表现，企业核心竞争力的提升是品牌经营的目的与归宿。品牌经营需要企业综合实力作后盾，而企业综合实力的提升有赖于核心竞争力的提升。如果说企业综合实力是品牌这幢大楼的地基，那么核心竞争力就是其支柱。而良好的品牌反过来又作用于企业，带动企业的管理创新、技术创新、营销创新，从而提升企业核心竞争力。

(4)优秀的品牌能提高企业价值。

随着知识集约型企业逐渐成为经济的中心，决定企业价值的水准远远超过了有形资产的价值。品牌实力被看成是与企业价值直接相关的最重要的因素。在国际国内的各宗并购交易案中，品牌资产作为一块巨大的无形资产得到了投资人及社会各界的广泛认可，国内关于品牌价值的评估体系也已开始建立。作为一种着眼于未来的、兼顾短期利益和长期利益的、有效的企业竞争手段，品牌显示了强大的生命力。

(5)优秀的品牌能促进企业的可持续发展。

企业的品牌战略把企业的使命、远景和能力完整地归纳为品牌定位、品牌诉求、品牌性格和支撑点，建立一个完整而有序的品牌战略平台，以指导企业新产品开发方向和具体产品特征设计，并对现有产品的改进和提升起到引导作用；指导企业传播策略，最大限度地整合传播资源；制订周密的战略计划，快速积累品牌资产，形成强大的竞争优势，促进企业的可持续发展。

2. 影响品牌的企业要素

作为品牌的法律持有者，企业对品牌的影响是显而易见的。一般来说，我们把影响品牌的企业要素分为企业硬件、企业软件和企业人三个部分。

(1)企业硬件。

企业硬件包括资金、实力、设备、厂房等，企业的硬件决定了产品的生命和企业的品牌传播持续能力。品牌培育需要资金作后盾。

(2)企业软件。

企业软件包括企业理念、企业制度、企业信誉以及企业素质等方面，是企业文化的重要组成部分，是构成企业的灵魂和支柱，对企业的影响是长期的、深刻的。企业具有的文化素质、技术研发与创新水准、企业价值观念等，直接影响着企业的行为和表现，影响着企业的生存与发展。

(3)企业人。

企业人包括企业的领导者、管理层人员、每一个普通员工甚至每个经销商都和品牌有关。企业理念、企业的发展要靠企业人的贯彻实施，企业人具有的文化素质、敬业精神、价值观念以及企业管理者的能力、战略眼光等，都直接影响着企业的行为和表现，影响着社会公众对企业的印象和评价。

针对企业内部和品牌相关的要素进行分析，了解目前企业内部品牌运营状态，是品牌发展的必要前奏。由此可得出以下结论：企业的每位成员、每件事物、每个行动，无不透露着这个企业的文化及品牌内涵。企业若想树立稳固而持久的品牌，就必须从每个细节着手，确立并体现品牌的核心意义。

* 案例 *

艺之卉　国内自主品牌的发展之路

EACHWAY 艺之卉时尚集团是一家以服装服饰产业、现代传媒产业以及创意产业三大产业为支柱的大型国际化时尚集团。集团秉承"用设计改变生活"的企业理念，以创造多层次的时尚生活方式为宗旨，集设计、生产、营销于一体，涉及服装服饰、现代艺术品、家居用品、文化生活用品、现代传媒、创意产业等多个产业，旗下拥有著名原创设计师女装品牌 EACHWAY、高端设计师女装品牌 HUI 以及时尚艺术生活方式类品牌 SOFA，以及艺之卉创意产业园、气质女人生活服务平台"十=十丨设计·生活·家"。

1. 挑战

应对国际品牌的挑战，国内自主设计品牌应如何脱颖而出？

2. 创意

以自主设计为支撑，坚持自主品牌发展。艺之卉主张以当代的艺术和设计手法传承中国文化的精髓，在时装产业中，将时装与艺术融会贯通。擅长新锐的装置艺术，创意敏捷，寓意深远。其坚持"艺术并不是神秘的、高高在上的，艺术可以被大多数人像阳光、像空气一样享受”。

3. 执行

在艺之卉的企业发展规划中，从服装走向服饰，再走向家饰，从现实卖场走向虚拟卖场，是一条顺乎逻辑的产业发展路线，艺之卉力图以此来实现对传统服装业的改造与升级。在实现对传统服装业的改造与升级中，艺之卉的选择是其实现蜕变的一个新的逻辑起点。

艺之卉以自主品牌的建设，实现着传统服装业的稳健发展与强劲扩张，又以理性而聪慧的创意，着力于传统服装业的改造与升级，更在“创意产业”与“产业创意”的战略思路下，谋求传统产业与创意产业的对接。其“百年时尚博物馆”的创立，“新锐美术馆”的发展构想，“十=十丨设计·生活·家”的勇敢实践，便是艺之卉在其产业优势基点上，所力图搭建起的文化创意产业运作的平台。

艺之卉如今已经从对产品的创造上升到品牌文化的开拓。以建设艺之卉的创意产业园、百年时尚博物馆、新锐美术馆为契机，将艺之卉的多品牌张力延展到广阔的审美境界。

艺之卉时尚集团旗下众多品牌简介及特点如下：

(1)品牌：EACHWAY(艺之卉)。

自1997年创牌至今，EACHWAY(艺之卉)始终坚持设计师品牌的发展路线，用最前沿、最国际化的时装流行语汇阐述东方服饰的审美理念和东方精神之美。“你的气质原来可以被阅读”不仅成为EACHWAY(艺之卉)多年来引领时尚的宣言，更是其独有的、不可复制的文化内涵，赋予了品牌精神层次的追求，由此推动了EACHWAY(艺之卉)从单纯做产品到做品牌的转变，运用独特的设计方式诠释了“用设计改变生活”的经营理念，精心打造了“简约自然、清新优雅、时尚品位、大气内敛”的都市白领形象。

(2)品牌：HUI卉。

HUI卉，由艺之卉百年时尚博物馆演绎而出，用现代的审美重新诠释时光中的经典，用现代观念诠释传统，用西方元素表达东方时尚，用东方人的理解方式演绎奢华。由曾和PRADA、MAX MARA、MIUMIU、FERRAGAMO、DKNY、LOUIS VUITTON等国际时装品牌合作过的国际著名意大利设计师Francesco Scianni先生与EACHWAY艺之卉创始人、首席设计师赵卉洲小姐共同合作完成，将HUI打造成有设计师特质的、东西兼容的、国际化程度极高的时尚服装品牌。

(3)品牌：SOFA。

定义都市高品质的先锋时尚生活方式的女装品牌SOFA，表达都市男女宠爱自己、享受生活的内心独白，彰显创意，传播艺术，推崇自我个性，诠释时尚生活的新经典——创意都市、艺术摩登、独具魅力。在时尚与艺术争锋，个性与创意绽放的年代，每个人都是独一无二的，每个人都有不可复制的独特自我，每个人都在追求属于自我的独特位置，SOFA的与众不同、独树一帜源于对创意和艺术的执着追求。SOFA就是年轻时尚、个性艺术生活方式的代言人。

(4)艺之卉创意产业园。

艺之卉产业园位于国家级服装产业基地深圳龙华大浪时尚城，建筑面积达50000平方米，包含鱼楼、知鱼楼、飞鱼楼，艺之卉百年时尚博物馆、艺之卉新锐美术馆、艺之卉鱼文化馆、艺之卉品牌研究院、艺之卉设计研究院、艺之卉大学。这几部分形成一个创意产业的高效系统，致力于三个方面：一是传统产业的升级和改造；二是文化和传统产业的对接；三是产业的文化化和文化的产业化。这是EACHWAY艺之卉时尚集团全力打造“时尚服饰+综合传媒+文化创意”的创新产业模式，为中国服装服饰品牌的发展，以及传统产业的升级改造，探索并提供一个全新的参考范式。

(5)十=十丨设计·生活·家。

“十=十丨设计·生活·家”是EACHWAY艺之卉时尚集团创始人、首席设计师、EACHWAY艺之卉新锐美术馆馆长赵卉洲，与时尚界、艺术界、教育界、设计界的精英朋友们，共同为高端女性全新打造的幸福满分成长平台。作为深圳市妇联挂牌的“妇女儿童之家”，“十=十丨设计·生活·家”同时也是一个公益服务平台，其运营依托由赵卉洲出资创立的“深圳市妇女儿童发展基金会·幸福卉基金”，在方方面面都体现出公益特色，并力求通过这个公益平台，让更多的社会资源有效整合，为更多的女性带来幸福的优雅生活。

4. 结果

艺之卉曾获得“十佳设计师品牌奖”“十佳女装奖”“十佳时尚品牌奖”各类奖数十项，品牌创始人赵卉洲2008年被联合国教科文组织评为“设计之都”深圳的代表设计师，2014年为APEC峰会全球领袖夫人设计“新中装”，也是首位登上米兰时装周的中国女装设计师。

5. 启示

艺之卉以自主设计为支撑，坚持自主品牌发展道路，在实施多品牌战略中坚持传承中国传统艺术，对国内自主品牌的发展具有参考价值。而如何讲好中国故事，发展自主品牌已成为中国品牌主急需思考的重要命题。

Dialogue on Branding

04

第 4 期

如何选择品牌要素、 构建品牌资产

Dialogue on Branding ▶▶▶▶▶▶▶▶

第 4 期
如何选择品牌要素、构建品牌资产

【本期节目概述】

品牌的资产包含各种要素，这些要素究竟是什么？本期节目主持人晨辰和段淳林教授将一起探讨品牌凭什么打动消费者、企业该如何选择品牌要素、构建品牌资产等相关问题。

一、品牌资产的核心要素：品牌名称

◎ 企业在选择品牌名称时应注意什么？

如图 4-1 所示，对于企业来讲，品牌一半是有形资产，另一半是无形资产；一半是使用价值，另一半是文化价值。那我们怎么去选择品牌要素、构建品牌资产呢？有两种视角：一种是从企业的角度，另一种是从消费者的角度。今天我想从企业自身的角度来谈谈怎么选择品牌要素。

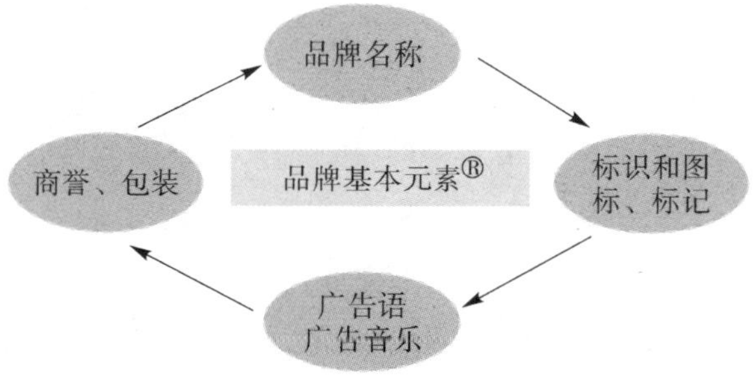

图 4-1 品牌要素

品牌资产最核心的资产是企业有一个好的名字，那么怎么样取一个好的名字，我觉得有一个基本的原则，就是要简单易记、易传播。比如苹果这一品牌名称为很多人熟知，但是苹果怎样和高科技的手机联系在一起，就需要不断的传播。它的名称就是简单易记的，而且很直截了当。例如华为，中华有为，企业的决心和使命感，可以在名字里看到。所以我觉得好的名字从企业角度来讲是最核心的资产之一，是不能够忽视的。

跨国企业在不同国家的市场起的名字不能一样，因为有时候这个名字到了其他地方之后读音不合适，或者它的寓意并不好，所以如果没有注意到这个问题的话，也会引起很大的障碍。因此，除了简单、易传播之外，还要考虑到国际化过程中的不同市场和不同文化背景。

企业在进行业务扩张的时候应考虑品牌稀释后果，那就是导致品牌价值下跌。那么如何建立品牌名称的传播壁垒呢？首先要注意产品类别、工艺名称不是品牌传播的重点，其次是要明确品牌名称才是品牌传播的重心。

二、品牌资产的关键要素： 标识与图标

◎ 如何建立充满个性的视听觉符号？

品牌名称是最重要、最核心的一个资产要素，除了名称之外还有商标、标识。标识在很长的历史时期内是表示品牌的起源、所有权或组织的一种方式。标识有两个作用，一个是识别作用，另一个就是能受到法律的保护。从设计的角度来讲，第一种是文字商标，纯粹文字的商标，第二种是文字和图形的商标，第三种是纯粹只有图形的商标，比如苹果就是图形商标。

品牌个性符号的塑造，一般来说需要经历两个阶段：第一个阶段是以具体产品带动品牌符号的阶段，即通过对某一具体产品的推广，达到在消费者心中建立品牌识别符号的目的；第二个阶段是以品牌符号带动系列产品的阶段，即通过有识别性的符号来带动品牌旗下多个产品。那么视听觉符号主要包括形象物、商标、声音标识等，在品牌资产的建立中起着关键的作用。

标识和图标具有可视性强、容易识别和可适应性强、灵活的特点，当

品牌受到限制不能写出全名时，抽象图标的作用就会更加凸显，例如英国的 National Westminster Bank 的三角形标识。而且标识与图标在服务行业中很重要，因为服务行业具有抽象与无形的特点。

三、品牌资产的特殊要素：品牌标记

◎ 品牌标记是什么？

第三个要素是和商标有密切关系的标记，标记是补充品牌名称、形象和品牌商标，让消费者和用户加强记忆。这样的标记可以加深用户和消费者对品牌形象的认知，品牌标记是受法律保护的，这也是我们重要的资产。其实我们能赋予品牌标记很多的内涵，传播我们的品牌理念，这是第三个资产。

品牌标记具有这样一些特点：色彩丰富、充满想象，容易抓住人们的兴趣，建立品牌意识；能帮助品牌传播产品的主要特性，成为宝贵的特许财产，并能产生直接利用，增加品牌与顾客的接触度；而标记中的人物成分生动有趣，能够使品牌认同快速建立，便于跨越产品种类。

四、品牌资产的快捷要素：品牌广告语

◎ 品牌广告语是什么？

第四个要素是广告语，广告语实际上是迅速建立品牌资产的一种方式。例如"好空调格力造"是格力多年来的广告语资产，是已经形成的很重要的品牌形象资产。罗斯福总统喝了麦斯威尔速溶咖啡后说了一句话，"味道好到了最后一滴"，于是就有了麦斯威尔咖啡的广告语——"滴滴香浓，意犹未尽"，一直传播到今天。还有雀巢，其实它进入中国市场后，就只有一句广告语"味道好极了"，将观念先引入。

广告语的设计要改变思维方式，要从由内向外向由外向内转变。广告

语也是品牌的形象语，要能够快速地建立品牌资产。所以最近我们给一家企业做品牌整体战略设计的时候，从广告语传播的角度将其提升到了“人生就应该自信”的层面，自信成为企业形象的一个内涵。我觉得广告语能够迅速建立品牌资产，但是重要的是企业要不断地在这样一个点上加大传播力度。可口可乐在多年的发展中大概有40多条广告语，今年它又通过广告语进行品牌形象升级。原来的广告语是“Open Happiness”，就是畅爽开怀，今年就转换成了“Tasted the Feeling”，即品味感觉。新的广告语更多的是从体验经济的角度去设计的，我们今天说体验、品味，其实都是从用户的角度去思考，所以广告语对于企业来讲是非常重要的资产。

广告语要跟品牌理念密切相关，民间也有一些很好的广告语，比如一个老太太卖橙子的广告语“比初恋还甜”，让人觉得很触动人心。格力电器原来的广告语是“好空调格力造”，以前做的广告是“让世界喜欢格力造”，然后在电视上做广告的时候就成了“让世界喜欢中国造”，这就是从一个企业的品牌到代表一个国家的形象的品牌。其实广告语也是一种说话的艺术，同样境地的情景，用不同的话语去表达，得到的效果完全不一样。而且这种广告语有时候很简单，只有一句话，这句话好像很平淡无奇，但是它的传播效果却非常好。

五、品牌资产的创新要素：广告曲与声音品牌化

◎ 什么是声音品牌化？

在这里给大家介绍一个新的产业：声音品牌化。声音品牌化就是对品牌标识和体验在声音方面的独特性、难忘性、灵活性和真实性的创造和一致的管理。声音标识语是品牌在声音方面的象征符号。选择与品牌价值相匹配的音乐，作为品牌声音标识的核心表达。

如果你关心你的品牌像什么，那么你最应该关心是它听起来像什么。

声音是一种很微妙的、短暂的、灵活的媒介，它使得创造性的成功与失败之间只有一线之隔。音乐有一种独一无二的、打动人心的力量，它对人们情感的影响是潜移默化的。音乐是声音品牌化的基础，是全世界都能理解的语言。因此我认为在品牌的较量中音乐将成为最具潜力、最具情感和最具表现力的武器。那么强势品牌是如何利用音乐传播力量优势的呢？例如哈姆雷特雪茄(Hamlet Cigars)连续40年使用巴赫乐曲《Air on the G String》。

六、品牌资产的展示要素：产品包装

◎ 产品包装有什么作用？

第五个品牌要素是包装。包装是品牌的表现与展示，把产品的技术价值、实效价值和概念点，通过产品的外形包装、色彩等外观因素表现出来。包装与装潢是产品的重要商业标识之一。包装具有这样一些优点：它可以标明品牌，传递描述性与说服性的信息；合适的包装方便超频的运输与保护，便于消费者在家中存储；鲜艳的包装还有助于产品的消费，因为色彩可以代表某种品类与服务。

产品的包装能给整体品牌形象加分，而且能够带来丰富的联想。最典型的案例就是奥美服务的可口可乐，可口可乐沿用多年的外包装，虽然主色调红色没有变，但是它的包装形象多种多样，给大家留下了很深刻的印象。

* 关键词解读 *

品牌名称

品牌名称是品牌中能够读出声音的部分，是品牌传播的核心要素，是品牌显著特征的浓缩。一个好的品牌名称本身就是一句最简短、最直接的广告语，能够迅速而有效地表达品牌的中心内涵和关键联想。品牌名称的好坏关系到品牌的成败。

1. 品牌名称的传播价值

合适的品牌名称会在品牌传播时给消费者留下深刻印象，增强品牌的市场竞争能力；品牌名称如果不当，会使消费者对其产生反感，从而远离该品牌。正如孔老夫子所说："名不正则言不顺，言不顺则事不成。"

品牌名称具有独特的传播功能：

首先，名称的传播媒介是文字和声音，能够进入人们的话语系统，覆盖日常生活的方方面面。其次，名称可以把广告、包装、造型等传播元素所表达的"意味"浓缩、积淀在其中，突破时空的制约进行传播，使消费者看到或听到品牌名称就会产生一连串的联想。此外，品牌名称可以成为对文字资源的抢占，达到垄断品牌资源的效果。

2. 品牌命名的法则

如何给品牌取一个响亮的名称呢？总的指导思想就是要达到提高品牌知名度、增强品牌联想力和利于品牌扩展的目的。有如下一些基本法则可供参照。

(1) 品牌命名要易读、易记。

品牌命名要易读、易记，就是指品牌名称要读起来好听，记起来简单。可以说，这是品牌命名最基本的要求。因为品牌名称的首要功能是它的识别功能和传播功能，名称易读、易记自然能使消费者很快地识别和理解品牌，从而有助于提高品牌知名度。

品牌名称易记，就是要做到顾客看到品牌名称就能过目不忘，不要给顾客带来理解和记忆上的难度。在业界，品牌命名流传着"一秒钟内一目了然"的原则，即可识别一种品牌，在一秒钟之内就能够记得住。

(2) 品牌命名要有特色。

品牌命名要具有特色，是指品牌命名要具有显著性的特征。这样可以增强品牌的记忆性，提高品牌意识，因为，品牌名称如果很独特，就很容易与别的品牌名称相区别，从而给顾客留下深刻的记忆，甚至可能让顾客过目不忘。

与国际上很多著名的品牌名称具有独特性相比，时下中国很多品牌名称“克隆”现象非常突出。有的品牌利用同音字进行克隆，有的品牌利用相近字进行克隆，有的品牌通过改变局部字眼进行克隆，凡此等等，一方面混淆视听，扰乱消费者购买商品，另一方面也不利于打造自己的品牌。企业要想打造强势品牌，在品牌命名时一定要具有独特性。

(3) 品牌命名要有想象力。

品牌命名要有想象力，是指要为品牌名称赋予一定的寓意，给予一定的暗示，让消费者从中产生丰富的联想或思考的体验。实践经验表明，品牌名称具有丰富的想象力，可以经常被顾客谈起或者想起，从而长久地留在人们的记忆中，让人思考、耐人寻味。

为此，在品牌命名时，为了防止出现不良的联想，还要注意以下两点：

第一，品牌命名要避免出现忌讳。

第二，品牌名称联想要顺其自然、适可而止，不宜牵强附会、过分夸张。否则，不但不能为品牌增辉，反而给人以虚伪、浮夸的感觉，引起人们的反感。

(4) 品牌命名要有亲近感。

品牌命名要有亲近感，是指品牌命名要有人情味、亲和力，能够使顾客产生赏心悦目的感觉和亲近的体验，这样可以拉近品牌与消费者的距离。为此，可以取一些人们熟悉的人名或物品名或美好的愿望作品牌名称。

(5) 品牌命名要考虑到品牌名称的延伸功能。

在现代市场竞争中，为了使新产品成功地打进市场，节约新产品的市场导入成本，越来越多的企业使用品牌延伸策略，即利用已经取得成功的品牌来推广新的产品。而要使品牌延伸策略获得成功，一个很重要的方面就是品牌名称应该具有延伸功能，即现有的品牌名称可以有效地扩展到其他产品和市场上。因此，当企业有多样化扩展的意图时，在品牌命名的过程中，应该考虑到品牌名称的延伸性。这样可以做到为企业未来的发展“预留管线”。

(6)品牌命名要考虑到品牌国际化的需要。

随着世界经济全球化和一体化的不断加强以及我国对外开放的不断扩大，品牌命名应该有国际化的视野。否则，一旦品牌走向国际市场，就可能遇到各种各样的阻力。

＊案例＊

原生广告，博朗 & 知乎颜值提升计划

微信在推出朋友圈广告时，同时提出了一句Slogan，也可以说是美好愿景——“广告，也可以是生活的一部分”。对于原生广告来说，这个愿景同样适用，甚至可以更进一步——广告，让生活更美好。

原生概念第一次由联合广场风险投资公司创始人弗雷德·威尔逊(Fred Wilson)在2011年OMMA全球会议上提出：新的广告形式将存在于网站的“原生变现系统”(Native Monetization Systems)当中。随着时间的推移，原生广告的实践也在不断增多，其中不乏优秀的原生广告案例，例如垂直应用有道词典的原生广告、资深媒体凤凰的原生广告，等等。

原生广告一般具备以下三点内涵特质：

第一，优质内容驱动，优质内容是原生广告的内在驱动力，为用户提供有用的信息，并让用户感受到信息的价值。

第二，注重用户体验，“融入感”是原生广告最显著的特征，不论是在界面设计、文字风格，还是操作习惯上，原生广告都应与其插入的媒介环

境达到融合，实现“不露痕迹、不打扰”。

第三，大数据技术支撑，依赖数据挖掘，原生广告才能实现更精准的推送，做到“在用户需要的时间推送适当的内容”。

目前，越来越多的用户开始认同原生广告的形式和价值，对原生广告内容也有着较高的接受程度。正因如此，原生广告也愈发得到品牌主的青睐，鉴于用户对传统广告形式的抵触与排斥，甚至对广告位形成了“视觉盲区”，原生广告无疑变成了品牌触达目标用户的重要途径之一。博朗剃须刀就携手知乎全平台，实现了一次“很知乎”的广告投放。

1. 案例背景

博朗3系剃须刀的目标消费者主要是都市年轻男性白领群体。博朗希望通过内涵、趣味、接地气的方式与受众沟通并传播自己“帅”的理念。为了找到这群有内涵又在乎外表的男性受众，博朗将目光锁定在知乎平台。

2. 策略创意

博朗的营销目标是通过在知乎的营销传播，建立品牌在年轻优质男性消费者心中潮流、帅气的形象。博朗抓住知乎优质用户群，整合知乎移动端原创广告资源，从“接地气、够瞎扯、有逼格”三个角度讲述博朗剃须刀在男生变帅过程中的重要作用，以触及不同喜好的男性受众。

3. 执行

博朗与知乎的合作是全方位的，执行层面有三个具体的投放。

第一，在知乎日报“这里是广告”栏目中进行推送，《这里是广告：我要变男神》以虚拟访谈节目的形式，讲述了真人屌丝变男神的故事。在访谈内容和真人图片中展现博朗品牌。

第二，联合知乎日报栏目“瞎扯 · 如何正确地吐槽”，为博朗品牌定制与“剃须”相关的问答吐槽，结合点包括吐槽的用户名定制、吐槽内容结合、添加链接跳转品牌官网/电商。

第三，按照知乎的风格完成H5页面，从发型、皮肤、着装、体魄、整洁等方面，以有逼格又不失干货的图文形式，认真地讨论“如何才能变帅”，并自然植入品牌，引导电商购买。

4. 效果

活动效果方面，《这里是广告：我要变男神》是近3个月“这里是广告”栏目阅读量最多的；“瞎扯”栏目4期总阅读次数高达740万，分享次数接近6000(未计算二次分享)，点击跳转次数超过16万；而互动H5 PV达到869769，UV达到169988，分享次数达到2984。

5. 启示

知乎是知识分享社区，其原生广告不能破坏社区的原有调性，因此，知乎上的原生广告形式丰富，有幽默类、搞笑类、悬疑类、知识科普类。知乎原生广告首秀是Kindle阅读器，Kindle知性而文艺地与用户聊阅读的趣味和价值，让喜爱阅读的用户与Kindle的推广诉求产生共鸣。品牌主借助优质平台和原生形式接触到目标用户，但只有真正做到“融入感、有价值”，才能获得用户认可。

事实上，每一次“流量大户”推出原生广告都会掀起不小的波澜，不论是社交应用微信、垂直应用有道、资深媒体凤凰还是知识分享社区知乎，它们所拥有的大量活跃用户和内容生产力，是广告主看重的优质资源。原生广告有很多不同的形式，也有人将其分成多种流派。但原生广告最重要的在于其“原生理念”——融入用户体验，为用户提供“有价值的信息”而非“劝服”，通过优质内容打造和维系品牌与用户的长期关系。

Dialogue on Branding

05

第 5 期

移动互联网时代，如何管理品牌资产

Dialogue on Branding ▶▶▶▶▶▶▶▶

第 5 期
移动互联网时代，如何管理品牌资产

【本期节目概述】

企业在进行品牌建设的过程中，越来越重视消费者的声音和体验，如何管理品牌资产成为企业非常重视的问题。本期节目主持人晨辰和段淳林教授将一起探讨如何从消费者的角度出发构建品牌资产，以及互联网大数据时代企业如何进行品牌传播等话题。

一、从消费者角度构建品牌资产

◎ 从消费者角度构建品牌资产模型包含哪些要素？

上期节目中谈到了品牌资产的要素，是从企业的角度讨论这个话题的，实际上除了企业，我们还要从消费者的角度去分析这个问题。过程分两个阶段，从传统意义上来讲，一般遵循的是大卫·艾克的品牌资产模型，如图 5-1 所示。从消费者的角度建立品牌资产的时候，消费者其实是被动的，在信息不对称的前提下，品牌资产还是无形的，是消费者心目中对品牌的评价和认知。

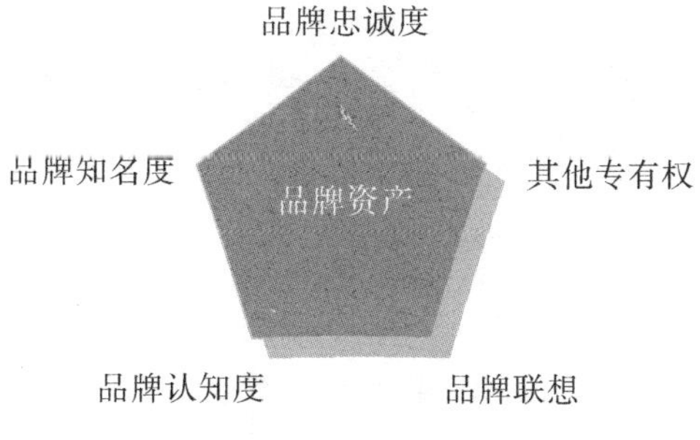

图 5-1　大卫·艾克的品牌资产模型

模型分为四个要素，第一个要素是市场的规模以及和市场相关的销量、利润率等，这是硬性要素；在这个基础上，企业品牌知名度达到什么程度，从消费者的角度来说，表现为他在想购买某一类产品时，最短时间内第一个想到的品牌是不是你。例如消费者要购买牙膏，他喜欢什么样的牙膏？他要买手机，首先想到什么样的手机？在第一时间里能让消费者想到的品牌，如果比例达到80%以上，就表示品牌的知名度非常高。

第二个要素是联想度，谈及这个品牌，消费者马上就知道它是做什么的，类似马可波罗这样的品牌，包括索菲亚橱柜、欧派，等等。这种联想度能够让消费者聚焦在某一类产品上，区分出相关品牌在这个品类中的排名。在乒乓球体育器材中最知名的品牌，除了红双喜之外，就是双鱼，我们能够联想出它是某一类的商品。你不能把双鱼说成是高压锅，这个联想就不对了。所以品牌和品类的联想，就是看品牌在某一个品类里是不是占据了第一。

第三个要素是美誉度、口碑。从企业的角度来看，有没有良好的信誉，有没有承担社会责任，对消费者来讲，表现为我是否愿意把产品介绍给我的朋友，这是基于良好的美誉度的。

最后一个要素是消费者的忠诚度。忠诚度不仅表现为重复购买，对于消费者想要购买的产品，可能有质量比它更好的，但消费者会忠诚于某个品牌，多年都不更换。我曾经做过关于牙膏的调查，有一些家庭一直使用一种牙膏，十几二十年都不变，也有可能同一个家庭中有三个人使用三种不同的牙膏，每个人都找到了适合自己的牙膏品牌，慢慢就变成了一种习惯，于是消费者就有了对品牌的忠诚度。

从这个意义上来讲，品牌资产是在消费者心中建立的无形价值。无形价值有正向也有负向，而负面的价值对品牌的影响是致命的。所以品牌一方面能够给企业带来好处和附加值，另一方面，品牌的维护和管理非常难，需要企业用心去维护。就像星巴克董事长舒尔茨说的，品牌像婴儿一样，需要呵护她。现在网络危机对品牌的影响已经变成一种常态，由于整个互联网的发展，特别是社会化媒体的影响，如果大家随时随地地对某一个品牌有不满的情绪，都会造成负面的影响。当负面影响来临的时候，企业应该怎么去应对，这是另外一个话题——品牌危机的管理和品牌危机的化解。

二、从品牌资产到社会化资产的转变

◎ 品牌资产如何实现到社会化资产的转变？

传统意义上，企业了解消费者对产品口碑的评价，但是无法和消费者进行互动，那么评价只是消费者单方面做出的。我在《整合品牌传播》这本书中提出的一个很重要的概念就是，品牌资产从传统意义上企业的品牌资产转型到社会化品牌资产。互联网特别是移动互联网的发展，让消费者和用户拥有了一个跟企业沟通和对话的平台，拥有了参与品牌建设的机会。对品牌资产的评估一方面是静态的，另一方面是动态的，用户选择怎样对品牌进行评价。在这个过程里，消费者从一开始就主动地加入到品牌的口碑评价中，实现的是从差异化符号到品牌价值认同的转变。原来消费者认同品牌是因为产品的功能有差异，所以消费者选择一直使用，品牌在他心目中口碑不错。但是今天消费者使用一个品牌时，除了满足功能的需要，还要满足精神和心理的需要，消费者会考虑品牌的气质与他自身是否符合，是否认同品牌传达的社会价值。所以在这个层面上，用户和消费者参与到了品牌的价值共创里。品牌资产管理体系如图5-2所示。

在这个平台上，消费主体变成了社会性消费主体，角色也从被动的接受方，转变成可以评论、转发的状况，形成二次传播和二次购买，甚至从产品开发开始，就加入进去成为价值共创的一个参与者。例如在小米手机整个产品研发的过程里，粉丝其实扮演着很重要的角色，那么此时整个品牌资产建构的模型和框架就发生了变化。品牌资产从原来的企业私有变成

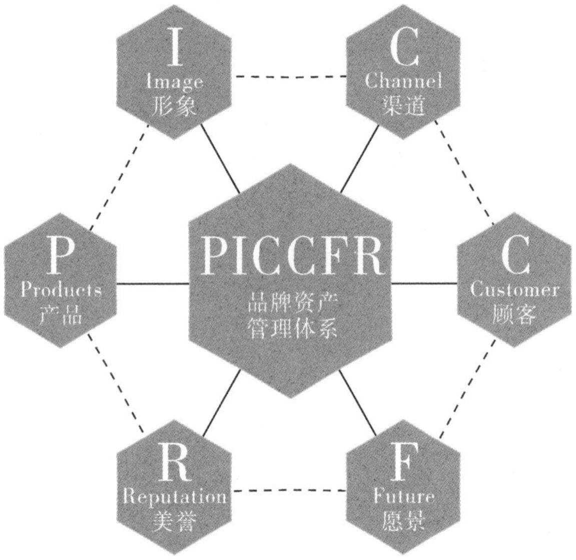

图 5-2　品牌资产管理体系

公有，变成社会性的资产。原来由广告公司或第三方服务公司负责传播一个品牌，现在转变为与企业甚至是消费者一起，共同维护品牌的发展，所以维护品牌的主体也发生了变化。

现在品牌维护工作的压力会更大，因为品牌一旦出现问题，就会在网络上很快传播开来。有时生产线上出现了一批存在问题的产品，很快就会在顾客的评价中体现出来，很可能会影响其他消费者的购买行为。因此企业会实时知道用户对产品和品牌的评价，而不像原来那样，消费者的任何评价都要做传统意义上的静态调研才能了解，现在的评价是动态的、实时的。

三、互联网大数据时代品牌的传播

◎ 在这种情况下，企业在品牌的投入中是要花更多的钱还是比原来更轻松？

第5期
移动互联网时代，如何管理品牌资产

其实品牌建设在当下更为复杂，首先是如何利用碎片化时间吸引大家的眼球，这个难度比较大。原来品牌广告集中投放到电视上，但现在媒体的选择太丰富，信息接收的渠道也太多，品牌主需要在短时间内在某一个点，让用户快速地认识品牌；其次是不要误以为在网络上传播品牌、管理品牌资产相对比较容易或者花费少，事实上社群经济里的“大 V”、明星，作为意见领袖传播的费用非常高，有些甚至比传统媒体还高。因此品牌主要想获得最佳效果，反而需要更多投入。

关于互联网投放成本的问题，因为现在互联网动态的数据可以保存下来，企业如果想要实现效果最大化，最好的方式是通过数据的分析和挖掘进行精准的营销。如果企业的数据量很少，基本上是一个结构化、静态的数据，那么传统意义上的算法就已足够。但是如果今天企业的数据是大量的，且都是动态的、海量的，那么对任何一个企业来讲，都要有前瞻性和预测性。例如消费者喜欢什么东西，原来是通过“购买”这一自己的消费行为获得的，但是有一天在消费者还没有进行消费行为的时候就有企业预测到其可能会购买什么东西，对于消费者来说就会感到吃惊了。美国有一家超市，给一个 15 岁女孩的父亲推送了很多孕产妇用的产品，例如奶粉、尿布等，她的父亲非常生气，他认为女儿才 15 岁，超市怎么就给我推荐这样的商品，后来证实他女儿确实是怀孕了。根据她最近在超市的消费习惯，超市推测出她以后可能会购买这些用品。通过数据和痕迹来预测她未来会消费哪一类产品，具备精准性。从这个层面可以看到，前期的数据分析和行为分析更为重要，只有这样才能实现精准营销。

综上所述，互联网时代品牌传播的成本并没有降低，反而给企业和品牌主带来了更多的困惑。那么企业如何解开这些困惑，也是我们在今后的节目中要讨论的话题，请大家继续关注。

* 关键词解读 *

品牌资产

品牌传播的终极目的就是增加品牌资产。在国际上有多种评估品牌资产的方法，最具代表性的是大卫·艾克教授等人提出的品牌资产的五星模型。

该理论认为，构筑品牌资产的五大元素是：品牌知名度（Brand Awareness）、品牌认知度（Perceived Brand Quality）、品牌联想度（Brand Association）、品牌忠诚度（Brand Loyalty）和其他独有资产。如果按重要性排列，分别是品牌忠诚度、品牌知名度、品牌认知度、品牌联想度和其他独有资产。

品牌知名度是受众对一个品牌的记忆程度，品牌知名度可分为无知名度、提示知名度、第一未提示知名度和第一提示知名度四个阶段。一个新产品在上市之初，在人们心中处于没有知名度的状态；如果经过一段时间的传播，品牌在部分消费者心中有了模糊的印象，在提示之下能记起该品牌，即到了提示知名阶段；下一个阶段，在无提示的情况下，能主动记起该品牌；当品牌成长为强势品牌，在市场上处于“领头羊”位置时，受众会第一个脱口而出或购买时第一个提及该品牌，这时就已达到品牌知名度的最佳状态。

品牌认知度是指受众对某一品牌在品质上的整体印象。它的内涵包括：功能、特点、可信赖度、耐用度、服务度、效用评价、商品品质的外观。它是品牌差异定位、高价位和品牌延伸的基础。研究表明，目标受众对品牌品质的肯定，会给品牌带来相当高的市场占有率和良好的发展机会。

品牌联想度是指通过品牌而产生的所有联想，是对产品特征、消费者利益、使用场合、产地、人物、个性等的人格化描述。这些联想往往能组合出一些意义，形成品牌形象。它是经过独特销售点(USP)传播和品牌定位沟通的结果。它提供了购买的理由和品牌延伸的依据。比如，提起麦当劳或者看到其金色的“M”字形门标志，人们马上联想到干净卫生、充满快乐的氛围；说到万宝路，就想到美国西部策马纵横、四海为家的牛仔，以及空旷的田野和充满魅力的万宝路乡村，那种感觉，是美的享受和升华。

品牌忠诚度是人们在购买决策中多次表现出来的对某个品牌有偏好。根据这一概念，可把顾客分为习惯购买者、满意购买者、情感购买者、忠贞购买者等。品牌忠诚度受年龄、文化、职业、收入、家庭、性格等因素的影响。

大数据营销

信息技术的发展，带动了移动互联网与物联网的迅猛发展，随之衍生了海量数据。未来学家阿尔文·托夫勒曾将大数据誉为“第三次浪潮的华彩乐章"，自大数据概念提出以来，大数据已成为热议的焦点。各行各业普遍关注大数据的商业价值，期待大数据助力营销，实现价值最大化变现。大数据的普及使传统的营销模式发生颠覆性变革，大数据营销成为新型的营销方式。随着大数据应用领域的扩大，应用效果愈加明显，大数据未来的市场前景将非常广阔。

1. 大数据营销的特点

大数据与营销的结合将是未来的主流，尤其是基于移动端的大数据营销。而大数据营销的核心便是精准，即广告信息在合适的时间段，通过合适的载体，以合适的方式，投放给合适的人。具体而言，大数据营销有以下特点：

(1)多平台数据采集。

数据来源广，类型多样，多平台的数据采集确保数据准确性和全面性。

以目标受众为导向，针对同质性较强的群体投放同类别广告，广告个性化特征突出。

(2) 时效性。

区别于传统营销方式的消费者调查，大数据营销通过获得即时的消费者反馈数据，准确把握用户的最高需求点，及时做出反应。

(3) 精准性。

通过数据分析找到小而准的数据，为用户准确画像，做出精准的用户定位和市场定位。广告主有的放矢地投放广告，并且根据效果反馈做出策略调整，减少成本投入，获得最高性价比。

(4) 关联性。

精准数据锁定目标用户现行行为，有针对性地投放广告，确保用户关注的广告具有关联性，以此提高投放效率。

2. 大数据营销现状

虽然当前大数据营销被热捧，但是大数据自身的发展仍处于早期阶段，数据采集、挖掘和分析的水平尚不成熟，数据采集不完全、挖掘分析不透彻等问题使大数据营销难以落地实施，大数据的商业价值并未能完全体现出来。未来大数据仍有较大发展空间，随着大数据技术的发展，数据最大化价值变现指日可待，大数据驱动营销日趋明显。

(1) 应用领域与数据来源。

自从大数据的概念出现并被认可之后，业界抱着极大热情向大数据敞开怀抱。在金融、房地产、电商、医疗、旅游、零售、制造业、娱乐业，等等，处处都能发现大数据的身影，好像一剂屡试不爽的拯救市场的良药，大数据营销无处不在。

数字化时代的现代人每日在网络上留下大量的残影，得益于大数据技术的进步，以往互联网的用户点击行为数据，搜索引擎的搜索、提问数据，社交网络上的社交行为数据，电子商务的信息流、资金流数据，电子地图流数据、影音资料的模拟数据均在大数据时代发挥出巨大的潜能，全平台的用户数据采集使消费者的网络残影不断清晰，直至准确定位。

(2)传统营销VS大数据营销。

传统营销模式以市场为导向，以采购为中心。因为经销商与分销商众多，营销链条偏长，成本高而时效性差，在市场竞争中缺少灵活性，不能及时满足消费者新的消费需求，属于十分被动的营销方式。因为专攻线下市场，受时间、地域制约明显，有时白白错失商机。

大数据营销模式下，海量数据与媒体的整合可以精准定位目标消费者，针对性强。这种营销模式真正从消费者出发，以顾客为导向的主动营销能满足消费者的多样需求，大量的销售数据反馈能灵活捕捉消费者的需求变化，即时调整营销策略以适应市场变化。同时，大数据营销模式突破了时空阻隔，线上线下相互结合，营销成本大大降低。

(3)大数据营销的颠覆性变革。

①营销消费行为数据化。移动互联网的发展带来数据流的膨胀，营销、消费行为皆被量化。消费行为产生的各类数据通过深度挖掘皆可成为营销的依据，形成了以数据为核心的营销闭环。

②社交网络渠道价值提升。通过大数据分析社交平台的用户属性，把握社交平台聚集群体的喜爱偏好，精准定位目标受众并投放针对性营销广告，把营销平台上的大量用户转化为潜在客户，社交网络营销渠道的价值因此得到提升。

③优化程序化购买。大数据通过数据分析，帮助广告主找到目标受众，预估和调配广告投放的内容、时间、形式，完成广告投放的整个过程。大数据使得广告营销操作更加智能化，投放效果更加显著。

④个性化服务高效能转化。消费者大数据的管理使得营销策略定位于接触点策略，投放有针对性的广告、提供人性化的客服信息和个性化页面等，让个性化营销效能更加突出。

* 案例 *

力美科技“场景定向”如何让广告一击即中

力美科技是一家移动大数据营销传媒集团，截至2015年年底，其已拥有12亿台独立移动的设备数据，11种场景大类120种POI信息，覆盖全国多个城市的地铁Wi-Fi与商圈。通过对线上线下跨行业多维数据的打通挖掘，提出DSP 2.0即移动程序化场景营销。

当下，广告主对广告的要求已不仅仅是覆盖或到达，而更注重与用户的互动和共鸣，场景作为实现与用户情感共振的最佳载体之一，将成为移动DSP未来发展的重要方向，如图5-3所示。

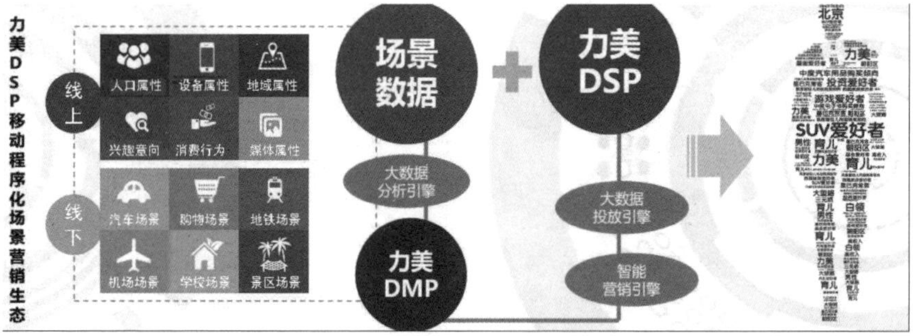

图5-3 力美DSP移动程序化场景营销生态

1. 营销背景

2015年12月，DQ联手力美DSP进行“圣诞节-1元超值换购活动”广告投放。充分挖掘“场景定向”的潜力，将移动程序化场景营销“六合适”原则（合适的人、合适的时间、合适的地点、合适的场景、合适的方式、合适的广告)发挥到极致。

Step 1：线上线下数据打通，构建“场景”营销环境。

移动 DSP 2.0 较移动 DSP 1.0 的最大优势和不同，便是对场景数据的挖掘和利用。场景数据=线上数据+线下数据。在 DQ 联手力美 DSP 进行的广告投放中，线上数据主要来自于力美 DMP 中线上部分及 DQ 第一方数据，如 DQ 目标受众的人口属性、设备属性、地域属性、兴趣意向、消费行为、媒体属性等数据。通过线上数据，描绘出精准的人群画像和人群标签(见图 5-4)。

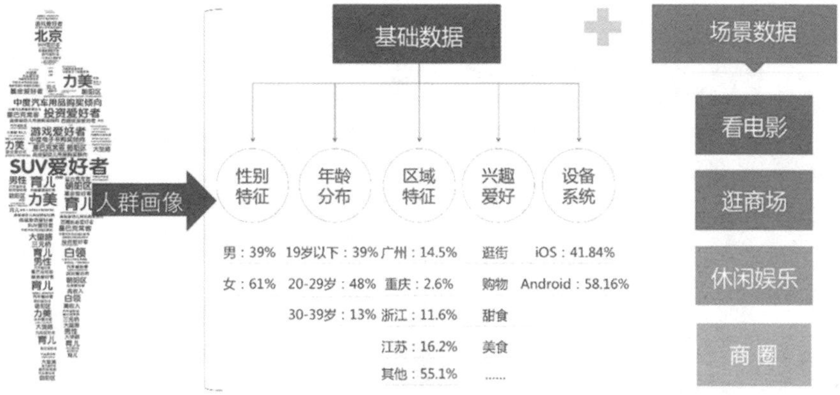

图 5-4　力美 DSP 人群画像

同时，借助于力美 DSP 流量中 35%的 GPS 数据，以及目标商圈内 LBS、POI 等定位技术获取的用户实时位置信息和历史行为轨迹信息、消费行为信息，获取目标受众的行为数据，如看电影、逛商场、休闲娱乐等线下数据。经技术识别和匹配后，勾勒出目标受众的全方位立体式画像，为后续的场景定向投放打好前站。

Step 2：四要素让广告兼具“天时地利人和”。

如果说线上数据更多的是精准锁定目标受众，那么，线下数据则更注重广告投放给目标受众的“天时地利人和”。场景定向则是对线上数据和线下数据打通后的充分利用和价值诠释，决定了广告投放给用户的时机是否恰当，也决定了广告能否有更高的转化率。

2. 启示

对消费者时间场景、地点场景、行为场景、连接场景进行场景定向，打通线上线下数据连接，在最合适的时间、最合适的地点为消费者提供适合的广告信息，不但提高了用户对广告的接受度，而且大大提高了广告转化率。

Dialogue on Branding 06

第 6 期

极端竞争环境中如何做到与众不同（一）

Dialogue on Branding ▶▶▶▶▶▶▶▶

第 6 期
极端竞争环境中如何做到与众不同（一）

【本期节目概述】

品牌如何在众多竞争中脱颖而出，成功吸引消费者的眼球？本期节目主持人晨辰和段淳林教授将一起探讨企业为什么要制定品牌差异化战略，极端竞争环境下企业如何做到与众不同，企业实现差异化的策略有哪些等话题。

一、品牌战略的核心——差异化

◎ 企业为什么要打造品牌的差异化战略？

这是一个在企业的品牌建设和学界对品牌的研究中大家都非常关心和重点思考的话题。这个话题也是品牌战略中最核心的一个命题，即如何打造品牌的差异化战略。品牌战略对企业来说是一个系统工程，牵涉的面很广，但是我们的切入点可以从哪里开始？那就是差异化。差异品牌传播战略是指企业对于各种不同的产品分别赋予不同的品牌名称和标识，并运用传播工具分别对这些品牌进行传播。差异品牌传播战略包含了各种独立的、彼此没有联系的品牌，每个品牌都在某个市场施展自己最大的影响力。品牌的差异化战略要从时代宏观背景和我们所处的环境出发，还要从企业本身产品和消费者的角度，去探讨企业为什么要进行品牌差异化战略。主要原因有以下几个方面：

首先，从市场竞争环境来讲，是典型的从卖方市场进入到买方市场。所谓的买方市场就是产品过剩，同类型的产品非常多。例如牙膏，每一个品牌的牙膏都具有洁白、清洁的功能，那不同的产品怎么能够被区分开？在这种情况下，消费者就想找到一个能适合他需求的牙膏。比如消费者的牙龈不好、容易出血，他就想找一款能够止血的牙膏，那么田七或者云南白药牙膏，就能够满足他的这个功能需求；如果消费者想要洁白，可以选择黑人牙膏，因为我们一想到黑人牙膏就联想到使牙齿洁白的功能；也有消费者可能对其他功能都不喜欢，只喜欢薄荷味的清香，产品只要能满足他的要求就足够了。也就是说，产品必须拥有一个特点让消费者能够记住，能够找到产品的独特性。所以在产品同质化严重、产品过剩的今天，怎样能够做到与众不同，这是一个非常重要的话题。

其次，从企业的角度来讲，任何的产品都是有生命周期的，会不断地被新产品所替代。所以如果企业只打产品战略，一旦有新产品出现，原来的产品就不复存在了。例如摩托罗拉从模拟机向数字机转型的时候，没有跟上产品创新的步伐，很快被诺基亚替代了。而诺基亚是从数字机向智能机转型的时候，没有跟上智能机的发展步伐，因此智能手机市场被苹果占领了。这两个品牌都采取产品战略，很快就从市场上消失了。摩托罗拉曾经是模拟机的老大，诺基亚是数字机的老大，但智能手机领域里面没有它们的位置。只有苹果、三星和华为，现在还有小米等品牌。所以从这个视角上说，品牌和产品之间是相互关联的，只有产品战略是不行的，只有品牌也是不行的，品牌必须依托在产品上，只有产品不断创新并依托品牌长期的差异化战略，才能够不断地在市场上保持核心竞争力。

最后，品牌的定位和差异化不是由企业单方面确定的，例如，苹果手机有什么与众不同的地方？它是时尚的代名词，或者说它很酷，功能强大、应用很好等，这样的认知和认同都是消费者所认为的苹果手机的独特之处。所以从最终意义上来讲，还是要能够满足消费者的需求，这是需要从宏观的背景上来考虑的问题。

二、差异化战略之独特销售主张

◎ 企业如何实现差异化战略？

我们提到差异化的时候，一定要提到在品牌或是定位营销界最著名的专家学者——杰克·特劳特和他的《定位》和《新定位》，很多人可能读过这两本书。杰克·特劳特的《定位》给我们提供了一些具体的策略，指导企业怎么做才能够实现品牌的与众不同。

首先我介绍第一个USP独特的销售主张。企业卖东西、卖产品和卖品牌，总是有和别人不一样的地方，你有什么样的主张呢？我们举一个沃尔玛的例子，其实像沃尔玛这样大型超市的业态，它并不是唯一的一家，但是在同类型的业态里，它提出了自己的销售主张——“天天平价”。“天天平价”是他独特的销售主张，消费者就会觉得它每天都是价格低廉和公平的，是让他能够接受的，那他就会选择去沃尔玛购物。还有一些品牌比如联邦快递，与其他快递公司相比，它提出的服务和销售主张是“次晨达”，在第二天的10点之前能够完成快递或者邮件的送达。实际上我们可以看到，企业把自身的销售方法叫卖出来，这个定位和其他企业是不同的。同样的业态也好，产品也好，服务也好，你和别人不同的地方在哪里？这是我们所讲的第一种，不同销售主张的定位方式。

三、差异化战略之档次定位

◎ 企业应该如何在市场中找到适合自己的位置？

第二个定位是档次定位。在市场中有低端市场、中端市场和高端市场，那么企业从一开始进入某个行业的时候，他的定位是低端、中端还是高端，到底要怎么去做，在哪一个市场里找到他合适的位置？我举一个例子，大家都知道四季酒店非常有名，而且一讲到广州的四季酒店大家就能想到西塔，因为它是广州的地标建筑。四季酒店的创始人是一个加拿大籍的犹太人Sharp，他是波兰的犹太裔，移民到[illegible]伦多，在多伦多创办了第一间四季酒店。他是[illegible]身，一开始对酒店业并不是很熟悉，但是他一直在强调他的档次，这是他最为关注的。他在伦敦选了一块大概有几十英亩的土地，想在这里建新的四季酒店，这时他就有了档次的定位。他说一定要做伦敦最高端的、跟威斯敏斯特酒店同类型的酒店。当时投资人是很反对的，于是投资方聘请了一个调研公司从科学分析的角度进行实证研究，论证酒店的高端定位是否合适。结果调研公司得出的结论是，只能做中档，不能做高档。但是 Sharp 坚持要做高档，他认为定位是不能够改变的。后来的实践可以证明，档次定位让四季酒店成为五星级酒店，甚至有人说它是超五星级、六星级的服务，四季酒店在全世界获得了成功，而且得到了大家的尊敬。

四、差异化战略之价格定位

◎ 企业如何进行价格定位？

档次定位引出了接下来和它也有相似之处的价格定位。价格定位的策略包括两种：一种就是非常高端，我们称作破高端；另一种就是很低端，我们称作破低端。例如神舟电脑，当时神舟电脑推出的时候，一下打破了所有人对电脑价格的认知，当时电脑价格都在四五千或者五六千元。但神舟电脑推出了 2000 元的笔记本电脑，甚至告诉大家：我一定要让每个人甚至农民的手上都拎上一台笔记本电脑。它的做法让人印象很深刻，因为我们在电视上很少看到把价格直接亮出来的产品，但是神舟电脑就直接把自己的价格显示出来。小米也是如此，其实小米的价格定位也是破低端的，但它也是非常成功的。从价格高端的定位角度来看，成功的案例也非常多。实际上定位的策略有很多种，企业只要选择适合自己的就足够了。但是“适合自己”就意味着企业要对自己所处的行业非常了解，不管是直觉还是从可行性分析、实证分析的角度也好，企业都要能很好地把握和把控才行，而不是盲目地认为别人的运气真好，进入到一个行业领域里马上就成功了，成功不是这么简单的。

第6期
极端竞争环境中如何做到
与众不同(一)

五、差异化战略之“成为第一”

◎ 企业还可以采用哪些差异化的策略？

其实差异化的策略还有很多，例如“成为第一”，成为某个领域的“第一”，那么这个“第一”无论是从产品、服务还是商业模式来看，企业的创新都是独一无二的。例如微信，它是一个社交平台，它的技术创新就是很独特的；例如拥有语音识别技术的科大讯飞，虽然美国人也在做，但是在这个领域的机器翻译还有包括人机对话语音的识别里，它具有自身的独特性；还有第一袋洗衣粉，第一种功能饮料，第一个胶带，第一台电视……所有的“第一个”，就是发明了这个产品，成为第一了，那大家就记住了这个品牌。例如汰渍是洗衣粉的代表，消费者都知道它属于宝洁公司，但其实世界上第一种合成洗衣粉是汰渍发明的，它就是一个发明者，所以被消费者记住了。实际上品牌需要不停的创新，因为很快就会有模仿者出现。我最近看到一篇文章，讲美国的厂商在运动内衣这个领域的竞争，它们都有自己的实验室，都在研究运动内衣怎么样才能更舒适，同时又能将体形维持得很好，所以这也是需要在技术领域不断创新和改进的。

“成为第一”是企业去创造了一个品类，例如特斯拉。特斯拉就是创造了一个品类，它首先解决了汽车发动机用什么驱动的问题。用汽油驱动、柴油驱动实际上都造成了汽车尾气对大气的污染，特斯拉能够用电池替代，并且有充电桩，虽然它行驶的路程还不是很理想，但是它起码是这个品类中第一个上市的，成为这种类型的汽车的一个代名词。所以不断创新是一个过程，但“成为第一”是成为某一个领域的发明人，包括第一架飞机、第一架客机，是这样的一个“成为第一”的概念。

本期节目讲解了几个策略：第一个策略是独特的销售主张，第二个策略是档次定位，第三个策略是价格定位，第四个策略是“成为第一”。还有几个策略将在下一期节目中继续和大家探讨。

* 案例 *

四季酒店的差异化战略

四季酒店是一家国际性奢华酒店管理集团，总部设于加拿大多伦多，1961 年由伊萨多·夏普(Isadore Sharp)先生创办，如今已在 39 个国家拥有近 100 家酒店及度假酒店。四季酒店被 *Travel + Leisure* 杂志及 Zagat 指南评为世界最佳酒店集团之一。

1. 坚持价值定位成就品牌形象

四季酒店的创始人 Sharp 是一位加拿大籍的犹太人，后来移民到了加拿大多伦多，在多伦多创办了第一间四季酒店。他是建筑商出身，一开始对整个酒店业并不是很熟悉，但是他一直在强调酒店定位的档次，这是他最为关注的。Sharp 在伦敦选了一块大概有几十英亩的土地，在这个地皮上想建新的四季酒店的时候，他就有了档次的定位。他说：我一定要做伦敦最高端的、跟威斯敏斯特酒店同类型的酒店。但当时投资方对酒店的定位是中端，他们聘请了调研公司做实证研究，得出的结论也是：只能做中端酒店。投资方预计酒店大概设计 320 间房间，但创始人 Sharp 坚持只做 200 多间，他甚至在最后告诉投资人：多余的 100 多间的租金我来付，但是定位是不能改变的。从后来的实践中证实了档次定位让四季酒店成为五星级酒店，甚至有人评价其是超五星级、六星级的服务，这样酒店在全世界获得了成功，而且得到了大家的尊敬。正是因为创始人对品牌价值的执着追求和坚持不懈，才成就了四季酒店的品牌故事和品牌形象。

2. 品牌文化差异化策略

(1)高度定制化服务。

四季酒店希望全球 90 多家四季酒店成为全世界高端宾客在境内外旅游的首选，深入了解宾客，为他们带来定制化的服务体验。

(2)待人如己的法则。

四季酒店集团吸纳了大量的优秀人才。几十年前，四季就开始践行“待人如己”的法则。这一法则指导四季对宾客、商业伙伴、投资人以及内部人员之间的所有沟通。

(3)创新精神。

作为奢华酒店管理集团，四季在北美地区最先引入各项如今已成为行业标准的设施和服务，比如沐浴设施、浴袍、吹风机以及双线、多线电话等。四季也是第一家提供欧式礼宾服务、全天候房内用餐以及包括家庭式、素食主义和健康菜单在内的创意菜单的酒店。其他品牌特色包括每日2次的客房整理服务，1小时熨衣服务以及全天4小时干洗和干衣服务。

3. 顾客体验差异化策略

为了给顾客提供差异化的入住和消费体验，四季酒店发布了业内首创的品牌专属私人飞机，并且与席梦思(Simmons)合作，共同推出在不更换底垫的情况下可由客人根据自己喜好选择的硬、适中、软三种床垫。同时还启动了非凡体验系列计划，在不同地区打造各具特色的酒店，带给顾客耳目一新、印象深刻的个性体验。

(1)泰国金三角四季帐篷酒店。

旅客们可在接受训练后骑行大象穿越泰国热带丛林，在神秘的山间小道中跋山涉水，沿着宽阔的湄公河顺流而下，探索别具风情的当地文化。现在宾客还能亲身参与金三角亚洲象基金会的实地调研，获取第一手资料。

(2)巴黎乔治五世四季酒店。

巴黎乔治五世四季酒店作为地标性建筑，始建于1928年，香榭丽舍大街近在咫尺。酒店拥有由劳斯莱斯设计师与爱马仕携手专为酒店打造的幻影，更有历史悠久的传奇酒窖。屡获殊荣的侍酒师兼酒店米其林二星餐厅Le Cinq的总监Eric Beaumard先生，将会带着宾客深入乔治五世的传奇酒窖，品尝世界各地的珍藏佳酿。

(3)佛罗伦萨四季酒店。

酒店拥有一个35000平方米的私人植物园，融合了15世纪的宫殿和16

世纪的修道院建筑物，并设有多个美丽的休憩空间，四周环绕着的则是高大树荫和古色古香的石墙。佛罗伦萨的地标性建筑老桥的桥顶私人露台专向四季宾客开放。观赏落日美景之余，更可品尝到由酒店米其林星级餐厅主厨维托·莫力卡(Vito Mollica)特别准备的四道美食大餐。

(4)杭州西子湖四季酒店。

杭州西子湖四季酒店外形设计采用中国传统江南式园林建筑风格，雕梁画栋，亭台楼阁，仿若古代帝皇的避暑山庄，糅合宁静舒适的庭居与现代化的先进科技。宾客可从西湖泛舟，缓缓进入酒店之内。

(5)哥斯达黎加四季度假酒店。

哥斯达黎加四季度假酒店的宾客可以借助带有卓越GPS导航功能的望远镜观察南天星空，在对宇宙的浩瀚惊叹不已的同时，将享用到特别准备的调入了陨星尘埃的美味佳肴。一台连接相机和望远镜的高科技设备随时抓取璀璨星空，将这一难忘之夜制成独一无二的纪念品。

作为酒店业界的年度“奥斯卡”，《福布斯旅游指南》每年以极高标准与享誉盛名的业界经验，为美国、加拿大、英国、中国和新加坡的顶级酒店进行星级评定，为酒店业进行评定。四季酒店在2015年的五星榜单中依旧一马当先，旗下多家酒店榜上有名，其中包括四季旗舰多伦多四季酒店、洛杉矶比弗利山庄四季酒店、纽约四季酒店、夏威夷茂宜岛四季度假酒店、夏威夷华拉莱四季度假酒店以及伦敦柏丽大道四季酒店等。

4. 启示

四季酒店创始人对市场的直觉和敏锐十分重要，特别是他不仅看到“今天”和“明天”的竞争环境，更为重要的是他看到了“后天”，这是企业家非常重要的战略思维。企业家必须考虑品牌战略的方向和未来到底在哪里？选择价值定位还是价格定位？而四季酒店主张的就是卖价值，卖附加值，而不是卖价格的思维。在运营过程中四季酒店通过品牌文化差异化和顾客体验差异化策略，让品牌在消费者心中留下定位高端、定制服务、个性体验、不断创新的品牌形象。

Dialogue on Branding

07

第 7 期

极端竞争环境中如何做到与众不同（二）

Dialogue on Branding ▶▶▶▶▶▶▶▶

第7期
极端竞争环境中如何做到与众不同(二)

【本期节目概述】

随着商品经济的迅猛发展，越来越多的产品涌入市场，且同质化现象非常严重，这就要求企业在极端的竞争环境中做到与众不同，在上期节目中段淳林教授和主持人晨辰已经提到4种差异化定位的策略，那么高效、实用的品牌差异化战略还有哪些，本期节目将继续讨论这个话题。

一、差异化战略之占领市场领导地位

◎ 占领市场领导地位是一个行之有效的差异化战略，那么它的具体表现是什么呢?

你肯定知道第一个发现美洲的是哥伦布，可是你记得第二个人是谁吗?做第一永远都是给别人留下深刻印象的好办法。占领市场的领导地位，就是成为某一个领域的第一品牌。

比如哈雷就是摩托车中的第一品牌，“第一”也会让消费者联想到哈雷就是这个领域的领导者；比如BAT(百度、阿里、腾讯)，分别在搜索、电商和社会化媒体方面占据绝对的领导地位；再比如商业地产领域的万达集团，2015年达到了2000多亿元的营业收入。如果有一个品牌一旦成为领导者，那么在它所属的领域内，大家都会关注该品牌的独特之处，关注该品牌的发展。消费者购买任何一个东西，都会倾向于去选择这个领域内第一或者最好的品牌，因此拥有领导地位或者说创新地位的企业更能赢得消费者的信赖。

占领市场领导地位是一种策略，企业可以从规模、技术、服务或者其他某一个点上，做成该行业的老大，当然是要实实在在的做到，不能在还没做到的时候就说自己已经成为这个领域的老大。真正的行业领导者，必须取得市场和消费者的认同，而且企业自身的业绩也确实排行第一，比如可口可乐就是软饮料行业的老大。

但是对于正在起步的企业来说，它们可能很难马上占据市场领导地位，企业要成为领军者是一个长期的过程，这里其实有一个简单一点的策略可以供它们使用。首先是要在市场中形成一定的规模，使自己能够在一个小众的品类里面取得大家的认同，这也是一个差异化的方式。比如同样都是汽车，宝马更强调驾驶者的愉悦，奔驰更强调乘坐者的舒适，沃尔沃更强调安全，奥迪更强调商务等。在品类中获得认可后，这时候大家在购买某品类的产品时，也能想到该品类排行第一的产品，比如大家要购买商务车时可能就更倾向于选择奥迪。这是一些领域内具体的差异点，在品类里面做到第一，成为领导者。还有一种策略就是极具创新能力的品牌差异化。最典型的代表就是苹果，每一年苹果的发布会都展现了极致的产品创新能力，让大家认为在智能手机行业里，苹果不仅是行业领导者，也是时尚和创新的引领者，消费者会认同苹果是时尚、酷、完美、独一无二、精英主义的代名词。但是这种创新差异化的策略可能也是最考验企业的，如果是技术型企业的话就需要不断创新，对于苹果也是如此，很多人会问下一个代替苹果的是什么？苹果未来会在哪一个方面延伸自己的应用？所以大家就看到苹果进入了一个新的领域——智能家居，苹果利用 Home Kit 这个平台将智能手机和家居应用连在一起。另外，三星的 Smart Home，也在探索智能家居的延伸，还有小米、谷歌、华为也都在向智能家居布局。智能家居、人工智能、语音识别、脸谱识别这些领域都属于下一个风口，也就是所谓的万物互联的物联网的概念。这就是本期讲的第二种策略。

二、品牌差异化战略之独特的工艺流程

◎ 实现品牌差异化战略，还有一个手段，那就是独特的工艺流程。

那么具体来说，工艺流程是如何助力品牌实现差异化的呢？

第三种策略就是独特的工艺流程，区别于同类型的产品制作工艺，消费者常常相信，产品具有某种神奇的因素使之卓尔不群；但对于这种因素到底是如何起作用的，他们往往不求甚解，独特的工艺流程便是这样一种因素。

比如说水晶领域中，法国具有200多年历史的一个品牌巴卡拉，它的定位是皇家灯饰、皇家饰品，最主要的是从设计感上体现出差异。还有施华洛世奇，施华洛世奇创办的时候，水晶并不是特别高端的东西，它的创始人在瑞士找到了这种独特的水晶设计工艺流程并带到奥地利，并利用在因斯布鲁克举办冬季奥运会滑雪项目的机会将水晶做成工艺品送给运动员，很受大家欢迎，由此，原本也是做水晶灯饰的施华洛世奇找到了新的市场，开始逐步成为水晶饰品领域的领导者。正是因为独特的水晶切割工艺，才让大家觉得施华洛世奇的水晶饰品是最好的。

三、品牌差异化战略之历史定位与广告定位

◎ 除了上面提到的差异化战略之外，还有两个定位也是实现差异化的重要手段，那么这两个定位分别是什么，又是如何起作用的呢？

传统或悠久的历史，是一个可以实现差异化定位的优势。每个国家的传统工业都可以选择基于国家本身的特质来进行定位并为世界上所有人所承认。

讲到历史定位，中国的老字号很多，像同仁堂、陈李济、王老吉等都拥有上百年的历史，让大家印象最深的就是国窖1573，还有烟草类如双喜的1916，都是依赖于这样一种历史的定位。但是历史定位会让人有一种固化的认知，比如说提到俄罗斯的鱼子酱，德国的设计，法国的时尚和红

酒……虽然葡萄酒有很多种类，德国、智利的红酒也都不错，但是很多人还是会认为法国的葡萄酒是最好的。所以历史定位会造成这种固化的认知。

但不是说所有的产品都适合进行历史定位。有些产品和历史的匹配性很高，比如酒，历史越长越能体现品质的沉淀。但大部分品牌在进行历史定位的时候，说的是自己品牌本身的历史，只是让大家觉得这个品牌的时间很长而已，这种品牌就不适合历史定位。

那么除了历史定位外，还有一个广告定位。广告语是用来传递有关品牌的描述性或说服性信息的短语，是品牌的口头语言，其他传播物是品牌的身体语言。另外，广告语还是品牌宣传最有利的方式，能迅速建立品牌资产。广告语的设计要遵循两个原则，一是与品牌名称相呼应，二是与品牌核心理念与核心价值相匹配。

广告定位最成功的就是可口可乐，在最早期的定位中它的口号是“最正宗的可乐”，其实这是一个基于功能的定位，明确了与百事、七喜的差异。可口可乐认为自己是更高级的，相比于百事可乐更能登上大雅之堂，这个广告在功能性定位方面取得了很大的突破。可口可乐在广告定位方面给人们最大的启发是围绕一个核心主题不断进行广告语的提升，可口可乐的核心就是 Open and Happiness，到现在它已经换了 48 个广告语了，最新换的是 Taste the Feeling，非常适合当下的时代背景，给人留下了非常深的印象。

＊案例＊

施华洛世奇的精美设计

施华洛世奇自 1895 年于奥地利创立以来，就一直遵循创始人丹尼尔·施华洛世奇(Daniel Swarovski)的宗旨，在仿水晶切割工艺上精益求精，追求设计上的创新，赢得了国际知名首饰及配饰品牌的美誉。

第7期
极端竞争环境中如何做到与众不同(二)

1. 产品设计

施华洛世奇产品是独特的水晶设计及超卓制作技巧的完美结合，施华洛世奇会从水晶的内涵、工艺上发挥，通过水晶切割的技术来展现光泽面，可以说，设计，是施华洛世奇的骄傲。

例如2016年的新款Iconic Swan链坠，将产品设计再次推上一个高度，颜色选择了高贵的镀白金色，通过施华洛世奇独有的Pointiage® 低温陶瓷镶嵌技术，为链坠精心镶嵌色彩柔和渐变的仿水晶，自然典雅，闪烁夺目。

2. 店面设计

施华洛世奇重视设计，不但体现在产品方面，也体现在店铺设计方面，从20世纪80年代起，施华洛世奇一直采用红蓝色调的店铺风格，一直应用至2006年，此后更新了形象设计，采用了日本设计师的"水晶森林"的主题概念，随后逐渐在全世界范围内推行。

"水晶森林"一方面使水晶与自然界更加完美地结合，另一方面也突出了水晶的无限可能性。在施华洛世奇精品店的内部，从表面上看，所有的墙体都是由"水晶森林"元素遮盖，或由各种不同长度的金属棱柱替代，这些多层次的元素创造了一个视觉深度，将人们带进了水晶森林的奇幻世界。

3. 启示

品牌或产品想实现差异化，并在消费者心中占据一席之地，很关键的一项是要看其自身的品质是否过硬，但是评价产品优劣的标准并不只有原材料一项，加工流程和工艺同样对产品品质好坏有着巨大的影响，在提高原材料质量上遇到瓶颈时，不如像施华洛世奇一样，找到另一个较少企业关注的点，做到极致，便能做成自己的"差异点"。

Dialogue on Branding

08

第 8 期

极端竞争环境中如何做到与众不同（三）

Dialogue on Branding ▶▶▶▶▶▶▶▶

第8期
极端竞争环境中如何做到与众不同(三)

【本期节目概述】

本期节目中，段淳林教授和主持人晨辰将就差异化战略的话题给出更多建议，包括在品牌差异化的具体策略中，品牌该如何找到自己的市场专长；在小众化的领域如何打动消费者；为什么说打造隐形冠军对“中国智造”至关重要；又该如何把文化价值不断注入商品里面；以及如何让商品更具有文化内涵等。

一、找到自己的市场专长

◎ 差异化对于品牌的战略制定来说非常重要，除了前两期提到的策略之外，还有哪些策略是品牌和企业必须了解的呢？

(一)渠道专长

还未提及的差异化战略还有很多，我们先从市场专长谈起，市场专长就是你在某个细分点上，可能是企业，也可能是品牌，具有独特性，也就是专注于特定业务和产品，成为专家。选择自己的力量与别人竞争，以市场专长区分于对手才是小型企业与大企业血拼的出路。

举一个以渠道著称的化妆品品牌的例子。渠道化妆品一般可能会走美容院、超市、大型百货商场、连锁商店(比如万宁)的销售渠道，或者是像天猫和唯品会这样的电子商务渠道。但是有的化妆品却可以在药店里面卖，在药店里面卖的化妆品，我们最容易想到的可能是薇姿，它就是走药店渠道的独特的化妆品品牌，这就是它的渠道专长。可能现在薇姿除了这个渠道外，还有其他的渠道，但最早我们记住这个品牌，就是因为它走药店渠道的市场专长。

（二）技术专长

另外一种市场专长是技术专长。技术专长里面，比如一个日本品牌，就是做汽车轴承的，做了上百年，其实它是一个家族企业。很多中国企业就很不理解，会想为什么做这么多年就做轴承，还整个家族都在这里面。它的创始人就说："一个小轴承是大学问。我觉得一个轴承要做好已经很不容易了。"其实在所有汽车里面，特别是高端好车，轴承很重要，那么这个企业作为轴承供应商，在这个领域做到了极致，就有它的独特性，因此大家对它的认可度也最高。所以技术专长，就是只需要在技术领域的某一个点上面做到最厉害，就能得到大家的充分认同。

（三）设计专长

还有一种市场专长是设计专长，讲到万科的房子，可能大家觉得它的地理位置选得不是很好，可能是在城乡结合部的地段。但很多人说万科的房子设计好，房型结构好。我认识建筑学院一位老师，他自己是做设计的，一看到万科的某套房子就觉得这房子太酷了，其实他不需要这个房子，就是看中万科房型的这种设计感，就买下了这个房子。所以有设计专长，在某个领域里面也是非常重要的。实际上设计专长还包括产品外形的设计，就是我们常说的产品设计和工业设计，比如我最近接触最多的是灯饰，我们的灯饰设计跟意大利的相比，还是有差距的。实际上我们一说设计，最先想到的可能就是意大利，意大利是用一个"设计"的理念撑起了很多行业，像建筑设计、服装设计甚至灯饰设计等，设计是它的一个专长。

2015 年夏天我去了米兰的欧洲设计学院 IED。在设计领域里，这个学院的人才培养理念和地位，从工业设计的角度来讲，都可能排到全球第一。其设计人才的培养基本上是跟产业对接的。所以在设计专长里面，你能够在某一个点上获得大家的认同，在同类型的产品里面做得更酷，大家就会买你的。其实设计是和消费者沟通的最后一点距离，在同类型的产品里边，产品功能和技术都一样，此时设计就是决定消费者是否动心的重要因素了。

其实产品上的一个小小细节就能打动消费者。比如切菜的砧板，有的砧板在设计上就很独特，比如在砧板旁边设计能放菜的小凹槽，或者把砧板做成不规则的形状，这就让人很想去买。再比如某种油壶，它的设计特点就是不漏油，跟其他的油壶摆在一起，你就会想买这个有特点的油壶。

讲到这里我们就不得不提德国人对这种设计的极致追求，说到砧板，德国人有一种很“刻板”的思维，他们在砧板上设计了一个隐形的电子秤，砧板右边是电子秤，左边切菜，当然也可以在电子秤上面切，当切完了要称分量的时候，电子秤就能够显示出读数，比如你切了一点青菜，3.5克，上面就会显示。德国人就是把所有东西都量化到这个程度。德国人会用到各种各样的工具，比如说剪韭菜的剪子，比如刚刚提到的油壶，还有洗米的筐，它在旁边有专门漏水的槽。这些就让人觉得它的设计特别人性化，能够打动消费者。所以我觉得设计专长是跟消费者沟通的关键点。

二、小众化的大学问

◎ 如果一个品牌不是在大众领域，而是在一个小众化的领域内，那么它如何打动消费者呢?

此外我要讲的就是“小众化”。在某一个领域，或者很专业的领域里面，它是老大。有人说“宁做鸡头，不做凤尾”就是这样的概念。在这里举一个例子，就是广告陈列用品。比如我们经常去超市，看到货架，传统意义上我们都会认为货架就是一个摆放商品的东西而已，不需要有什么设计理念，但其实这是一个专业的领域，叫作广告陈列用品。我有一个学生在金百合，就是专门做这个的。金百合是怎么进入这个行业的呢?其实在1997年的时候，那时候宝洁公司进入中国市场，它们就想找这样一个广告陈列用品的供应商，但是找不到。而创始人其实特别喜欢设计，他认为找不到的话干脆就自己来，所以在广告陈列用品这个行业里边，金百合就成了领头人，这种就是“小众化”，它们服务供应的就是宝洁，宝洁20多个品牌，基本上人们在终端看到的陈列用的东西，都是它们在做。

金百合在陈列上很有学问，而且它们的陈列和它们服务的品牌密切相关，它们不是仅仅把商品陈列出来就可以了，放在什么位置上，堆头怎么做，怎么把产品跟品牌理念匹配起来，所有的东西它有都有一整套专业的服务。还有一个例子，比如我们说的电能开关，其实电能开关方面我们知道的空调开关做得最好的大企业就是美国的霍尼韦尔，当然霍尼韦尔做得不仅仅是这个，但是我们知道空调开关工程做得最好的就是它。再比如我们的开关，人们最早知道的是松下开关，然后中国自己做了一个松可开关。这些小众化的就是这么专业的东西。还有比如说指甲剪，指甲剪是一个很小的东西，以前最知名的品牌就是韩国的“三个七”，大家都知道它的指甲剪是最好的。为了超过韩国，现在我们中山市有一个企业叫作“非常小器”，就是做指甲剪的，现在它们的销量和品牌都远远超过了“三个七”，在这个小众市场领域里面成了老大，成了领导者。这就是我们今天讲到的一种定位策略。

三、“隐形冠军”助力“中国智造”

◎ 只有那些大众看得到的产品和品牌需要差异化策略，“隐形”的产品及品牌就不需要了吗？

我们今天要讲的第三个就是“隐形冠军”。隐形冠军更多的是一个原材料的供应商，比如说电脑里面的CPU，英特尔公司就是CPU的隐形冠军。它嵌入在电脑产品里面，只是电脑元件中的一个产品，也就是我们说的元件产品，或者说原材料，包括电脑的外壳和按键也都是。我记得最早我们用按键手机的时候，有一家企业专门做手机按键的，占领了整个市场25%的份额。那个时候我们用的手机铜板和里面的东西，都是由东莞的一家上市公司负责的，它就是我们说的中国制造的世界工厂。东莞就是典型的隐形冠军的制造基地。但未来，我们一定要向德国学习，学习把所有的“隐形冠军”都变成真正的冠军，不仅是中国的冠军，还是世界的冠军。这就是制造业品牌，B2B 品牌，从“中国制造”向“中国智造”转变的另外一个话题。这个话题也是非常重要的。

我认为隐性产品做品牌，比快消品做品牌，对中国制造业的升级是更重要。如果我们在关键原材料的生产上能够自己把控，有我们自己的品牌的话，那我们中国制造业才是真正的强大。

四、为品牌注入文化内涵

◎ 本期最后一个差异化策略——为品牌注入文化内涵，它的具体表现是什么，企业具体又该如何做呢？

此外，还有一个文化定位。文化定位也就是精神价值定位，它有着很强的生命力，文化品牌差异化传播包括文化偶像、偶像品牌、身份概念的演绎者和载体、身份类产品、使品牌概念个性化等多种传播方式。

简单来说，就是企业在文化定位的功能或产品情感方面已经做得很到位了，大家已经很认同了，此时我们要提升概念，就需要把文化输出去。那么这里有一个问题，就是商品和文化是两张皮，怎么把文化价值不断地注入商品里面，怎么让商品具有文化内涵，这个过程其实是很难的。但这里面也有很多企业做得很成功，比如说哈雷，比如说耐克，其实卖的都是一种美国文化的象征。再比如今天中国的品牌，我服务的一家企业，艺之卉，是深圳的一家服装公司，她有三个品牌。第一个叫 HUI，高端女装品牌，它的品牌文化是“走在时光里的经典女人”。第二个品牌叫 EACHWAY，“原来你的气质可以被阅读”，这是它的广告语也是它的理念。还有一个品牌叫 SOFA，走电商渠道，偏年轻化和休闲。

在整个传播环节里面，艺之卉的理念就是“用设计改变生活”，而且它抓住了中国文化里面一个核心的东西，叫“新东方精神”，用“新东方精神”来诠释其品牌的价值内涵。像参加APEC会议的这些领导人的服装都是由它们设计的。作为十大品牌设计师服装品牌之一，从它眼里解读中国文化，用的就是“新中装”这种理念，就是典型的把中国文化赋予到品牌里面的一种定位。光卖时尚其实是不够的，要考虑时尚里面的内涵，要考虑如何把文化注入进去。当然我觉得在这个过程里面，中国的企业品牌，还有很长的路要走，不像国外发展到现在已经很成熟了，像我刚刚说到的品牌，还需要把它的文化内涵和理念逐渐注入品牌中，要让消费者认同，还需要走很长的路。

其实文化能得到认同这一点是很不简单的，它需要一个传播的过程，需要不断加大传播的投入，而且要维护和忠诚消费者的关系，这就需要付出很多时间和代价，需要我们不断地去传播。

像中国的旗袍也是能承载中国文化的一种东西，有些西方人也会觉得这是有魅力的，有吸引力的。但是要将文化与品牌嫁接，或者由文化赋予品牌内涵，这个过程是非常难的，也是未来中国企业要逐渐提升和不断努力的一个方向。

我们从销售主张、档次定位、广告语定位、成为创新的第一、成为领导者、成为时尚的引领者、赋予文化价值，以及市场专长、小众化，包括隐形冠军等方面阐述了差异化战略。其实具体的策略还有很多，但最关键的有两点，一是企业要找到适合自己的定位策略，另外一个关键是在传播的过程里面，如何让消费者认同，如何在他们的大脑和心智里面找到一个位置，能够让他们认同和接受，这个是最重要的。其实品牌化的过程是什么呢？你找到了独特性，关键是让消费者认为你有独特性，认为你独一无二，这个就是怎么从品牌进入到强势品牌。

第8期
极端竞争环境中如何做到与众不同（三）

五、差异化战略小结

◎ 到目前为止，我们讲了很多关于差异化的具体策略，请段老师为我们做一下总结。

我们前面讲到的所有差异化的具体策略，都是为企业“寻找区隔点”服务的，寻找区隔点是品牌精准定位的关键，也是实施差异化战略的关键一步。

其实在寻找区隔点之后，品牌还需要建立支持点、洞察与满足需求点，在横向上实现统一的全线传播，在纵向上实现一致的全面渗透。

建立支持点，一是包括产品品质、技术与设计支持，例如尚品宅配为消费者专门定制家具；二是人员支持，例如人员的能力、礼貌、可信等品质，在这里要明确一点，即服务品牌化，是最大的差异化；三是服务支持，包括产品投递、安装、客户咨询与培训、售后服务等方面；四是渠道支持，渠道差异化是企业管理层面临的最重要的决策之一，包括自身渠道的良好设计、市场覆盖率、专业性等方面。

洞察与满足新需求点，要求品牌首先进行消费者洞察，寻找其需求点，其次寻求消费者认同，最后实现品牌的终极目标，即占领目标消费者的心智，收获消费者的忠诚。

另外，品牌还需要在横向上实现统一的全线传播，即以一种形象、一种声音传播品牌形象，包括大众传播、公共关系、特殊事件、促销活动等各个领域；在纵向上实现一致的全面渗透，包括品牌战略驱动企业的经营战略，将经销商纳入品牌定位战略，明确品牌形象，将终端纳入品牌定位战略，将消费者关系—消费者忠诚度纳入品牌定位战略。

品牌只有做好寻找区隔点、建立支持点、洞察与满足需求点的工作，并实现三点在横向上的统一的全线传播，在纵向上的一致的全面渗透，企业的差异化战略才能真正做到位。

关键词解读

差异化战略

1. 差异化战略本质

差异化，是指企业的产品和服务，与其他提供同类产品或服务的企业相比，具有足以引诱买者的特殊性，该企业或品牌在与其他经营同类产品的企业比较时区分度较大，并以差异化使同一产业内的不同企业的产品或服务减少了可替代性，这就意味着该产品市场垄断因素的加强。

客观来看，任何在市场经济竞争的企业，其战略目标在经济意义上的体现都是追求产品的垄断地位。

2. 差异化战略的基础

一是企业资源的异质性。每个企业都有自己的特点，也就是有其异质性，这些异质性为企业实施差异化战略提供了基础。

传统经济学认为，企业的资源主要包括土地、资本和劳动力。现代经济学认为，企业的资源既包括有形资源，也包括无形资源。因此对于传统经济学来说，只要企业有独特的有形资源就有推行差异化战略的可能性，例如福特汽车靠流水线的优化取得成功；而对于现代经继续来说，独特的无形资产也能助力企业实现差异化，例如独特的品牌历史、品牌文化、品牌服务，等等。

二是用户的异质性。现在的用户从“大众”变成了“小众”，人们的特性越来越突出，需求也越来越不同，在这个基础上，不同的用户需求可以成就不同的企业，企业完全可以针对某一类型的受众，打造自己的产品和品牌形象，实现差异化。

第 8 期
极端竞争环境中如何做到与众不同(三)

* 案例 *

豆瓣：文化青年的精神角落

豆瓣广告作品《我们的精神角落》获得了 2016 年艾菲奖网络、电信产品与服务类的铜奖。正如作品名称所说的那样，豆瓣(www.douban.com)是一群文化青年的精神社区。

1. 品牌简介

网站由杨勃创立于 2005 年 3 月 6 日。该网站以书影音起家，提供关于书籍、电影、音乐等作品的信息，无论描述还是评论都由用户提供(User-Generated Content，UGC)。网站还提供书影音推荐、线下同城活动、小组话题交流等多种服务功能，它更像一个集品味系统(读书、电影、音乐)、表达系统(我读、我看、我听)和交流系统(同城、小组、友邻)于一体的创新网络服务，一直致力于帮助都市人群发现生活中有用的事物。

2. 品牌定位

品牌定位于“文化青年”。豆瓣的核心用户群是具有良好教育背景的都市青年，包括白领及大学生。他们热爱生活，除了阅读、看电影、听音乐，更活跃于豆瓣小组、小站，对吃、穿、住、用、行等进行热烈的讨论。他们热衷参与各种有趣的线上、线下活动，拥有各种鬼马创意，是互联网上流行风尚的发起者和推动者。豆瓣已渐渐成为他们生活中不可缺少的一部分。

3. 品牌传播

品牌传播讲究精神交流。2016 年艾菲奖铜奖宣传片《我们的精神角落》以“除了一个小秘密，我只是一个极其平凡的人”为开场台词，用主观视觉化的影像纪录方式，讲述了一个人穿梭自我精神世界的旅程。内容并不好懂。豆瓣称，它们试图通过一种影像诗的画面和表达方式，让用户进入一个寓言故事和想象的世界。

除了平面广告和宣传片外，豆瓣还上线了同名的H5小游戏，H5采用的章节式解谜系列游戏，关联了豆瓣的读书、音乐、社交、O2O等平台功能属性。

4. 启示

2005年豆瓣创立，现在10余年过去，豆瓣注册用户已经超过1.3亿，豆瓣之所以能够得到良好稳定的发展，最重要的原因之一就是它为品牌注入了文化内涵，有了文化，才有了文化认同和价值认同，有了文化认同和价值认同，才有了高水准的品牌辨析度和忠诚度，也就是说，文化，是品牌差异化战略中不可忽略的关键因素，应当引起品牌和企业足够的重视。

Dialogue on Branding 09

第 9 期

法国之行，揭秘法国奢侈品品牌（上）

Dialogue on Branding ▶▶▶▶▶▶▶▶

第9期

法国之行，揭秘法国奢侈品品牌(上)

【本期节目概述】

奢侈品是一个所有女性都感兴趣的话题，法国又是奢侈品的圣地，那么法国奢侈品的品牌管理和大众品牌的品牌管理到底有什么样的区别？奢侈品品牌核心价值如何塑造？爱马仕经历了怎样的品牌战略转型？法国高端餐饮品牌又是如何诠释品牌故事的？本期节目，段淳林教授将与主持人晨辰深入探讨奢侈品品牌话题，并讲述她的法国奢侈品揭秘之旅。

一、奢侈品概念

◎ 奢侈品是所有女性都非常感兴趣的话题，那么奢侈品到底是怎样一种产品，它的特点、定位和发展规律都有哪些，请段老师为我们讲解一下。

首先，奢侈品是一种超出人们生存与发展需要范围的，具有独特、稀缺、珍奇等特点的消费品。它的主要功能在于彰显产品本身的品质、品牌或者拥有者的品位、财富、社会地位、阶层等象征性元素；主要特点是必需性、稀缺性、完美品质和高附加值。

奢侈品的定位是“以文化为本”。奢侈品自诞生之日起，其定位方式就注定与众不同，由于商品本身的特殊性，奢侈品的价值无法用一般商品的价值来衡量，其目标消费群体也必然具有特殊性。奢侈品的文化、价值观和所代表的生活方式是影响消费者选择的关键因素。奢侈品牌的定位以文化为本，几乎每一个真正意义上的奢侈品品牌都以深远的历史文化为着力点，悠久的历史和独特的文化赋予了这些品牌无法取代的内涵。而奢侈品牌发展规律有三点，分别是明星化的设计师、有故事作为口碑，以及标志性经典设计。

二、解读奢侈品品牌特性

◎ 一说到法国大家都会觉得这是一个很浪漫的国家，跟很多奢侈品能够联系到一起，段淳林教授的法国之行都有哪些收获呢？

(一)奢侈品品牌的运营管理模式

奢侈品拥有超过2500亿欧元的市场，20年来保持着平均每年超过7%的增速，40%的销售额增长来自亚洲。庞大的市场规模令奢侈品品牌管理成为一个非常值得探究的话题。

这次我们来法国，主要走访了IPAG商学院，学习了为期两天的奢侈品管理课程(Luxury Management)。课程结束后，我们参观了一些奢侈品门店，包括LV、爱马仕等几家著名体验店，以及传承中国经典文化的"上下"品牌门店，等等。之后又走访了尼斯、普罗旺斯，并参观了当地一个以植物型日化为主的日化产品品牌工厂。通过一系列的接触，对奢侈品的管理、奢侈品品牌应用有了很多不一样的感受。

奢侈品管理特点包括三点，一是保守式管理，即相比于快速运营，更加注重保守式管理及品牌形象的塑造，注重口碑和品质；二是以消费者为驱动，即注重消费者的体验、感觉和欲望，通过私人定制降低运营风险和库存；三是从奢侈品品牌的运营管理模式上看，奢侈品品牌的管理有两种方式，一种是以家族为主的管理方式，另一种是以职业经理人为主的管理方式。如果是家族的管理，比如爱马仕，就要有一种使命感，一种长远的眼光、长远的投资，关注长远的运营和发展，而不是追求短期目标和短期利润。

(二)奢侈品牌的核心价值

第一点是核心传播元素的传承。以爱马仕为例，其最早就是选择以马具作为它们的商标。因为其实它们是通过皮具原材料起家的，就是通过原材料的选购来制作一些相关皮具。从 1837 年开始到现在，其包括 Logo、文化传承等一系列核心的传播元素都没有改变过。

第二点就是手工工艺，奢侈品品牌工匠需经历严格培训，对其手工工艺有极高要求，对工艺的要求造就其高品质。一个技工要进行严格的培训，培训后工作 7 年，做的包才能够刻上工匠师的名字，所以在手工制作这个环节上，就有很严格的时间、工艺两方面要求。例如爱马仕家族拥有 4453 名工匠，奉行“品质就是品牌的灵魂和生命”的哲学，在商品化日益严重的趋势下，爱马仕始终坚持着最传统的手工打造价值观，坚守着经历百年不变的使命：视将设计和手工艺发扬光大为己任。所以说为什么要在中国做“上下”这个品牌，是因为其认为法国和中国在历史和文化的积淀上有很相似的地方，中国也有很深厚的文化底蕴，那么它们就会思考能不能把中国核心的上下五千年的文化精品或者是其他好的传统，也通过这种奢侈品的运营方式让大家能够从国际视野上去分享。

比如说我们在“上下”看到一款红木椅子，在爱马仕这个奢侈品品牌旗下，单是要打磨的工艺次数就要 98 次，而这个工艺是一次都不能减的。人们觉得它的价格贵也好，不值这么多钱也好，首先它的工艺具有品质，这是我觉得要强调的一点。总的来讲，一是核心元素能够这么多年不变，二是对工人手工工艺的严格要求。

第三点就是非常私人化的发展路径。私人订制，注重隐私。这个主要是以爱马仕为主，由于私人化的定制过程中每个人的要求是不一样的，要根据个人的要求去做产品，基本上是不存在库存的。

第四点就是没有特别制定市场营销策略，也不需要大量地去做广告。因为它是私人定制，所以特别注重隐私。有一段时间甚至就不要 Logo，只靠口碑和品质以及后续质量的保证，这个才是最重要的。所以讲奢侈品为什么能够存在，从消费者的角度，很重要的一点就是人们的欲望，人们对这种高品质生活方式的一种欲望和追求，成为奢侈品生存的基础。这是爱马仕遵循的几点原则，我觉得非常重要。

三、奢侈品品牌战略转型

◎ 有百年历史的爱马仕，在长时间的发展过程当中，它的品牌战略有哪些变化，随着规模的扩大和产品的丰富，它又如何才能够保持原有的品质呢？另外，除了家族式的管理，还有一种管理方式是职业经理人，这种方式又有什么样的特点呢？

（一）品牌战略的转型

在品牌战略的发展过程中，爱马仕从做皮具逐渐发展到了做时尚产品，它也在不断地进行战略调整和转型。从 1951 年开始，它就从原来的皮具转型到了全时尚，逐渐增加了包包、手表、珠宝、餐具、室内装潢等全系列时尚产品，甚至增加了出口业务。从 1837 年至今的发展过程中，其实经历了几个阶段，第一个阶段是以皮具为主，第二个阶段就是引入丝绸。爱马仕认为丝绸是很好的产品，特别是中国的丝绸。但是其对丝绸的印花是有非常严格的要求的，每一个环节上不能有一点错漏，尤其是它的花是一层一层印上的，所以这种技术别人要想去复制是很难的。第三个阶段是从 1976 年开始逐渐增加时尚产品品类，由此不断丰富为今天的整个时尚产品系列。

（二）品质的要求

如何保持原有的品质，就是对奢侈品品牌提出的一个新问题。包括对员工的要求、整个品牌的运营以及品牌系统的传承几个方面。对此爱马仕做了两个战略的调整，一是国际化，因为它也希望法国本土的、精华的东西得以更大范围的传承和发展。于是出现了像"上下"这样的品牌("上下"目前仅在巴黎、上海、北京设有三家分店)。爱马仕希望中国和法国有很相似的如文化精品的东西出现，从而推进品牌的国际化发展。

还有就是整个品牌的家族控制，爱马仕股份中51%一直是由家族控制的，其一直很强调的一点就是不能够转移股权。当然也出现了一个问题，因为法国有一个习惯，女人如果嫁给了某个男人，就要改为男方的姓氏，所以在几个女儿全部出嫁后，她们的股份已经跟随了别人的姓氏了，但是爱马仕的名称和股权控制权实际上还是在她们的手上，这一点还是非常重要的。所以截至目前，爱马仕在全球拥有的专卖店仍然是315家。

(三)管理模式的演变

GUCCI的运营方式就和爱马仕不同，它是职业经理人模式。职业经理人的目标就是追求短期的利润，所以它快速地扩张，利润的压力就非常的大，总的来说，职业经理人的模式有三个特点，一是优化品牌结构，实现品牌利益最大化；二是投资回报率高，扩张速度快，追求短期利润；三是贴近消费者需求，产品更迭快。另外还有外包方式等，像阿玛尼，就把品牌或者外包或者授权给他人，他人就可以做阿玛尼酒店等，实际上阿玛尼也没有自己的运营人员，只是把品牌授权出去。所以奢侈品品牌运营一般就采用包括生产上的外包、品牌授权、品牌加盟，以及双品牌式的品牌合作这样一些方式。

四、品牌故事的诠释

◎ 奢侈品品牌通常具有很长的历史，因此它们都非常擅长"讲故事"，那么具体有哪些表现呢？

奢侈品品牌讲究文化，品牌方们跟你讲吃的东西，讲使用的东西，每到一个地方都是一个故事。爱马仕就是通过故事和文化理念，传达和传承品牌精髓的。再比如我们吃饭的餐厅，看起来是很普通的一个花园，但是接待人员会从多少年前的一个画家讲起，花园里所有的画都是他自己画的，后来有一对夫妇买了他的画室，把这个画室改造成了这个在当地很有名的高品质餐厅。它不仅仅是一个简单的餐厅，而是让大家进去就有一种家的感觉，人们不仅可以在这里吃饭，也可以休息，有游泳池，还有壁炉、画室、书、饰品等一系列布置，完全不会让消费者觉得这是一个餐厅的感觉。这个餐厅就是这样开始给你讲故事的。在缓慢的节奏中，你就像回到家一样，坐在客厅里面，一边尝一点酒，一边再开始慢慢地想吃什么。所以一顿饭我们大概吃了两三个小时，那种慢节奏，如果在中国基本上是不可能的。

我一开始也有点着急，但后面感觉还挺好的，因为可以深入地跟他们沟通。我们一开始在那里参观的时候一些话题很难展开，但之后在餐桌用餐时，我们就可以听到很多的故事。所以，餐厅方不会一开始就告诉我们这里有什么好吃的食物，而是通过介绍他们所有的概念和文化层面的东西来传达品牌的精髓，他们认为有艺术家在这儿生活过，那这里就有一定的文化和艺术气息，而且确实整个环境的布置也都保留了当时那位艺术家的风格。

* 关键词解读 *

品牌故事

1. 品牌故事的内涵

故事(Story)是一种使用口语表达或文本语言生产意义的象征体系，它根据角色的设置、情节的主线和转折来铺陈事件发展的时间序列及过渡，在结构上包含开始、中场、结局三个要素(Bruner，1990)。

品牌故事是品牌在发展的过程中将其优秀的方面经过梳理、总结出来，并且形成一种清晰的、容易记忆的又令人浮想联翩的传导思想。即通过品牌的相关宣传介绍资料、媒体发布的广告和新闻公关活动以及品牌与相关社会文化现象相融合的文化传播活动中反映出来的品牌内涵，它是品牌背景文化、价值理念以及产品利益诉求点的形象化的生动体现。

2. 品牌故事的作用

第一，保障品牌信用度。有的企业本身的百年发展历史就是一个动人的故事，有的企业在上游的产品研发中的倾心研究也是一个动人的故事，还有的企业积累的公益慈善事业同样很动人……在这些企业面前，它们的品牌故事本身就体现出了企业的专注和社会责任感，因此能大大增加品牌信用度。

第二，品牌故事传递品牌个性。品牌故事蕴含着企业独特的个性，在品牌故事的传播过程中，其个性也潜移默化地深入人心，就像Dove的爱情故事将它与人们的情感世界联系在一起，并最终上升为传递情感、享受美好的追求，塑造了Dove象征爱情的特征。

第三，放大品牌价值。80年前，沃尔特·迪士尼以40美元起家，为人类开创了“动画世界”，迪士尼这个儿童娱乐王国从此长盛不衰。多少年过去了，迪士尼动画片并没有因它的创始人离开人世而衰落，后续产品越来越让亿万儿童着迷。

当今时代，故事对品牌价值的作用如果得到充分运用，对企业对品牌来说等于是拥有了一个可持续发展的竞争优势，能够得到用户持续性的青睐和喜爱。

* 案例 *

香奈儿：反叛又美丽

1. 品牌故事

创办人Gabriella Bonheur Chanel(又名Coco Chanel)女士一生的崛起、名

利、成就、遭遇都与男人有不解之缘，男装也带给她无穷的创作灵感。那些男装帅气与舒适的元素塑造了女性极度的优雅秀气，改写了女装的历史。

传奇的 Coco Chanel 女士于 1914 年创立 Chanel 品牌，Chanel 强调优雅简洁而方便的服装，成为现代女性衣着的革命先锋。

除了时装，Chanel 在 1922 年推出著名的 Chanel No. 5 香水。这是史上第一瓶以设计师命名的香水。

2. 品牌定位

反叛又美丽，独立自主。

3. 品牌传播

设计师传奇。香奈儿女士以先锋理念改变了 20 世纪女性的衣着，在《时代》杂志评选的“20 世纪最具影响力的 100 人”当中，她是唯一上榜的时装设计师。

2008 年、2009 年，以香奈儿女士的传奇人生为蓝本的电影《香奈儿传》《时尚先锋香奈儿》先后上映。

4. 启示

奢侈品是指无形价值/有形价值关系比值最高的产品，奢侈品的消费是一种高档消费的行为，因此人们购买奢侈品不仅仅是购买了一个产品，而是同时购买了它背后的无形价值，无形价值是奢侈品品牌运营的关键点之一，也是品牌需要悉心培养的关键所在。正如香奈儿这个品牌，它的无形价值包括女权主义、对反叛和自由的追求等，除此之外，奢侈品的无形价值还体现在尊贵地位的象征、高品质生活方式的象征、卓越的消费体验和售后服务，等等。

Dialogue on Branding 10

第 10 期

法国之行，揭秘法国奢侈品品牌（下）

Dialogue on Branding ▶▶▶▶▶▶▶▶

第10期
法国之行，揭秘法国奢侈品品牌(下)

【本期节目概述】

上期节目中，段淳林教授分享了她在奢侈品品牌特性、战略转型、品牌故事诠释方面的理解和感悟，本期节目，段淳林教授将继续与主持人晨辰探讨奢侈品话题，包括奢侈品的品牌体验，对中国品牌的借鉴意义，以及品牌发展趋势等。

一、法国Vegetalment（唯植堂）品牌体验

◎ 上期节目中谈到了法国奢侈品牌的一些管理方面的特点，那么在段教授这次的法国之行当中还有哪些难忘的故事呢？

除了之前讲到的外，还有一个给我感受很深的品牌Vegetalment，中文名叫唯植堂。一说到普罗旺斯大家都知道薰衣草，普罗旺斯是一个大区，而这个品牌在普罗旺斯最中心的地方运营了十年，用他们董事长CEO的话来讲是十年零四个月的品牌的运营。Vegetalment的CEO在之前做过五年的奢侈品，所以他对这个领域有着非常深刻的理解，他认为染发膏、沐浴露、洗发水还有洗面奶等全系列日化的产品，在法国没有一个单一品牌像它这样做了这么多全系列产品。比如说欧莱雅是一个大的集团，它有30多个品牌，我们在法国奢侈品管理的课程上也学习了欧莱雅的运营和发展，欧莱雅主要采用收购、控制的办法，它有30多个产品，在这个产品的系列里面有不同的渠道，比如有做高端形象的，也有走大百货的、走超市的，也有走专业发廊的，其实它就是一个系统，但它每一个系统实际上都是不同的品牌，欧莱雅集团里面有30多个不同的品牌。但是像Vegetalment这个品牌，它其实强调的是一种植物的养护。当时我们一到体验店，他们的CEO

就给我们介绍他们的文化，不过他不太提他的产品，他认为产品品质不需要介绍，因为他觉得普罗旺斯本身就是一个植物香型和花香非常丰富的地方，所以他认为他的产品品质是毫无疑问的，没有空气污染、水污染、土质污染，是纯植物的。在他的介绍过程中给我印象最深的，除了产品品质与普罗旺斯的关系之外，最重要的就是整个运营中的文化理念。他说只有产品是纯植物、环保、有机的是不够的，他们整个大厅的设计，以及他们所用的所有的材料，比如说他们的前台、门、沙发以及展示架全部都是纯天然的，而且有些废物回收以后还可以再利用，他们对此非常自豪，比如说别人扔掉的一个柜子，他们觉得可以改造一下，然后就改装成一个产品的展示架，很有历史感，并且经过重新改造，东西的整个风格跟品牌的形象是统一的。

关于产品展示的货架，让我印象深刻的是那些木架其实是不需要用任何铆钉的，他们觉得不用钉子、不用胶水实际上是一种非常环保的做法。除此之外在其管理中有一种对外开放运营的观念，他们有一个开放的沙龙室，这个沙龙室不仅仅接待专业的人，它还是对外的，所有对这个产品有兴趣的，或者对某一类有兴趣的人都可以到他们那里去进行脑力风暴的会议，他们会从中吸取一些养分然后把他们的品牌做得更好。这一点我感受也很深，因为我们中国的公司很少接受外边的意见，除非觉得某人的意见对自己的品牌有价值才会邀请他来，而 Vegetalment 在这一方面是开放的，所有人都可以去进行脑力风暴。

另外 Vegetalment 有一个增值服务，这个增值服务就是它有一名医生，这名医生不仅能够解决你在美容、发质方面的一些问题，也给这个社区的其他人以及他们的员工看病，而且他是属于一个系列里面的内容。介绍完增值服务后他们的 CEO 给我们介绍了他们的办公室，他们每个人都有独立的办公室，比较有特色的是他们办公室的门窗是一个纵向的竖条，并且都是透明的，你可以看到每个人在里面做什么，这种设置也可以让员工很方便地沟通。从这些可以看出他们所有的产品和体验都强调艺术感，艺术的灵感和艺术的元素让他们的产品有品质感、有品位感，让他们的整个文化有内容、有内涵，而这一点是中国很多品牌所缺乏的，虽然说我们的品牌和法国不在一个阶段，但是 Vegetalment 这个品牌其实也才运营了十年，而它在发展中追求的理念是很清晰的。

最后一点就是体验，Vegetalment 是非常强调用户体验的，且它的体验是免费的，目前为止 Vegetalment 在巴黎大概有 6 家体验店，通过体验它的产品，不需要特意去告诉体验者产品的好，体验者就能感觉它的产品和其他产品不一样的地方。我们也在这个体验店里面进行了一次体验，大概 40 分钟，无论是使用的手法，还是用的植物油、香薰，都特别尊重消费者的选择，产品有很多种味道，你可以选择你喜欢的再去做护理。并且 Vegetalment 护理的手法也是特别细心的，它让你一开始就想休息，而且护理时躺的靠椅也是很人性化的设计，它是依据人背的斜度进行设计的，而不是像平常我们在发廊里面看到的直直地躺在那里的那种，店里的这些细节都做得非常好。

整体的感觉就是他们特别会讲故事，特别强调他们的文化理念，并且他们注重让别人能够慢慢地接受他们的文化。在产品独特性这部分，除了品牌 Logo 之外，还用了普罗旺斯做背书。除此之外的一个独特的运营模式就是开体验店，通过体验来让消费者主动地购买它的产品。当然它还有一些其他的渠道，比如说向五星级酒店提供小包装的产品以及一些大众产品等。

二、Vegetalment 对国内品牌的借鉴意义

◎ Vegetalment 这个品牌是相对成功的，那么它对我们国内的一些品牌来说有什么样的借鉴意义呢？

我们要学习的东西还是很多的，我们一直觉得我们的产品是产品，文化是文化，但是Vegetalment从一开始就做文化。奢侈品的运营很多时候是一种悖论，即不能只从需求的角度上讲，而是通过慢慢的运营，把理念、生活方式还有他们的一些价值观完全融入进去，首先你要接受他们的这些文化精神层面的东西，他们才给你说他们的产品。从我们中国的角度来看，这种经营模式对我们来说，其实是比较不同的，我们一般是先有功能，有了功能以后才慢慢有了文化，文化才会做到这个产品里面。而奢侈品的品牌其实从一开始就是一种文化，通过文化和个性化来激发人们的购买欲望和对高品质生活的一种追求。

三、奢侈品未来的发展趋势

◎ 讲了这么多奢侈品品牌，那么未来奢侈品的发展会是什么样子的呢？

第一个趋势是电商销售，像Burberry 15%的产品基本上是通过电商来做的，但是除了Burberry之外很多的奢侈品品牌更多的是通过网络传播形象，目前25%的Burberry交易是在实体店的iPad上完成的，65%的奢侈品品牌有各自的App应用，97%的奢侈品品牌有各自的社交网页，而99%的奢侈品品牌都拥有了网站。

第二个趋势是线上传播、线下体验。2015年，LV在国外三大主流社交网站上的总粉丝量为2560万，品牌影响力惊人。与此同时，奢侈品其实特别强调线下的体验，因为线下的体验是永远无法代替的，虽然网络的发展很快，但是通过线下的体验能让消费者对品牌有更深刻的感受，所以这一点是非常重要的。

第三个是个性化定制生活方式平台。奢侈品行业定制化风潮将向产业化、规模化发展。奢侈品品牌的定制产品部分可以进行标准化的自有组合，消费体验部分则可通过无数次的验证形成相对的标准化。基于大数据的发掘，每 100 万人中有 1 万人拥有某个定制服务的相同需求，而这便是定制服务可以产业化、规模化发展的根本原因。在这次的法国之行中他们给我介绍了一个叫作 John Paul 的个性化定制生活方式的平台，这一平台整合了多种奢侈品资源，让客户和奢侈品直接对接，通过网络平台，你可以在这个平台上找到各种奢侈品个性化服务，这个有点像我们说的共享经济，运营者把所有奢侈品的资源都整合在这个平台上，同时客户又能和这些奢侈品进行对接。

四、奢侈品为什么会集中在法国

◎ 为什么这么多的奢侈品品牌都集中在了法国，这是一种偶然呢还是一种必然呢？

奢侈品不仅集中在法国，也有一些集中在意大利，但以法国为主。在法国的时候我们去了米其林三星餐厅，米其林到现在实际上是有 600 多年的历史，在这里吃饭你可以感觉到米其林在 600 多年的历史发展里传承下来的东西，在这里会感觉到吃什么东西并不重要，重要的是它所带来的一种关于文化和历史沉淀的感受。所以我觉得在法国人的观念里，生活和生活的品质是非常重要的，不管是在米其林餐厅也好，还是在普罗旺斯的餐厅也好，你可以看到他们的那种生活在中国是绝对不可能出现的，整个点餐过程都是很慢节奏、很有品质感、很有体验感的。从这可以看到他们对生活每一个细节的要求。所以我觉得法国人的浪漫有几点，一个就是文化的特点——法国人都追求浪漫。比如说我们去了凡·高最后养病的一个地方，凡·高虽然是荷兰人，但他在法国和全世界的影响都是非常大的，从凡·高对艺术的追求让我感觉到法国人对艺术的感觉和追求好像是渗透到骨子里的。

这是一种沉淀，也是一种要求，比如在整个欧洲的博雅教育中很重要的一点就是每个人必须有一种艺术上的特长，无论你是会弹钢琴也好，或者是会绘画也好，必须学习一个，就像我们把四六级英文考试作为一个必需的条件一样，他们是把艺术的修养作为必备的条件。比如说某位球星，他会踢足球，但他也可能从小钢琴就学得非常好。当然中国现在也在逐渐地培养孩子们的这些技能，不同的是法国人不是像我们这样流于表面，而是骨子里就对艺术有一种热爱，这是一种渗透到骨子里的文化。

法国的品牌一个是注重艺术的追求，另一个特别重视的就是传承，通过传承文化、所有品牌的风格使奢侈品能够把它们的生活方式、理念和价值观传承到今天，并且它们很少急功近利地追求短期的运营和利益，而是追求长期的投资。

由于这种慢的生活节奏和对品质极致的追求，对生活品质极致的追求，才出现了各种奢侈品，通过产品的载体，它背后其实传承的是它的一种生活方式和一种文化，还有对艺术的追求。

我们不能说我在身上穿了一堆的奢侈品就是一种奢侈生活了，要深入到法国人的生活里面，当你看到他们整个生活的细节的时候才会对奢侈品的概念或者文化有更深刻的理解和体会。

＊关键词解读＊

品牌体验

1. 品牌体验的内涵

Pine 和 Gilmore(1998)最早提出了营销中的体验概念，他们认为体验是企业以服务为舞台、以商品为道具，环绕着消费者，创造出值得消费者回忆的活动。其中商品是有形的，服务是无形的，而所创造出的体验则是令人难忘的。随着品牌体验研究的不断深入，具体又分为顾客体验、消费体验、产品体验、服务体验等。

2. 顾客体验

未来学家阿尔温·托夫勒(Alvin Toffler)根据不同情境(模拟环境和真实环境)将顾客体验划分为两种类型：间接体验指的是基于模拟环境的顾客体验。在模拟环境下，顾客身临其境地参与到企业预先安排好的活动中，从中体验冒险、奇遇、性感刺激和其他乐趣而无损于顾客的现实生活和名声。直接体验指的是基于真实环境的顾客体验。在真实环境下，顾客除了有身临其境的体验外还将得到实质性的损失和收获。

3. 消费体验

Pine 和 Gilmore 提出体验经济(Experience Economy) 的观点，认为经济行为的重心早已超过销售产品与服务的境界，把以体验为主的经济活动称为体验经济。体验经济的价值是高于商品、产品与服务的，因此体验业将取代服务业。

* 案例 *

John Paul：国际高端礼宾服务行业领导者

礼宾服务最早出现在高级酒店的礼宾司，为了提升酒店客户的满意度和愉悦感，礼宾司可以为 VIP 会员提供各种酒店住宿以外的服务，比如订车、演出门票的购买，等等。

John Paul(享葆勒)由大卫·安费兰于 2008 年在法国创立，是私人礼宾行业中的领导企业，也是提供深度增值体验服务的高端客户关系管理专家。

1. 品牌理念

对于 John Paul 来说，品牌忠诚度是客户关系的制胜法宝，必须贯穿始终。John Paul 不仅仅满足于传统的高端礼宾服务，更是不断地在品牌商和客户之间建立更紧密及更长久的关系，以独特的客户体验确立品牌在其心中的地位。其品牌理念是：为客户关系带来革命，将品牌和它们的终端客户连接起来。

2. 商业模式

John Paul 是“公对公对私”(B2B2C)礼宾服务模式的先驱。采用贴牌礼宾服务，以企业自身的名义以及品牌形象为客户提供高档且个性化的服务，将直接增加各品牌的品牌效益。

John Paul 提供基础礼宾服务、客户深度解读、个性服务等全套服务。

私人礼宾专员对交通、住宿、重要节日等基础服务应对自如；CRM 工具抓取客户的兴趣爱好等相关信息，对其深度解读；针对客户特点，提供全局性和针对性兼备的宣传内容和个性活动。

3. 个性化服务

John Paul 通过其特有的 CRM(客户管理)3.0 系统，进行高端个性化服务。

①全面记录客户在邮件、网页、App 上的每一个行为，加深了解，添加用户标签。

②在全面了解客户信息后，CRM 能够通过研究客户反应，利用情感计算，找出客户喜好。

③在电话、App、平板电脑等各种渠道上，CRM 界面都可以根据其用户标签和爱好推送个性化内容，实现有力宣传。

4. 启示

John Paul 的成功给我们带来了以下几点启示：

第一，高端个性化。John Paul 既紧扣“高端”市场，又抓牢“个性化”专属服务，用高水准赢得了客户的喜爱和企业的认可。

第二，共享经济。John Paul 是一个运用共享经济的典型，它介于企业和客户之间，在需求端和供应链之间搭建了一个近乎完美的平台，实现了多方共赢。

第三，独特模式。独特模式体现在两方面：一是深度增值体验服务，二是价值让渡体系。

Dialogue on Branding

11

第 11 期

美国之行——国际化之路

Dialogue on Branding ▶▶▶▶▶▶▶▶

第 11 期

美国之行——国际化之路

【本期节目概述】

在全球化发展日渐成熟的今天，让中国品牌整合传播的学术领域走上国际化的道路是段淳林教授的梦想，本期节目，段淳林教授将分享她的美国之行，并和主持人晨辰探讨目前国外的广告教育和教学模式等话题。

一、我的国际化之路

◎ 这次段教授受邀参加美国 3A(AAA)广告协会 2016 年学术年会，最大的收获是什么呢？

国际化一直是我的一个梦想和追求，3 月 17 日到 20 日是美国 3A 广告协会 2016 年学术年会，正好又受邀于美国的广告年会，于是就决定前往参加。包括美国西北大学唐·舒尔茨在内的 200 多所高校的知名学者、老师都出席了会议，是一个很好的国际交流的机会。

此次非常高兴的是认识了 3A 广告协会主席、明尼苏达大学传播学教授许智修，她于去年竞选成功，和我深入交流了和中国合作的事情。她觉得中国变化发展的速度很快，中国广告的发展和品牌发展的理论与实践都很独特，对于中国学术上的研究很有兴趣。之前许教授希望通过她的学生来与我们取得联系，但由于那位学生刚刚毕业，没有什么资源，就错过了。此次见面后，她特别高兴能找到一个直接对接的人。

正好我也想走出去，看看美国等各个国家广告发展的状况，许教授想来中国与中国合作，我们一拍即合。除此之外她还表示，希望 2019 年广告学的国际论坛能在中国召开，我想这是一个走向国际化的很好的契机。

二、引进国际资源

◎ 既然段教授希望中国广告教育能够与国际接轨，那么2016年下半年的中国广告教育年会是否会邀请国外著名专家学者过来呢?

2016年下半年的广告教育年会将由华南理工大学承办，我准备邀请美国高校的学者到中国来讲课，年会会长承诺可以帮助我们建立联系。

同时我也跟她介绍了我们这边中国广告教育的发展情况，设置这一专业的高校有多少，包括北京大学陈刚教授换届成为我们新的会长，等等，从之前的发展到现在的历史传承我都给她介绍了一下。她很高兴，特别希望能够接受我们的邀请来中国进行沟通和交流。包括原生广告、大数据比如品牌的相关性体验方面的一些专业性的研究等都是她非常感兴趣的话题。

美国德克萨斯奥斯汀分校的一位老师也接受了我的邀请，这样我们华南理工大学的讲座在学术上的视野、人脉合作的空间都有了一个好的开端。虽然我们并不是第一次在国际上发声，但是第一次真正地与学术组织进行交流，收获很大，希望未来有更多的交流机会。

三、爱达荷大学演讲

◎ 段淳林教授在爱达荷大学的演讲主要讲了哪些内容，取得的效果又如何呢?

爱达荷大学有一个我们华南理工大学在美国办的唯一一个孔子学院，在参加美国3A广告协会2016年学术年会的时候，孔子学院的一位负责人就想趁此机会约我到学校去做一个讲座，关于大数据与计算广告学的发展。

我们华南理工大学有好几位老师在那里工作两三年了，同时也有学生在那里做志愿者，所以到那里的时候感觉像见到家人一样。这次我在那里做讲座，他们为我做了很多宣传和准备。我讲了大概半个多小时，然后又跟他们进行了 20 分钟的沟通和交流，听讲的人有一大半是各个地方的老师。

在讲座中主要讲了学科特色，原来没有大数据概念的时候是没有办法量化东西的，没有办法进行精准的评估，我们现在说的精准营销、精准效果评估等都是基于大数据实现的。然后，我介绍了这个领域里面我们中国的情况，如广告的实践、人才跨学科培养等，他们都非常感兴趣。听完后一位日本学者说，他认为新的东西比如互联网，在日本的发展已经很快了，没想到中国的发展更是日新月异，这是令人非常震撼的，他们学校的一位计算机老师和一位营销老师都希望能跟我们有一个深入合作和交流的机会。

四、教学模式的学习和借鉴之一

◎ 参观爱达荷大学，段教授印象最深刻的是什么？又有哪些宝贵的收获呢？

我去参观了爱达荷大学的新闻学院，也参观了它的演播厅以及课堂，包括学院的教学计划以及美国大学生广告节的发展情况。

给我印象最深的是我们去了他的一个演播厅，这个演播厅是他们和美国当地的一个公共电视台共同主办的，工作模式就是让学生来维护，做一些实际的节目，学生能够直接地参与一些节目的制作采编，做一些策划等，能让学生得到很好的锻炼。

非线性编辑、演播厅等最大的问题是维护问题，成本太高。而一些当地的公共电视台、广播电视台，他们会快速地更换这里面的一些设备。然而，我们国内的学校演播厅包括实验室，教学和实践，通常都是两张皮，为了教学而教学，没有真正地结合起来。

爱达荷大学就是把很多网络公司中的一些业界人士直接对接给学生为其授课，也带其实习。国内北大、复旦等很多学校也有实施，方式本身并不是很特别，但是使得学习和实践相结合，让学生能够学以致用。

五、教学模式的学习和借鉴之二

◎ 除了上面提到的让学生真正的实现学以致用外，还有哪些先进的教学模式值得中国学习和借鉴呢？

爱达荷大学新闻学院设有校友墙，就是在毕业的学生中，留下发展得好的学生的联系方式并公开在校友墙上，以便以后的学生找工作时，能够知道他们校友的消息。

另外，他们整个教学楼里面挂着的很多作品都是学生自己的作品。

此外，我还有一个非常特别的感受，美国对本科教育的投入非常大，他们认为本科教育是大学教育的根本，只有本科教育很扎实，这样学生才能在未来得到创新和发展，我们也很重视本科教育，但是很多老师的观念还没跟上。他们的课程其实不是只有一个老师讲授，而是从不同的角度，从不同的学科，对学生进行交叉性的授课。

* 关键词解读 *

程序化购买

1. 程序化购买内涵

程序化购买(Programmatic Buying)广告，是指通过广告技术平台，自动地执行广告资源购买的流程，程序化购买的实现通常依赖于 DSP(需求方平台，Demand Side Platform)和 Ad Exchange(广告交易平台)，并通过 RTB (Real-Time Bidding，实时竞价模式)和 Non-RTB(非实时竞价模式)两种交易方式完成购买。

2. 程序化购买特征

一是精准化。大数据时代，不是对数据简单的叠加，而是对数据进行分析，通过对海量数据进行分析，获得有巨大价值的产品和服务，或者深刻的洞见，因此程序化购买广告可以精准锁定目标受众。

二是人性化。首先对于广告主来说，其为受众提供了个性化的服务。在程序化购买的过程中，广告主在 DSP 中自主设置，选择何时何地对何人投放，因此可以针对不同用户提供不同的广告内容，实现了个性化的服务。

* 案例 *

唯品会：大数据精准定位用户

程序化购买是大数据的运用形式之一，DSP 运营商对整合后的用户数据进行挖掘和分析，通过人群属性、行为兴趣等维度对人群进行分类以及标签化，实现用户群体的细分，使 DSP 基于用户的精准投放得以实现。

唯品会作为一家专门做特卖的网站，与亿玛 DSP 合作，实现了精准投放直达用户。

1. 目标用户精准定向

通过大数据，定位人群为：18~40 岁，学生、白领等，中高收入人群，有品牌意识，追求质量，对生活充满热爱；地区为北上广深网购用户成熟地区，三四线城市，对品类品牌的需求度、满足度低；兴趣爱好为轻奢、团购、网购，社交、美容健身、服装鞋包、生活家居；购买偏好为家用电器、礼品、服饰、鞋、包、厨具、珠宝等。

2. 投放策略

一是 Profiling 投放，深度挖掘目标用户的消费行为，圈定核心用户相似性进行全网投放；二是分层次进行访客找回，对不同深度的用户投放对应的活动素材，提升订单转化率；三是结构化商品数据集创意模块，自动生成海量定制创意；四是搭建专项服务技术团队，全网追踪，根据实时反馈调整投放。

3. 投放渠道

一是 Emarbox 接入的淘宝、谷歌、百度、新浪等 AD Exchang 平台；二是亿告 SSP 平台中覆盖的时尚、女性、美容等优质媒体资源位置。

4. 投放效果

超出客户预期效果，且 ROI 超过业内平均水平 2 倍。

5. 启示

可见，相比传统媒介购买，利用大数据进行程序化购买有很大的优势，包括以下几点：

第一，覆盖平台广：涉及各类移动 App，商业 Wi-Fi 网络、微信、微博等平台应用，多平台跨屏媒介。

第二，目标精准：程序化购买的是人而不是媒体，它拥有强大的受众识别和购买能力，通过 DMP(数据管理平台)的数据分析，将人群标签化、数据化，将广告投放到会购买你产品的消费者眼前。

第三，挖掘人群属性：在物理属性的营销价值逐渐弱化的趋势下，大数据行为属性分析将发掘更多有营销价值的新洞察，推动新营销的发展。

第四，与用户建立互动：随着私有化、程序化购买的发展，帮助广告主实现与消费者深度沟通的可能性也会越来越多，如利用 PMP(私有化程序购买)动态生成创意并推送到自己的广告位、融合时间地点等多维环境因素提升广告创意的贴合性，等等。

Dialogue
on
Branding

12

第 12 期

美国之行——探访星巴克与波音公司

Dialogue on Branding ▶▶▶▶▶▶▶▶

第12期
美国之行——探访星巴克与波音公司

【本期节目概述】

上期节目段淳林教授和大家分享了参加美国3A广告协会2016年学术年会、在爱达荷大学做讲座，还有参观它的新闻学院的一些收获。此外，段教授在美国还参观了波音公司和星巴克公司。这期节目，段淳林教授将继续与主持人讨论她的美国之行，并重点分享一下参观波音公司和星巴克公司的一些感想和体会。

一、星巴克从一种咖啡情结中诞生

◎ 星巴克作为成功的咖啡品牌，在中国被称为除了家和公司之外的“第三空间”，那么这次段教授来到西雅图，在探访星巴克的过程中都有哪些珍贵的体验和收获呢？

这次的广告协会年会在西雅图举办，一提到西雅图可能大家就会想到《北京遇到西雅图》这部电影，其实还有一部经典的电影叫作《西雅图不眠夜》，所以我们可能都对西雅图有一个特殊的情结。但是，西雅图这个城市如果从气候上来讲，它是一座雨城，下雨的时候很多，不过我们刚到的时候天气很好，有个服务员就说：“你们赶快出去拍拍照，看看外面的风景吧，阳光多美多好啊。”我们当时还不以为然，但是接下来接近十天的行程里面，几乎都在下雨，这也证明了西雅图确实是一座雨城。

除了天气之外，我们谈到西雅图可能还会谈到几大著名的品牌和企业，比如我们最熟悉的星巴克，另外就是像波音公司、微软这样一些企业。

一提到星巴克，很多人会觉得它是一个传奇，所以我们就到了星巴克的创始店，就是1912年开的那家迷你的创始店，它的创始人叫霍华德·舒尔茨，但其实星巴克一开始并不是舒尔茨自己的。我们到了这个店，发现很多人像朝圣一样，即使下着雨也在排队，都想到店里面去体验一下当时星巴克发展的历程。星巴克其实来源于舒尔茨本人和咖啡之间的情结，或者说是缘分。那个时候，无论是他自己20世纪80年代开的每日咖啡，还是星巴克本身从1912年一直都有的十几家迷你连锁店，都是卖咖啡豆起家的。舒尔茨要创立这样一个咖啡帝国，要让人们把咖啡变成一种生活方式，变成一种体验。而这样的一种想法变成一种商业模式，变成一种品牌加连锁的可复制的商业模式，其实是经过了很漫长的过程的。

舒尔茨讲到他和他父亲的故事：小的时候他住在纽约，父亲特别爱喝咖啡，但是在20世纪六七十年代喝上一杯咖啡是一件奢侈的事。他特别希望能在圣诞节的时候送给父亲一件圣诞礼物，但是他又没有钱，所以他就跑到一个很高端的卖咖啡豆的商店，趁老板不注意的时候偷了一罐高级咖啡给他父亲，最后老板追到他家里揭穿了他。虽然老板知道他是偷的，但是又觉得他是小孩子，所以也没有怎么责怪他。他和他父亲的关系一直不是太好，但就是这个咖啡情结，让他深深地觉得未来他一定要做一项跟咖啡有关的事业。所以他后来又拼命考到了密歇根州立大学，毕业以后到了瑞典的一家公司做销售，甚至也在星巴克原来的这家公司做过销售。有一天舒尔茨受到一种启发。他发现，星巴克这个迷你连锁店的一个低泡式咖啡壶的订单比任何超市都多。他觉得很奇怪，这个店为什么能卖这么多的咖啡壶？于是，他就从纽约飞到了西雅图，飞到西雅图以后他就去这家店喝了咖啡，他觉得这才是真正的咖啡，他觉得这就是自己的梦想。于是他就和星巴克的两个创始人谈，商量能不能一起做一家连锁店，不仅仅是卖咖啡豆，还可以卖咖啡文化。卖咖啡文化这个想法，来源于他在意大利米兰街上走的时候看到的一家有1500多年历史的咖啡店。他觉得这是一种很好的咖啡文化。他认为美国人就是太不懂文化了，大多人觉得卖咖啡豆就是卖咖啡豆，没有整个文化的理念。他想是否能把意大利的咖啡文化、星巴克的咖啡豆，以及他想做的品牌加连锁的体验，三者整合在一起，所以，他回来之后就和星巴克的两个创始人谈了这个想法，结果他们都不同意。于是他就自己投资做起了每日咖啡，每日咖啡就是他用这种理念来经营的，但其实不是太成功。

在 1981 年的时候他遇到了一个很好的机缘，星巴克的两个兄弟要出售他们的咖啡店。于是，他就花了很大的力气，通过投资人，通过各方企业家把这个店买下了。从 1981 年到 2000 年左右，大约 20 年的时间，他的咖啡店在全世界以品牌加连锁的方式发展到了几千家，现在全世界已经有 2 万多家连锁店。我们可以看到，星巴克的这种方式是非常典型的。中国有一句广告语是这样说的：星巴克卖的不是咖啡，卖的是体验，在中国卖的是第三空间。除了家庭和工作单位之外，你还有一个可以待的地方。所以，舒尔茨最主要的贡献就是创造了一种新的商业模式，在这个商业模式里面，人们可以真正地体验到咖啡，包括咖啡文化、咖啡体验、咖啡豆的知识等各方面的东西。星巴克的成功在我们看来也是很励志的，这也是美国人的个人英雄主义的典型成功案例。

二、没有最完美的波音

◎ 刚刚说到的是星巴克，这次段教授在美国还参观了波音公司。那么这次参观波音公司有什么样的收获呢？

全世界有 2000 多架飞机是波音飞机，每个人都可能会接触到。在我们参观的时候，介绍人给我们讲了为什么会有“波音公司”这样一个品牌名称。首先就是因为创始人叫波音，其次他还讲到了一个故事：波音先生在当地非常富有，他做其他的生意已经赚了很多钱，于是就想买一架私人飞机。那个年代的私人飞机并不像现在这么普遍，所以卖私人飞机的企业就告诉他需要等几个月再说。波音就想，等几个月还不如自己做，所以他就开始做起了飞机，他这一做却把飞机这一事业做得非常大。

我也在思考一个问题，为什么美国有这么多的创新型公司，比如说波音、微软、苹果、HP、Facebook、Google这样一些创新型公司。我认为，除了其他一些文化价值精神，我感受最深的一点就是美国人亲力亲为的这种机械天赋，什么事情都会自己动手，什么事情都会自己尝试一下。我认为，从机械的动手能力层面来说，还有对工作的精益求精、持续改进、追求完美这样一种文化精神理念方面可以看出，这些都是他们创新的一个动力，是他们创新的发展源泉。所以我觉得，参观波音公司给我的感受很深。他们所从事的都是追求梦想的、改变人类的很伟大的事业。

我们说的地球村，如果没有飞机，实际上是很难实现的。现在网络信息的传播使得信息可以快速交流，已经让地球上的人们没有什么界限了。但是，关于距离感，没有飞机的话，是非常难跨越的。所以我们在参观波音的时候，就感受到了波音本人的这种对梦想的追求和使命感，他从个人使命出发完成了改变世界的伟大事业，而波音公司也在不断的改进。这次回来我也跟我的一些学生做了交流，其中一些人也去过波音公司。他们说前几年参观的时候，波音公司的飞机续航能力是16个小时，这次去的时候，我们了解到波音787的续航能力大概是22小时40分钟，从西雅图飞到香港，再从香港飞到西雅图是不需要任何经停、中转和加油的，可以看出飞机续航能力在不断的提升。

另外一个感受就是，波音公司有2万多人同时上班，是全世界最大的一个工厂，但是在工厂里几乎看不到什么人，基本上都是机械化的。工厂里面有很多餐厅，很多休闲娱乐的地方，从二层或者三层可以直接看到底层，通过敞开的办公室，每个人在干什么也都可以看得一清二楚。但是，机械工作的很多地方你反而看不到什么人，所以我觉得管理这么大一个工厂，而且做到这种精益求精的地步是很有难度的。波音提出了六西格玛管理理论，因为飞机的安全系数真的太重要了。所以用他们的话来讲，在品质管理和品质控制，以及工厂的现场管理这些方面，他们都做得非常的完善。

特别是飞机发动机方面，介绍人说很多的空难都是由于发动机不好等问题引发的。他说现在技术非常成熟，如今的发动机百分之百不会出现故障，即使出现故障也都是由于外力的原因，比如说鸟。

我们也问了一个问题，为什么要用 7 来给飞机开头编码？他说其实也没什么特别的原因，7 是客机的代号，货运机是其他的代号。我也看了一下给他们制作配件的合作商，有澳大利亚的、英国的，亚洲主要有日本的，再就是韩国的，大多数是德国制造的。我当时就在想，怎么就没有中国的呢？我想可能目前为止也是有的，但或许我们不知道，也或许他们那里面没有写出来。

中国买了很多波音公司的飞机，例如南方航空，有一年买了 13 架，主要的原因是中国的运输量越来越大了。波音公司从波音飞机的续航到管理以及品牌的形象等方面，一直以来也在做一种体验模式，包括对飞机的知识方面的介绍，包括他们在社会责任感这方面的一些战略实施等也都做得非常好。

* 关键词解读 *

企业文化

1. 企业文化内涵

企业文化，或称组织文化（Corporate Culture 或 Organizational Culture），是一个组织由其价值观、信念、仪式、符号、处事方式等组成的特有的文化形象，简单而言，就是企业在日常运行中所表现出的各方各面。

企业文化是企业的灵魂，是推动企业发展的不竭动力。它包含着非常丰富的内容，其核心是企业的精神和价值观。这里的价值观不是泛指企业管理中的各种文化现象，而是企业或企业中的员工在从事经营活动中所秉持的价值观念。

2. 企业文化作用

①企业文化能激发员工的使命感。不管是什么企业都有它的责任和使命，企业使命感是全体员工工作的目标和方向，是企业不断发展或前进的动力之源。

②企业文化能凝聚员工的归属感。企业文化的作用就是通过企业价值观的提炼和传播，让一群来自不同地方的人共同追求同一个梦想。

③企业文化能加强员工的责任感。企业要通过大量的资料和文件宣传员工责任感的重要性，管理人员要给全体员工灌输责任意识、危机意识和团队意识，要让大家清楚地认识企业是全体员工共同的企业。

④企业文化能赋予员工的荣誉感。每个人都要在自己的工作岗位、工作领域多作贡献，多出成绩，多追求荣誉感。

⑤企业文化能实现员工的成就感。一个企业的繁荣昌盛关系到每一个公司员工的生存，企业繁荣了，员工们就会引以为豪，就会更积极努力地进取，荣耀越高，成就感就越大，越明显。

＊案例＊

微软：独特的企业文化

微软是一家总部位于美国的跨国科技公司，也是世界PC(Personal Computer，个人计算机)软件开发的先导，由比尔·盖茨与保罗·艾伦创办于1975年，在2013年世界500强中排名110位，2014年排名第104位。2016年6月8日，《2016年BrandZ全球最具价值品牌百强榜》公布，微软排第3名。微软的企业文化值得每一个企业学习。

1. 启示

(1)重视人才。

“人是微软真正最大的财产。”员工的素质是对生产力唯一最重要的来源，聘用最聪明的5%，这里的关键词是聪明，知识面试过程是非常密集和严厉的。它不保证所有合格的人都被聘用，但是保证不合格的人很难被聘用，所有员工都有共同的个性特点：敏锐、聪明、有激情和富进攻性。

(2)建设性的争锋。

直截了当地说出想法。不鼓励玩弄权术和外交辞令，激烈的争论每天都会发生，每个人须一直处于最佳状态，工作没做好就难逃严厉批评，不能只是抱怨问题而没有解决办法，所有项目有关的文档都存放在公共服务器上。项目组中任何人都可以查询和审阅业绩，考核系统是相对的。同组员工彼此竞争。按固定百分比划分优劣，微软是一个相当苛刻的公司，有许多刻薄且眼光锋利的人。脸皮薄的人很难生存。

(3)机动而有效率的企业组织架构。

小型项目组。微软由许多小型的相对独立运作的项目组成，每个项目组负责一个产品，从计划、研发到行销的一切环节。

项目分享主要通过电子邮件、项目网站、白皮书和展示介绍进行。

对跨项目的问题，由各个小组派代表来共同商讨问题，由强势总裁和有凝聚力的高级管理团队来引导各独立项目组，使其目标与公司的整体战略计划一致。微软几乎每年都进行内部结构重组，当主要版本发行以后，当形成新产品的想法时，迅速判断失败项目等。并且项目组的人员各有不同。

(4)合格的主管和明智的管理模式。

没有只管人的主管。微软主管充分地了解手下人员所做的工作，员工不会尊敬那些没有能力做他们所做工作的主管，你作为主管只可能和你管理的人一样好，每周与直接向你报告工作的人开一对一会议，每周写进展报告，包括主要问题和风险，每周全体项目组会议商谈项目进度，每六个月进行业绩评比，并与职位提升、认股权、奖金和薪金涨幅挂钩，公司员工必须进行对主管的评价反馈，没有工时表，没有固定上下班时间，长时间工作是大家的共同现象，包括高级主管。

(5)比尔·盖茨是公司的灵魂。

老板是模范。比尔·盖茨作为首席设计师，每天仍然艰苦工作。比尔·盖茨经常召集项目评审会议，会议非常直接和专注，有时很粗鲁。汇报者需要做好很好的准备，否则会被骂得灰头土脸。每个月各个产品总经理通过电子邮件方式向比尔盖·茨报告项目进展，同时报告给各级主管。报告主要有两项：最近状况和重大问题。比尔·盖茨曾经每周六早晨与各副总裁商谈30分钟项目变动和问题，此外，微软每年开公司大会，比尔·盖茨会向大家畅谈微软战略目标。

(6)自我批判和学习系统。

尽早识别失败之处。短时间的失败是可原谅的，但拖延失败是不允许的。有关项目的主要风险因素应该随时包括在项目进展报告中。不会轻易放弃，出现严重问题时要及时寻找出路，报告问题而没有提出解决办法是不可接受的。项目完成之后立即举行评估总结会，总结各种经验教训，以便在下个项目中改进。举办各种非正式餐会讲座。

(7)以提高生产力为目标的开销方式。

给员工大量投入。给员工提供最佳工作环境。每个人都有自己的办公室，而不是小隔间，根据服务长短(非级别)来分配办公室位置，你可以随意布置你的办公室。花园式办公区设计，并有各式球场，员工可随时使用。每人配有两台以上机器，办公用具敞开供应，提供免费饮料并有多个自助食堂。其他方面精打细算，高级主管没有秘书，办公室和普通员工相同，出差坐经济舱，没有特殊的停车位，当一个工作绝对需要五个人来完成时，微软会分配四个人。外包所有可能外包的各项工作来减少费用，譬如接待、后勤服务、保安、测试等。

Dialogue on Branding 13

第 13 期

美国之行——“车库”孵化出世界级企业

Dialogue on Branding ▶▶▶▶▶▶▶▶

第13期

美国之行——“车库”孵化出世界级企业

【本期节目概述】

企业走到今天，无数例子证明，企业文化和价值观建设的成败，决定着企业的生死存亡。因而，成功的企业都很注重企业价值观的建设，并要求员工自觉推崇与传播本企业的价值观。本期节目中主持人晨辰和段淳林教授将一同探讨苹果、谷歌、亚马逊、脸书等这些从车库起家的美国成功企业背后所蕴藏着的文化价值观，以及这些创新型企业的文化基因对中国企业会产生什么样的启示。

一、美国创新型企业的文化价值观

◎ 美国那些伟大的创新型企业公司和品牌背后所蕴含的深层次的文化、价值观、精神到底是什么呢?

(一) 亲力亲为的机械天赋和注重技术的匠人精神

简单地从美国整体的文化发展历史来看，一开始美国所有的人都面临着一穷二白的环境，什么东西都没有那就意味着什么都要自己亲力亲为地去做，在美国人的骨子里就有这样的清教伦理：一定要付出自己的劳动，才能获得自己的财富。

历史发展到今天，我在思考现代美国的创新型企业的时候就发现一个现象：诸如惠普、苹果等公司，它们所有的产品创新和技术创新都是在车库里面发明出来的。为什么这些品牌的创始人对车库这么情有独钟呢？我觉得背后深藏的就是他们亲力亲为的机械天赋和注重技术的工匠精神。比如从 Mac 到 iPod、iPhone、iPad 的整个发展过程中，乔布斯都在“车库”里——一直都在现场，一直亲力亲为。他没有将研发完全交给技术人员而自己作为 CEO 就不去过问，相反，他在技术创新这个层面上投入了最多的实践和精力。而说到持续改进，我就会想到当时研发 iPhone 时的螺丝典故：当时团队已经改进了一个星期，但机身底部还是有一个小小的螺丝，他们认为已经改进到了极致，但乔布斯认为作为顶级的团队就应该要有顶级的创新和品质，所以他大发雷霆，要求重新做。于是又经过一段时间的改进，才有了我们现在使用的机身没有螺丝的 iPhone，这就是将创新做到了极致。

从这个例子我们就可以得到两点启示：第一，亲力亲为的机械天赋或者这种注重技术的文化给一个创新企业带来了什么；第二，一切为了技术的创新和发展。苹果公司在技术研发中看到的不仅是技术，更多的是梦想。他们所做的，都是为了一种改变世界、改变人类的梦想和追求。所以我们常说苹果不是卖产品，他卖的是概念，卖的是一种追求和一种使命。产品只是一个支点，他们创新的动力来自于对使命的追求，在这种追求中将技术发扬到极致。

那么怎么去做到极致呢？实际上就是我们说的注重细节、工匠精神、亲力亲为的一种文化。每个人都是多面手，乔布斯既是首席技术官、营销官、品牌官，更是 CEO。这就说明在美国的文化里，企业非常注重对动手能力的培养。这么多的创新型企业，比如脸书、Google，他们都有一种信仰——就是所有的东西都是要靠自己动手摸索、创新出来的，只要自己能做，就绝对不会委托给别人。

（二）平等的文化价值观

最近有一张照片：华为的老板任正非在打出租车。网友们都惊奇地说他这个级别的人还自己去叫车，竟然没有人来接他，但实际上这种现象在美国很普遍，就是一种强调老板和员工间平等的文化价值观。

在华为也有这样的企业文化，规定上司不能要求下属去接送他。其实骨子里也是同样的平等的文化价值观。

（三）“政、产、学、研、商用”紧密结合

我们说了文化背景和文化精神，那么最后一点是，我觉得在整个美国有一种创新的生态系统支持并推进了美国创新型企业的形成和发展。技术创新很重要的一点是研发。我们现在才看到了产学研的重要性，但美国的这种研发系统早已形成了一种良性的创新生态系统。

比如国家战略层面的一些研发技术可以下放给企业。另外，从高校的层面，比如斯坦福、MIT，它们做技术理论研究，基本上不需要和外界太多的交往，所以它们可以成为这个生态系统最基本的东西。而在应用研究里，就有两种方式，一种是产学研对接，就像我们现在所谓的科技特派员一样。企业直接把需要的科研人员的培养放到了高校，和高校共同培养，这就是我们所说的创新人才培养的模式。另一种就是类似默克公司的研发人员，每一年公司给他们提供研发费用，要求他们做研发报告，而工作地点不限制在办公室。表面上没有硬性的要求，但实际上是有成果压力的。

还有一种是企业的研发中心，这更多的是和商业的对接，以特有的对市场的敏感性形成很完整的体系。比如对非核心技术的总包，和对一些小的技术的创新，因为技术团队已经很难更进一步地改进，他们就让社会上这个领域的业余爱好者来进行创新突破。从这个意义上讲，我们所注重的学校里的科技成果转化，在国外更多的是一种市场导向型。因为它本身的技术难点就是来自于市场，或者说它和某一个企业共同面对的科技重大难题用这种方法研发出来以后就可以知道市场在哪里，所以也不存在什么技术成果的转化问题。当然有些技术很超前，必须要事先找到市场，这是另外一个话题。

美国的创新型企业一方面有文化的基因，敢梦敢追；另一方面就是它们本身在这种文化里面成长，已经形成这样一个氛围。另外，这个全新的系统在国家战略层面实现了系统化，政、产、学、研、商用这样一个五位一体的体系做得比较完善，才有这么多的创新型企业。

二、我国创新型企业的发展出路

◎ 美国的创新型企业的文化价值观给予了我国企业什么启示？我国的创新型企业又该怎么做呢？

美国成功企业的经验或者说文化价值观不是我们中国企业能够全盘照搬的。因为它们的文化基因中有独有的传承性、历史发展的轨迹和整个文化价值观，这些东西和中国有非常大的不同。中国现在不必一味地赞扬美国企业，我们自己的创新型公司也很多，比如华为、腾讯，中国人的这种吃苦耐劳和聪明才智也是非常独特的。我们有时间也可以就中国的创新型公司包括企业背后的文化基因和发展轨迹进行探讨。每一个国家的每一种文化基因，特别是从东西方文化的角度来讲都是和历史所沉淀的一些东西有关。比如日本也将亲力亲为的工匠精神做到了极致，所以日本的创新能力其实也是非常强的。

中国有这么深的文化基础，中国人对新事物的探究也是非常有激情的，特别是现在互联网企业创新的劲头很猛。那么关键就是我们能不能沉淀下来，做一个系统的研究，而不只是在某一个点上发力。现在国家也在布局，我国对科技创新企业投资了1500多亿元的奖励和推进资金，其重视程度可见一斑。但对于高校研究、和整个市场的对接、与产学研的结合等几个方面如何做得更好，我们还有很多要做的。而我觉得最主要的是创新人才的培养。

其实我们有些企业在技术创新层面也是走在世界前列的。比如从互联网这个角度，PC的技术创新更多的是在欧美；但是移动互联网的创新和技术发展方面，我们腾讯的微信、QQ都已经超过了美国，而且全世界现在都在用微信。所以在技术创新的系统里，我们中国也有很多的技术走在了世界领先的位置上，而且在不断地努力。也希望未来在自主知识产权的技术创新层面上有我们自己的一席之地。

从另外一个意义上来讲，马化腾最近拿出价值160多亿元的股份去做了一个公益基金，其实这就是成功的企业回馈社会的使命感或者说是更高的一种境界和追求的体现。对这样的企业来说，竞争不再局限于技术创新而是归结到价值观的竞争、使命的竞争上去了。那么谁有这种使命，谁有这种价值观，谁就有一种凝聚力，就能走得更远，更具有持续的生命力和持续的竞争优势。

* 关键词解读 *

产学研

产学研即产业、学校、科研机构等相互配合，发挥各自优势，形成强大的研究、开发、生产一体化的先进系统并在运行过程中体现出综合优势。产学研合作是指企业、科研院所和高等学校之间的合作，通常指以企业为技术需求方，与以科研院所或高等学校为技术供给方之间的合作，其实质是促进技术创新所需的各种生产要素的有效组合。随着技术发展和创新形态演变，政府在创新平台搭建中的作用，用户在创新进程中的特殊地位进一步凸显，知识社会环境下的创新2.0形态正推动科技创新从“产学研”向“政产学研用”，再向“政用产学研”协同发展转变。

* 案例 *

苹果——偏执于创新的宗教式企业文化

1. 从车库起家

乔布斯幼时就生活在后来著名的硅谷附近，邻居都是硅谷元老——惠普公司的职员。在这些人的影响下，乔布斯从小就很迷恋电子学。在上初中时(1976年)，乔布斯在一次同学聚会上，与斯蒂夫·沃兹尼亚克(学校电子俱乐部的会长)见面，两人一见如故，常常一道在乔布斯家的小车库里琢磨电脑。他们在1976年利用摩托罗拉公司出品的6502芯片，开始了自己伟大的创新，仅用几个星期，就装好了自己的第一台电脑。

1976年4月1日那天，乔布斯、斯蒂夫·沃兹尼亚克及乔布斯的朋友龙·韦恩签署了一份合同，决定成立一家电脑公司。随后，21岁的乔布斯与26岁的斯蒂夫·沃兹尼亚克在自家的车库里成立了苹果公司。而他们的自制电脑则被顺理成章地追认为“苹果1号”电脑了。

2. 苹果文化领导者——乔布斯的现实扭曲力场

极具天赋和领袖气质的乔布斯是苹果宗教的教主，他以超群的智慧和非凡的领导能力带领苹果取得一次又一次的胜利。外界关于乔布斯偏执、苛刻、独裁的传言正是成就这位商界奇才的根本——现实扭曲力场。

(1)看清本质，用逻辑说服。

乔布斯早年对科技和人文颇有研究，立志创造科技与人文精神结合的伟大产品，除了知识积累和逻辑训练，他还热衷于素食、禅宗、佛学这些终极哲学问题的探索。以上两点使他智慧超群，能迅速看清本质，并用逻辑说服他人。

(2)极其自信，为员工描绘美好愿景。

自幼表现出不同于凡人的特性，并在成长过程中得到父母、老师、同辈甚至行业前辈的极大认可，这使他对自己非常自信，而这种自信再加以绝对、正面的修辞技巧造势，使他在谈判和说服方面功力不凡。

(3)使用情绪左右他人。

乔布斯能看清事情的本质，基本都能以逻辑说服别人；加之他是苹果公司的创始人，亲手创造了伟大的产品，所以他在员工中的威信度远大于别人。因此，他的极端情绪表露反而会让员工产生一种极强的想要被认可的欲望。苹果的前任设计师Chad Little，分享了一个小“套路”：如果你手上的项目乔布斯没有参与的话，你可能等上好几个月项目都不会有进展。但如果你的项目乔布斯也参与其中，进程可能以一种你无法想象的速度进行。如果你在项目申报的时候，原因阐述是为了乔布斯而做的，项目很有可能就会通过。

3. 苹果愿景——为消费者带来最好的用户体验，让世界变得更好

无论是PC端产品，从1977年的Apple II世界上第一台个人电脑，打破计算机体积庞大和价格昂贵的局限，到2008年世界上最薄的笔记本Macbook Air；还是移动端产品，从2001年拥有独特的、人性化的操作方式以及巨大容量的iPod，到2010年完全摒弃鼠标和键盘，使PC走向移动终端的iPad；抑或是软件产品——从1999年开始改变了用户获取音乐的习惯，对传统音像制品造成巨大冲击的iTunes，到2001年开发的到现在依然是计算机操作系统领域最前沿的操作系统Mac OS。

不可否认，与乔布斯一样，苹果产品对用户的现实扭曲力场同样强大。苹果公司以“为消费者带来最好的用户体验”为愿景，崇尚“让世界变得更好”的核心价值（信仰），并将这种愿景细化到其软件、硬件产品及公司服务，也就是苹果公司的使命中。能够达到这个目标，成为如今全球市值最高的公司，在其内部管理方面有以下几个特点：

（1）偏执。

专注于对产品细节的执着追求。苹果专注于创造融合科技与人文精神的伟大产品，对每一件产品近乎完美的追求是受其文化基因中“偏执”的驱动。苹果公司掌控了软件、硬件以及自己的操作系统，这三者之间的紧密互动使员工大有可为，这种优势使员工在苹果公司可以做出在其他公司做不出来的产品。同时，苹果对员工的评估和考核也致力于督促员工做得好上加好。绝大多数员工，不论他们的工作多么简单，他们都能真正感觉到自己在改变这个世界。

在 Apple Watch 研发时，因为团队对于 Apple Watch 的设计一直力求突破，错过了一次又一次新品发布的机会，甚至公司因此付出了惨痛的代价(苹果股票从历史高位下跌达 40%)。为了确保产品的质量和一体化，库克表示愿意为之付出耐心和等待。结果显示，这种偏执的创新精神又一次带来了空前的成功。

(2)创新：Think Differently。

苹果公司致力于打造融合科技与人文精神的伟大产品，它似乎总是比用户更理解他们自己需要的什么，在这种洞察之下，在潮流到来之前创造性地做出一个又一个伟大的、具有颠覆性意义的产品，最终成为潮流的引导者。

4. 启示

乔布斯的个人魅力也赢得了整个公司的认同和崇拜，“苹果最强”“信任乔布斯”“忘记一切从头开始”等观念哪怕在其去世后，都深刻影响着每一位员工。苛刻到近乎变态的企业管理规定，反而塑造出独一无二的归属感和企业荣誉感——苹果公司员工在近乎宗教式严格的企业文化中，坚持工作中的创意与激情，“创新”“改变世界”被视为整个公司的追求和坚持。

Dialogue on Branding | 14

第 14 期

如何“玩转”奥运营销

Dialogue on Branding ▶▶▶▶▶▶▶▶

第 14 期
如何“玩转”奥运营销

【本期节目概述】

自商界奇才尤伯罗斯创造性地将奥运和商业紧密结合，并使 1984 年洛杉矶奥运会成为“第一次赚钱的奥运会”以来，奥运经济就越来越成为众企业关注的焦点。在本期节目中，主持人晨辰将和段淳林教授一起探讨曾经亏损的奥运会是如何通过营销扭亏为盈的，奥运营销成就了哪些世界级的企业，为什么说制造了热点话题和噱头并不等于营销成功？

一、1984 年奥运会——扭亏为盈

◎ 为什么说奥运营销非常重要？尤伯罗斯如何使奥运扭亏为盈？TOP 赞助商又有什么样的特权呢？

把奥运会作为一个营销事件，是从 1984 年洛杉矶奥运会开始的。在此之前的奥运会基本上都是亏损的，因为那个时候是政府主办的。

1984 年，尤伯罗斯承接了奥运会的主办权，当他发现市政府和州政府都没钱时，这个既懂体育也懂商业运作的人就想到设置一个独家赞助权，并找来了几十家 TOP 赞助商（在当时投资几百万美金，就可以成为某一个领域的 TOP 赞助商）。而这样一种模式，让奥运慢慢改变了亏损的状态，悉尼奥运会、汉城奥运会、北京奥运会等都获得了盈利。

TOP 赞助商的特权就是唯一的独家赞助。某一个领域里面的 TOP 赞助商只有一家，比如阿迪达斯拿了 TOP 赞助商，耐克就没有机会了；如果蒙牛拿了，伊利就没有机会了。当时胶卷届的领军品牌是柯达和富士。柯达重视本土市场，认为没有必要和奥运发生什么关系；而当时富士反应很快，直接成为了 TOP 赞助商，他们的胶卷、扩印店铺天盖地席卷了洛杉矶。等到柯达反应过来，早已是“江河一片绿”（因为富士的主色调是绿色的）。但

是柯达并不服输，还是坚持要利用奥运营销做营销。虽然错失了最佳时机，柯达还是采取了亡羊补牢的措施，由于数码相机的专利权在柯达手上，他们就把数码相机免费赠送给美国国家队运动员。

如果说 TOP 赞助商是“开源”，尤伯罗斯同时也采取了“节流”措施。我们知道奥运会举办过程中最大一部分的花费就是场馆建设，包括我们北京奥运会的鸟巢和水立方，投资非常大。尤伯罗斯采取的办法就是改造周围学校的体育场馆。还有一种方法就是火炬接力赛——每个人交 1000 美金可以跑 1 公里的火炬接力赛。还有最佳看台票，个人赞助 2 万美金以上的，就可以拿到重要比赛最佳看台场馆的门票。美国人对体育有着狂热的热爱，他们觉得这个方法很好，之前他们花钱也买不来这样的票。

拿到奥运会的主办权，意味着为国家和城市形象赢得了一次传播的机会，很多品牌也可以利用这个事件进行传播，让举办城市财源滚滚。

洛杉矶奥运会成为奥运会一个非常重要的转折点，当时赚的钱虽然不是太多，但是之前亏损的历史一去不复返了。从那以后，每一个拿到奥运主办权的城市，都觉得这为城市的发展、形象、收入提供了一个支撑点。后续我们也可以看到很多奥运 TOP 赞助商通过奥运营销成为非常伟大的公司和品牌，比如众所周知的耐克、阿迪达斯。北京奥运会时，10 家 TOP 赞助商大概有 8 家都是美国公司，一两家是日本和韩国的公司。那时中国企业虽然没有顶级的 TOP 赞助商，但像联想这样的企业也成为重要的战略合作伙伴。随着中国经济实力的越发强大，中国企业的这种赞助活动也越来越多。

二、营销要与企业定位和发展阶段相匹配

◎ 怎样去评价一次营销究竟是成功还是失败?

在进行奥运营销时，一方面要注意品牌自身精神和奥运精神的匹配，另一方面是不要太急功近利。很多中国企业都明白奥运营销是一个重要事件，但心里并不是很清楚怎么去利用、怎么用得更好。很多企业只看到眼

前知名度的提升、销售量的提升，但没有意识到一定要结合企业自身不同的发展阶段。

一次好的营销必须和品牌的定位以及品牌的发展阶段相匹配，这是非常重要的。如果你处在没有知名度的阶段，就需要利用奥运营销打响知名度，可以通过创造话题和噱头来实现。但是如果已经有了知名度，进入了第二个阶段，就应该更多地和消费者进行情感沟通，或者想方设法地将自己打造成中国自信、中国骄傲、中国自主品牌的代表，实现自身的社会责任，增强敢于担当的使命感。从这个角度传播的效果会更好，会让大家有一种敬仰的感觉，而不是觉得你就是一个急功近利的机构或者组织。简单来说，就是要么“高大上”，要么老实地做情感沟通、关爱某一个群体，像361°公司曾经做过一个关爱贫困山区儿童的活动，我认为就是一个很好的话题。如果已经处在第二个阶段，需要用品牌来拉动形象的时候还做知名度，就是不合适的。

另外，广告不能把话说得太满，因为奥运比赛过程里面有很多不确定的因素。比如北京奥运会时，耐克把宝全压在刘翔身上，但刘翔最后退赛了，这是谁都想不到的。

* 关键词解读 *

奥运营销

奥运营销(Olympic Marketing)，是借助奥运赛事为载体来推广企业的产品和品牌的市场营销活动，是将产品与体育结合，将体育文化与品牌文化相融合以形成特有企业文化的一种战略。

企业围绕奥运赛事除了投入赞助费外，采取一系列相关营销活动，从公益、文化、热点等各个角度，运用广告、促销、活动等多种手段，力争在一定的时间和空间内形成一个品牌的沟通高潮，产生轰动效应。

* 案例 *

耐克——活出你的伟大

国际上体育用品市场一向竞争激烈，中国也不例外，两大巨头耐克和阿迪达斯一直在各出奇招以开拓更多的市场，占据更领先的地位。奥运会一直都是体育用品品牌拓展市场的最佳契机和必争之地，如何能在有限的预算下，发出更大的市场声音从而先声夺人是品牌最大的挑战。2012年，阿迪达斯拿到了伦敦奥运会的TOP赞助商资格，而耐克则剑走偏锋，推出“伟大”系列的品牌传播，在不是奥运官方赞助商的情况下，依然发出了强大的声音，让全世界的人都看到并认同。

1. 传播创意

“活出你的伟大”的核心是对“伟大”进行重新诠释，鼓励每个普通人活出自己的伟大。它试图告诉人们：不仅冠军和纪录保持者们渴望超越自己的极限，日常生活中每一个普通人也在力求超越自己，达成自我设定的目标，收获属于自己的伟大时刻。结合伦敦赛场热点，用最快的速度表达耐克对“伟大”的独到理解和崭新定位。同时，耐克巧妙地利用微博，这个当时能最快速地进行一对一沟通和分享观点的平台，作为对电视广告和平面广告的配合，通过官方微博发布这些观点，并通过微博的传播，鼓励人们换个视角看成败，关注结果同时不忽略过程，激发普通人发挥自己的潜能。

2. 执行策略

2012年7月25日，耐克在全球范围统一的广告片 *Find Your Greatness*（《活出你的伟大》）先是在社交媒体上预热，随后在奥运会开幕式的当天，这支TVC正式登陆全球25个国家的电视台。该短片呈现了全世界各地很多普通人在运动中超越自己的感人瞬间，让大家感悟到：伟大没有固定的定义，它是心中的一个信念，每个普通人都能靠这个信念实现个人成就，创造自我精彩。

在随后的奥运期间，耐克全面启动全网宣传计划，大幅曝光品牌广告，做到全面覆盖受众；全面打通电视、网络、平面等媒体，占据受众的视线。与此同时，在社交网络(微博、微信)上以"活出伟大"为话题标签引发关于全世界的运动员如何活出自己的伟大的探讨。随着奥运的进行，根据不同的比赛状况，上线不同的平面广告(如叶诗文夺冠被质疑，王皓男单遗憾亚军等)，同时再次通过社交媒体引起话题，刺激受众跟随其品牌理念，支持运动员，放大品牌声音。

除了广告和系列微博，耐克还采用互动的方式，鼓励人们说出自己对伟大的理解。耐克为此组织了一个在线评选活动，选出网民对"伟大"最精妙的诠释，并量身定制T恤衫送给获胜者。"真正的伟大不存在捷径""伟大不只用来定义英雄""不等伟大来定义你，去定义它"都是来自网民的获胜作品。另一个在线活动名为"伟大快讯"，鼓励网友在耐克官网分享自己身边的运动故事，并支持图片和视频上传，最后以DIY新闻形式呈现。为传播这一活动，耐克甚至利用重要门户网站的首页进行推广。

作为"活出你的伟大"后续活动，耐克在官网上(www. nike. com. cn)开启了"由此上阵"平台，鼓励大家以擂台挑战的方式，通过耐克全新数字产品Nike+上传自己的运动表现数据，以此激励人们用实际行动参与追寻伟大的旅程，发现自己的伟大。

3. 传播效果

花小钱办大事，耐克在广告宣传上的轮番轰炸模糊了阿迪达斯是奥运官方赞助商的概念。根据美国最近对1034名消费者的调查显示，消费者其实根本不知道谁才是名正言顺的奥运官方赞助品牌。有34%的消费者误认为耐克是伦敦奥运会合作伙伴，而只有24%的访问者给出了正确答案。大部分的中国消费者认为耐克是伦敦奥运会合作伙伴。另外，在奥运期间耐克在全国的零售状况得到了普遍提高。

4. 启示

耐克把品牌自身的精神和价值，与奥运的拼搏、坚韧、更高、更快、更强这些信念连接在一起。它传播的是和品牌自身相匹配的一种奥运精神和文化，并且在这个传播过程中，让大家感觉到“其实每个人都有机会做一件伟大的事情”。

Dialogue on Branding | 15

第 15 期

看企业如何发力里约奥运会

Dialogue on Branding ▶▶▶▶▶▶▶▶

第 15 期
看企业如何发力里约奥运会

【本期节目概述】

2016 年是奥运年，奥运年对很多品牌来说都是一个营销机遇。那么本期节目主持人晨辰就将和段淳林教授一起来探讨奥运会有哪些官方的赞助方式，各路赞助商是如何发力里约奥运会的，以及奥运会前的营销应该怎么做？

一、企业对奥运会的赞助方式

◎ 里约奥运近在咫尺，和中国体育代表团一样，企业也在备战里约，而且都瞄准了赛前的这段时间，那么企业到底有哪些赞助方式，又该怎么去做呢？

在上期的讲述中，大家已经知道了奥运会的赞助方式，第一种方式，也是第一个级别的是 TOP 赞助商，也叫一级赞助商，目前为止我们熟悉的有可口可乐和宝洁等。第二种方式就是奥组委的合作伙伴，比如 361° 和安踏等。第三种方式就是中国体育代表团的合作伙伴，比如赞助中国女排的光明乳业等。第四种方式是非奥运赞助商，即企业不是正式的赞助商也能赞助活动。比如可以通过赞助运动员个人来进行奥运营销，吉列剃须刀就是赞助了宁泽涛个人。另外也可以就一种奥运的精神或理念做一个全民参与的活动，比如说微信运动在距离里约奥运 100 天时发起了“100 天跑向里约”的线上线下互动的活动。

有这么多地方可以赞助，那么应该怎么去做呢？这就需要根据每一个企业自身的定位和实力，去找到跟自己吻合的一种方式。比如赞助了中国高尔夫球队的比音勒芬，它的定位是高尔夫的第一品牌，通过高尔夫这个品类来突破产品的形象。这次它更是在赛前就在北京举行了新闻发布会，开展了“五星战袍，闪耀里约”的活动，取得了非常大的成功，同时在中国高尔夫博览会也做了一系列活动。

二、赛前营销的重要性

◎ 赛前的营销是否重要？企业又该如何做好赛前营销呢？

赛前营销也就是预热，品牌活动不可能仅仅在赛中，大的品牌都会有这样一个思考：怎么在赛前预热，怎么让奥运会的形象和自己品牌的形象结合。比如可口可乐的火炬手选拔活动，这是一个已经有 87 年历史的活动，这次从 2015 年 12 月就启动了，不仅在线下选拔火炬手，在线上也有一些活动，比如征集令等，都是赛前的一个预热活动。

在这方面一些大的品牌主和广告主，都对赛前怎么告知公众，怎么和里约奥运会取得联系，非常非常用心。再举个例子，今年(指 2016 年)4 月 25 日吉利汽车在北京车展发布了冠军奖励计划：它的首款跨界的 SUV 汽车将成为奥运会游泳运动员的专属座驾，而且冠军、亚军、季军后将有不同的车型与之相匹配。

另外还不得不提国家击剑队的赞助商，有三个赞助商赞助国家击剑队，丰田皇冠、帅邦厨电和南孚电池。丰田皇冠的口号是“里约奥运，剑证荣耀”，它的新闻发布会 4 月 6 日在北京隆重举行。帅邦厨电在 3 月份也利用营销年会在中国家电生产基地举办了发布会，当时的理念是“帅邦厨电，亮剑里约，再创辉煌”。南孚电池在 4 月 20 日也发布了赞助里约奥运会的一个广告大片。

这里也可以看出一个代表队不会只有唯一一个赞助商，当然 TOP 级的是唯一的，但是除此之外的就是不同品牌赞助不同的体育代表队，赞助不同的方面，比如运动员的着装，甚至是高尔夫球队运动员戴的劳力士手表等。不同的赞助，会看中运动员身上不同的部分，其实都要根据企业自身的特点，找到自身合适的位置。

三、非奥运赞助商如何做奥运营销

◎ 非奥运赞助商能不能做好奥运营销，具体又该如何操作呢？

非奥运赞助商也是可以做好奥运营销的，比如这几年在奥运营销持续发力的伊利有时候会被竞争对手蒙牛抢了风头，因为老百姓并不知道哪个企业才是 TOP 赞助商，只会根据影视、各大媒体上的曝光率来进行判断。当看到铺天盖地的蒙牛奶人形象，人们就会误以为奥运 TOP 赞助商是蒙牛。

从另一个角度来看，传播的创意、传播的密度、不同阶段的传播重点等，对于企业强调自身作为唯一的 TOP 赞助商的地位都是非常重要的。伊利今年推出了一款酸奶，开展了名为“中国好酸奶”的影视营销，邀请了在年轻人中拥有超高人气的宁泽涛，在这个营销过程里捆绑“奥运好品质”和宁泽涛，加深和消费者的互动，反映了奥运精神铸就伊利品质这样一种理念。

同时，抢占重要时间节点是关键。现在这么多企业发力奥运营销活动，其实寻找时间点也有讲究，太早了没有这种热度，往后推唯恐错失时机，所以寻找这个时间点也是很巧妙的。比如在赛前活动中，倒计时 100 天、出征前的新闻发布会以及运动员出征的仪式，都是非常重要的营销节点，是企业需要在可控的、被要求的范围里面去做一些文章的。

* 关键词解读 *

奥运营销方式

奥运营销主要有三种方式：

(1) 赞助与冠名。

这是奥运营销最直接有效的方法，也是运用得最多、投资巨大的方法，一般都为大品牌、大企业所用。比如 Visa 公司就把赞助视为整合营销沟通中一个重要的组成部分，并取得了相当好的效果。

(2)媒介之争，抢占传媒制高点。

奥运期间，电视、广播、报纸等各大媒体都将成为焦点，也将成为商家与产品竞争的真正舞台，如何能在这方面前瞻性地进行投入，也必将成为制胜的关键所在。例如单是央视连续14小时的申奥直播，收视率一直稳定在70%，申奥成功后收视率一度攀升到创纪录的88%的水平，与央视联盟的海尔集团的手机广告被反复播放，这一连串的数据不能不让各商家垂涎。

(3)创造奥运文化。

真正的奥运营销与品牌精品在打造过程中，除了赛事本身以外，在前期如何借用奥运资源，结合自己的产品创造出一种“本土奥运文化”，也是很重要的。

＊案例＊

比音勒芬的奥运整合营销

比音勒芬是一家领先的高尔夫高端服饰企业，专注于高尔夫服饰的研发设计、品牌推广、营销网络建设以及供应链管理。比音勒芬倡导自信、阳光的生活方式，秉持“人生就应该自信”的品牌理念，致力于为消费者提供尊贵、舒适的穿着体验。精准的品牌运营管理、国际化的设计团队和全球化的面料采购体系，造就了比音勒芬服饰的鲜明风格和高贵品质，产品涵盖了男女装的高尔夫服饰，共分为生活、时尚和运动三大系列。

比音勒芬于2003年成立于中国广东，迄今已建立遍布全国31个省、自治区及直辖市的业务平台，600多家店铺覆盖国内主要城市的核心商圈，员工有1500多人。2016年12月，比音勒芬在深圳证券交易所成功上市(002832)。比音勒芬是中国高尔夫服饰领军品牌，是中国驰名商标、广东省著名商标、中国国家高尔夫球队合作伙伴。

2016年8月，第31届夏季奥运会在巴西里约热内卢举行，高尔夫球项目时隔112年后又重新被列为奥运比赛项目，中国国家高尔夫球队将代表中国首次征战奥运。对于中国国家高尔夫球队合作伙伴的比音勒芬来说，这是一次绝佳的品牌营销契机。

1. 寻找比音勒芬的奥运营销主张

奥运营销的第一要义是寻找到合适的奥运主张。奥运主张是企业在开展奥运营销时的指向标，它统领企业所有的奥运营销活动，让企业的奥运营销活动产生一致的合力，从而达成营销效果的最大化。奥运主张需要同时契合奥运精神与企业品牌主张。

为了寻找到合适的奥运主张，2015年8月，比音勒芬开展了大规模的消费者洞察行动，最终发现强大的自信是消费者在竞争激烈的社会环境中脱颖而出的法宝。同时比音勒芬发现，随着中国经济的快速发展以及国家地位的日益提升，国民也在各个方面表现得越来越自信。“自信”不仅是比音勒芬消费者从内到外的精神状态，更是中国奥运健儿不畏惧一切挑战的态度和魄力。

于是，比音勒芬确定了“自信”的奥运主张，并顺势推出了“人生就应该自信”的品牌新口号，激励人们无论何时都应该充满自信，向世界展现精彩的自我。

2. 比音勒芬的奥运营销规划

为了更好地开展奥运营销，比音勒芬确立了两大指导原则：一是系统性，奥运营销需要系统化、连续化，才能将营销效果最大化；二是立体性，奥运营销需要借助不同的媒介、形式和方法，才能使声量得到广泛传播。

比音勒芬在“自信”的奥运营销主张下，确立了八大营销活动，分为中国国家高尔夫球队关联营销和大众情感营销两个方向，并综合利用了线下与线上相结合的品牌传播方式，如图15-1所示。

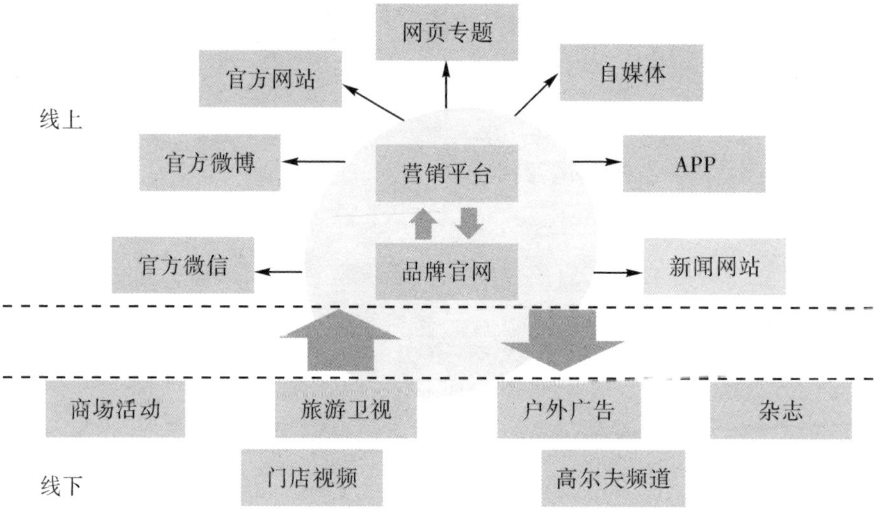

图15-1　比音勒芬的奥运整合品牌传播路径

比音勒芬的奥运整合传播分为四个阶段：预热期、引爆期、高潮期、余热期。

(1)预热期。

预热期的目的在于奥运营销氛围的营造。比音勒芬在预热期主要开展了一系列的内部管理提升行动，以便在组织体系和策略行动上更好地支撑未来的奥运营销。同时，比音勒芬通过发布中国国家高尔夫球队广告大片(贺岁篇+自信篇)，拉开了奥运营销的篇章。

从2013年10月至今，比音勒芬一直是中国国家高尔夫球队官方唯一专业高尔夫服装赞助商。2016年中国国家高尔夫球队的形象宣传片充分融合了比音勒芬的品牌理念，充分地展现出了国家队整体自信的精神面貌。

第 15 期
看企业如何发力里约奥运会

2016 年春节前夕，比音勒芬发布了中国国家高尔夫球队的贺岁篇，整个广告片场景轻松愉快，中国国家高尔夫球队队员们喜气洋洋，恭祝全国人民新春快乐。贺岁篇是比音勒芬第一次改变一贯的高端大片风的尝试，显得格外接地气，向观众传递了一种温暖、轻松、积极向上的感受。

随后，比音勒芬发布中国国家高尔夫球队的自信篇广告大片(见图 15-2)。广告片配乐轻松欢快，在绿荫球场上，一位位热爱高尔夫项目的国家队运动员，尽情地享受着他们的每一次挥杆。他们从容不迫、意志坚定、阳光自信，充分展现了高尔夫运动阳光、健康的形象。两个广告大片的发布让比音勒芬“人生就应该自信”的品牌理念传递到了万千大众的面前，大大提升了品牌的正面话题性。

(2) 引爆期。

引爆期是比音勒芬奥运营销承上启下的关键一环，意味着比音勒芬的奥运营销进入了紧张、快节奏的环节。

①发布“五星战袍”。2016 年 8 月，中国国家高尔夫球队队员身披“五星战袍”代表中国征战巴西里约热内卢奥运会，他们身着的比赛服成为世人瞩目的焦点。比音勒芬为中国国家高尔夫球队精心打造了蕴意丰富、专业时尚的比赛服，它不仅能让球员们朝气蓬勃，更能助力他们在比赛中舒适自信地挥出每一杆。

为了更好地提升大众关注度，比音勒芬采用了发布会的形式来揭开比赛服的神秘面纱(见图 15-3)。2016 年 3 月 4 日，中国国家高尔夫球队 2016 比赛服发布仪式于国家会议中心隆重举行，国家体育总局小球运动管理中心副主任、中国高尔夫球协会副主席王延梅女士，国家体育总局体育文化发展中心副主任、中国体育博物馆副馆长、中国奥林匹克博物馆副馆长曹康先生，比音勒芬服饰股份有限公司董事长谢秉政先生等领导嘉宾出席并见证了“五星战袍”的发布仪式，社会各界人士以及新华社、中央电视台等 30 余家主流媒体共同来到现场见证了战袍的首度亮相。

“五星战袍”的设计灵感源自于中国的五星红旗，设计师选取国旗中的中国红成为设计的主色调，辅以国旗中的五星黄增添战袍的动感与时尚性，并在服装中巧妙地融入了“五星”元素。“五星战袍”不仅具有强烈的国家识别性，而且承载了国家的荣耀与期望，激励队员们在国际赛场上奋勇拼搏、为国争光。

这件首次亮相的历史上第一件中国国家高尔夫球队奥运战袍，一时成为高尔夫球界乃至社会各界讨论的热点。除此之外，它还被中国体育博物馆和中国奥林匹克博物馆永久收藏。

②举办比音勒芬高尔夫文化全国巡展。为了让大众也能感受到高尔夫运动的自信魅力，比音勒芬在2016年6月12日—8月21日，在哈尔滨、深圳、成都、南京和北京五大城市的著名商场内开展了高尔夫文化巡展线下体验活动。

在高尔夫文化巡展现场，消费者可以亲身体验高尔夫体感游戏、五星战袍静态展、有奖推杆、场景拍照等多个趣味项目。比音勒芬为大众带来了趣味性十足且十分难得的“近享”高尔夫运动的机会。比音勒芬通过大型线下活动为奥运高尔夫造势宣传，让品牌、产品与消费者实现零距离的接触，在增强品牌体验感的同时，展示了产品的特性。加之及时的线上媒体和双微报道、宣传，扩大了整个线下活动的大众影响力。

(3)高潮期。

高潮期是奥运营销的关键期，比音勒芬集中了大量资源开展了一系列的品牌营销之旅，在奥运营销声量上达到了最大化。

①协办中国国家高尔夫球队里约奥运会出征仪式。2016年7月25日，在里约奥运会开幕前夕，中国国家高尔夫球队里约奥运会出征仪式在北京体育大学国家训练基地隆重召开。出征仪式由国家体育总局小球运动管理中心、中国尔夫球协会主办，比音勒芬服饰与深圳市比奇汉商贸有限公司协办。

比音勒芬不仅通过出征仪式为奔赴奥运赛场的中国国家高尔夫球选手加油助威，而且在会上当场宣布设立“比音勒芬中国国家高尔夫球队奥运奖励金”，助力中国国家高尔夫球队首征奥运，奖励获得金牌的个人及团队人民币 100 万元，银牌 50 万元，铜牌 30 万元。

②发布中国国家高尔夫球队出征海报。2016 年 8 月 4 日，比音勒芬发布了中国国家高尔夫球队出征海报，四大球手身着“五星战袍”，信心满满。

③发布手绘视频。8 月 5 日，在里约奥运会开幕式的前一天，比音勒芬线上发布了一条时长 3 分 22 秒的手绘视频《敬第一次，还记得那些刻骨铭心的第一次吗?》。视频在多家知名网站上迅速走红，上线前五天点击量便高达 70 万，其相关话题在微信平台上持续发酵，五天内相关转载曝光量高达 30 万。

④开展五星战袍网络预售。2016 年 8 月 5 日至 2016 年 8 月 21 日，比音勒芬在佰佳高尔夫和高尔夫教学商城开启了“五星战袍”的网络预售，限量发行 2016 套礼盒装“五星战袍”，并将销售总额的 10%捐赠给了“中国青少年高尔夫公益基金”。

(4) 余热期。

奥运会结束后的一两个月内是比音勒芬奥运营销的余热期，在此期间，比音勒芬充分利用了奥运余热，将公益与奥运结合在了一起，进一步提升了品牌形象。

比音勒芬先是冠名赞助了国内最高级别的青少年高尔夫赛事“中国青少年高尔夫未来之星 U11 赛”，继而设立了“比音勒芬中国未来之星训练营”，致力为中国培养顶尖青少年高尔夫人才。

比音勒芬以“自信”理念作为奥运年度营销主张，旗帜鲜明地融入了全部的线上、线下整合活动中，将所有的营销活动拧成了一股合力。凭借品牌精神与奥运精神的完美结合，比音勒芬“自信”的概念成功地印刻在了大众的脑海中。

* 案例 *

微信运动：100天跑向里约

2016年，4年一度的奥运会在巴西里约举行，这不仅成为体育迷们的狂欢节，也成为品牌营销的竞技场。按照传统的奥运营销带来的价值测算，每379美元的奥运广告投入可得到1万美元的回报。但是，并不是所有的品牌都能在奥运营销中获利，如果仅仅是依靠赞助这样的单点效应，即使品牌能够进入奥运的场景，也无法植入到消费者头脑中。而从伦敦奥运会开始，奥运营销的规则正在被改写，除掉传统的奥运营销模式，社交媒体上的互动正在成为品牌商关注的对象。4月27日，距里约奥运会开幕整整100天，腾讯体育宣布携手一汽—大众奥迪、伊利与数百名跑步爱好者，以及陈晓、王丽萍、何冲等一众文体明星，开启腾讯“跑向里约”迎奥运大型互动活动。

1. 活动执行

“跑向里约”整合微信运动数据，在这4个月中，微信运动的注册用户被自动带入“跑向里约”的征程。从北京出发，经过14个赛段的比拼，一路经过20个奥运会主办城市最终“跑向里约”，完成一场线上的奥运之旅。与此同时，还将在深圳、武汉、成都、上海、杭州、大连、北京这7座城市举办大型线下活动。用户还可以通过锻炼步数换取积分，跑友可以随时上线获知自己的跑步步数、积分情况及所在位置，所获得的积分也可以兑换丰富的奖品。用户每天的步数，不再仅仅是排行榜上的虚拟数字和让人获得满足感的无形资本，更将成为能够直接兑换实物礼品的“硬通货”，让运动数据变得“实用”起来。

另外，“跑向里约”以H5为载体，在微信运动已有的点赞、排名、抢封面等跑友互动基础上，针对性地推出如摇一摇竞猜、奥运冠军加油PK、火炬传递等可随时参与的用户交互方式，让用户在“跑向里约”的过程中结识更多志同道合的伙伴，全方位满足用户对奥运会的参与愿望。

2. 活动创意

“跑向里约”实际上是以线上虚拟跑为轴开启的一场基于朋友圈的社交运动风暴，它巧妙地将跑步和奥运会结合起来，创造了新的奥运互动模式。

(1)“社交+技术”延展了奥运营销的周期。

“跑向里约”在里约奥运会倒计时100天的时候发布，这意味着腾讯体育率先打响了奥运主题营销的第一枪，这不仅让奥运营销的周期大大延长，为品牌提供了更多的营销机会；同时，也让更多的消费者提前卷入奥运热潮，并通过节点式的传播，提升奥运话题的热度。也因此，这个率先启动的奥运主题营销迅速得到了一汽—大众奥迪、伊利等品牌的赞助，并成为腾讯奥运期间首个招商破亿的项目。

(2)奥运精神进入日常生活场景。

虚实结合成为“跑向里约”的一个重要特征，将人们日常运动的行为与奥运会进行无缝连接，不仅可以驱动更多用户的跑步行为，不断刷新跑步数据，品牌也可以借助这个新的场景，来和用户进行多元化的互动，将不在中国本土举行的奥运会也变成了一种“全民奥运”，使奥运精神变成了可以和消费者互动沟通的元素。

3. 启示

这么多企业发力奥运营销活动，其实寻找时间点也有讲究，太早了没有这个热度，往后推唯恐错失时机，所以寻找这个时间点也是很巧妙的。“跑向里约”迎奥运活动是国内第一个里约奥运会媒体主题项目，将从里约奥运会100天倒计时开始，一直持续到奥运会结束(2016年4月27日至8月22日)，全程历时4个月之久。而基于腾讯体育的平台优势及交互优势，这个主题项目也让所有移动互联网时代的用户提前进入到“奥运时刻”，并提升了整个奥运营销的节奏，也在进一步地说明，奥运的魅力不只是在比赛期间，而是贯穿于前中后的互动体验，奥运营销也可以另辟蹊径，品牌没有必要都去凑赞助商的热闹，而是可以借助一些奥运主题的平台来传递品牌的奥运精神。

Dialogue on Branding 16

第 16 期

这些奥运明星“坑哭”赞助商

Dialogue on Branding ▶▶▶▶▶▶▶▶

第 16 期
这些奥运明星“坑哭”赞助商

【本期节目概述】

上一期的节目里面，我们说到了一些营销不是特别成功的案例，像耐克曾经把所有的宝都压在刘翔身上，结果刘翔退赛了，使得耐克整个前期的铺垫都付之东流。本期，段淳林教授将盘点赞助商高价聘请的奥运会代言人都出现过哪些突发状况。赛场上成绩遭遇滑铁卢、赛场下私生活爆丑闻，面对突发事件，奥运会赞助商们又该如何应对。

一、代言人选择失误带来损失

◎ *在赞助奥运会的这个过程当中，是否存在失败的营销案例呢？*

失败的营销案例当然是时有发生的。先来说营销失败的几类原因。一类是运动员丑闻使品牌蒙羞。菲尔普斯在 2008 年北京奥运会创下了收获 8 枚金牌的纪录后，不久就被曝光了吸毒丑闻，这直接影响了代言商的品牌形象。

伯德米勒是 2006 年冬奥会中的热门夺冠选手，他获得了耐克和 Visa 公司的巨额广告合同，但是在赛前他却陷入酗酒丑闻，在比赛中也表现平平，也没有为代言的耐克、Visa 带来良好的曝光效果。如此一来，耐克、Visa 的投资就打了水漂。

另一类是运动员身兼数个品牌赞助，限制了品牌的传播。比如说 1992 年巴塞罗那奥运会，锐步公司原本拥有美国运动员的热身服和比赛服的专属权，但是它忽视了一个环节，就是美国运动员里面特别是像迈克尔·乔丹这样的运动员，他们是和耐克、阿迪达斯提前签署了个人战略合作协议的，这时候他们就不能穿锐步的服装，所以当时在运动场上出现了自己的运动员披着美国国旗，遮住锐步 Logo 的事件。从职业道德的角度讲，运动员这样做是对的，但对锐步来说，这就是一次失败的营销。

所以这些方面有几个问题需要注重。第一，要把握营销传播的尺度，选好代言人。第二，要用奥运精神传递品牌价值，而不仅仅只作一个赞助商。第三，就是如何运用创意和技术与用户进行情感的沟通，更深层次的沟通，而不仅仅像恒源祥十二生肖广告一样，变成一种很“暴力”的广告。

二、危机公关，减少损失

◎ 在应对这些突发情况的时候，企业怎样做才能事前预防或者事后补救，避免更大的损失呢？

应对突发状况有很多的做法。其一我们常说的是慎重选择代言人，但是由于代言人突发事件比较多，很多时候很难预测。代言人在运动场上是否获奖、私生活是否检点等都跟品牌有直接的联系，良好的代言人或优秀的运动员毫无疑问可以提升品牌的知名度与形象；如果没有押对宝，代言人一旦出现意外，就会遭受损失。比如刘翔 2008 年北京奥运会的时候代言了大约 14 个品牌，退赛造成的损失据说有 30 多亿元，这对所有的代言品牌来说都是非常巨大的损失。那么在这种情况下就必须采取一些应对策略，比如耐克迅速反应，花 150 万元连夜制作了一条新的广告——“爱运动，即使它伤了你的心”。这个真的非常妙，这样一说，大众就没有把它的损失看得那么重，反而被这句话抓住了心智：运动是我最喜欢的，不管是谁伤心，我还是要继续运动。而且运动的话题和耐克本身的品牌定位关联度很高，所以这样的应对虽然无法挽回经济损失，但是在舆论上就表现得很好。

从危机公关的角度来说，首先，我们并不提倡鸵鸟政策。所谓鸵鸟政策就是沉默、不发声，因为有些品牌担心会越描越黑。但积极的应对也要看从哪个角度切入。耐克给了我们很好的启示，所以我觉得在如何应对危机事件方面需要我们从失败案例中吸取经验教训，国内品牌真的要学习一下大的国际品牌在品牌危机管理方面的快速反应能力。

三、机制预警，专业应对

◎ 有的企业在整个营销团队的构建上不具备快速反应的实力，在这种情况下，如果本身就没有应对危机的能力，怎么做才能够应对这些事情呢？

长效的预警、预案机制的建立是更重要的。事实上各种很难预见的事件可能会不时发生，企业应该从战略上去思考如何应对危机，而不是从战术的角度就事论事。在做一件事情的时候，“可能会发生什么事”“发生后应该如何应对”都是必须要事先考虑的。如果觉得一定会成功，而没有考虑其他的可能性，不可能有快速的反应。这种预案一是要有高度的预警意识，二是要从战略的角度长远考虑，三是要有团队作支撑。如果没有自己的专业团队，如果自身没有这个团队，也可以请公关公司提出专业的应对策略。但最基本的，是要有这方面的意识，而不是等事情发生后自怨自艾，如果抱着这样的心态，下一次发生类似的情况同样无法应对。

四、提升形象，驱动销售

◎ 既然奥运营销有风险，那为什么大多数企业仍然前赴后继？企业应该做什么来减少奥运营销失败带来的品牌形象失色和经济损失呢？

从成本的角度来讲，一个事件更多的是注重形象的传播，还是营销的收益呢？一句话概括，就是做得好是前提，说得好更重要，这一点企业要明确。很多品牌的传播更多的是对形象的拉动与塑造，那我们所说的预防实际上就是做得不好时要说得好，当然这是最差的情况。但现在广东有很多企业，做得很好但说得不好，传播和放大效应不够，太过低调。

如何将这两方面进行结合呢？第一点，要将以销售驱动的品牌传播和以形象驱动的品牌传播区分开来。比如耐克的反应，更多的是将品牌传播作为一种投资，而不是一个短期的回报。既然是投资，就一定要承担风险，在这个层面上，投资的回报肯定要从长远和战略上去考量，有的企业利用一个事件，狠盯销量与投资回报，这种风险是很大的。当然也不能只考虑形象而不管销量，但要选择借助什么时间、以什么样的方式。

第二点，要把握营销传播的尺度。正如上一期说的，企业不能急功近利，盲目追求提升知名度、扩大销售量，而是一定要结合品牌自身的发展阶段和自身的品牌定位，要清楚自身处在什么阶段，是要提高知名度还是提高美誉度。如果要提高美誉度就要和用户进行深层次的沟通，而不仅仅是制造一些话题和噱头。

第三点，我们可以通过一些创意、新的技术、数据的分析精准地触达目标用户并与其进行心灵上的沟通。这是一个比较大的话题，意味着奥运营销未来发展的新趋势，这个新趋势就是信任代理。社交网络、朋友圈里的 IP 意识，甚至是几大互联网公司做的奥运营销的联盟，都代表了在传播技术特别是移动互联网飞速发展的今天，我们怎样用新的技术使奥运营销更加精准化，更加有时效性，更加有传播的价值，这是一个非常大的话题。

* 关键词解读 *

奥运公关

体育公共关系是组织借助体育传播或体育沟通这一平台，来实现增进与公众的相互了解和发展更为良好的公众关系所进行的有计划、有目标的一系列活动。奥运公共关系的建立和推进是借助于奥运会的背景来实现的，无论是企业、城市或国家所采取的有策略的行动，其一切组织行为都是同奥运紧密相连的，这一点体现了奥运公共性的本质属性，即组织所有行为的实现都是同奥运宗旨、奥运精神、奥运文化、奥运经济等发生着联系，并试图通过这样的联系向目标公众传达信息，在传递奥运精神和文化的同时，也把组织形象定位和文化精神带给了公众。

＊案例＊

两个失败案例带来的启示

1. 361°：孙杨仁川亚运宣战

仁川亚运会开幕之前，361°联手孙杨打造了一系列针对韩国游泳名将朴泰桓的约战广告。在广告中，孙杨霸气挑衅，并大胆放话“你原先的那几个男子自由泳亚洲纪录都让我给破掉了，你想夺回去吗？那得看真本事了，咱们仁川见!”这一系列广告在网络上实现了病毒式传播，为361°带来巨大品牌曝光度的同时也引起了相当大的争议。广告被指责哗众取宠，狂妄自大，缺乏体育精神，宣扬了一种错误的价值观。

2. 恒源祥：北京奥运会十二生肖广告

2008年北京奥运时，恒源祥推出了一条广告，堪称“暴力传播”的典范。这则广告十分简单，是以往的广告口号“羊羊羊”的延伸。在长达1分钟的时间内，由北京奥运会会徽和恒源祥商标组成的画面一直静止不动，不断重复着“恒源祥”的品牌名，并从鼠鼠鼠到猪猪猪，将十二生肖都念了个遍。

3. 启示

恒源祥的旧版广告中，“羊羊羊”的稚嫩童声确实成为恒源祥的卖点，帮助恒源祥建立了品牌特色。在已打响知名度的情况下，在奥运营销的关键点上，恒源祥更应该注重美誉度和忠诚度的提升，与客户进行情感沟通。但十多年过去了，恒源祥依然重复这种暴力性的洗脑做法，没有体现品牌定位，也没有传递品牌价值，且极大地挑战了观众的忍耐极限，不但没有刺激销售，反而损害了品牌美誉度。

361°和恒源祥犯了同样的错误，只求曝光率，没有体现品牌价值。其实在品牌发展的第二个阶段应该更多地和消费者进行情感沟通，或者更高层次地代表中国的自信、中国的骄傲、中国的自主品牌、自身的社会责任和担当。361°在制造话题、制造噱头上是成功了，但是跟公众的情感沟通是失败的。

另外，孙杨最后的落败，同样给这次营销带来了巨大的反效果。因此，奥运营销一定要注意以下几点：

首先，借势奥运营销的时候，企业需要考虑奥运精神与品牌价值之间的关系，要明白传播的价值点和重心点在哪里，利用奥运精神诠释品牌的使命和追求，传递品牌价值。

第二，营销一定要适应品牌发展阶段，在打响品牌知名度之后，企业应该将传播重心转移到联想度、美誉度和忠诚度的建立上。运用创意和技术与用户进行情感沟通，以用户为导向，利用技术实现传达，用创意实现沟通，把握用户真实想法。

另外，要谨慎选择代言人。代言人无论是否获奖，无论在场上抑或场外，都跟品牌直接挂钩。良好的代言人能够提升品牌的知名度和美誉度，代言人的落败也会影响品牌曝光。此外，还需要考虑代言人与品牌的匹配度问题。

Dialogue on Branding 17

第 17 期

社交奥运的狂欢

Dialogue on Branding ▶▶▶▶▶▶▶▶

第 17 期

社交奥运的狂欢

【本期节目概述】

自 2008 年北京奥运会举办以来，移动和社交技术已得到了长足发展。“更快、更高、更强”的口号，现在不仅适用于优秀的体育运动员，而且还适用于“社交奥运会”赛场。而从伦敦奥运会开始，奥运营销的规则正在被改写，除掉传统的奥运营销的模式，社交媒体上的互动正在成为品牌商关注的对象。那么，本期节目段淳林教授和主持人晨辰就将讨论什么是社交奥运，社交奥运有哪些特点，各大互联网公司将怎样迎接即将到来的里约奥运会。

一、什么是社交奥运会

◎ 社交奥运究竟是什么？和传统的奥运相比有些什么改变呢？

现在的奥运会和以前传统意义上的奥运会不一样了，它不仅仅是线下运动员的比赛，也不仅仅是我们在电视机前看的比赛直播，而是在互联网时代的数字化奥运会。我们上次讲到了奥运的市场价值：通常一个企业要提高 1%的知名度，实际上要投入 2000 万美金；知名度如果借助奥运会来提升的话，2000 万美金可以让企业知名度提升 10%。但这是在传统意义上对品牌曝光度所做的研究。到今天我们可以看到数字化和社会化媒体的发展让企业和公众对奥运的关注度都大大提升了，如果利用社交平台或者社交手段包括移动互联网、APP 等所有的社交媒体的功能，那它们能帮助企业知名度的提升或者是让大众对企业关注度的提升就将不仅仅是 10%那么简单。比如 2012 年的伦敦奥运会被称为是首届社交奥运会，当时奥运会在全球受关注度是 72. 6%。

2016 年的里约奥运会，由于社会媒体的空前发达，央视平台第一次把新浪微博作为奥运直播的战略合作伙伴，而中国奥林匹克委员会唯一的战略合作伙伴是腾讯体育，它们都是跟互联网、社交媒体有关的。所以也有人预计 2016 年里约奥运会的全球关注度将从原来的 70%达到 85%甚至更高。同时，关注的手段也有所不同，原来的手段是利用电视、广播、杂志、报纸等传统媒体渠道，现在全球有 92%的用户都可以通过社交媒体来关注奥运会。在这种趋势中，我们就能看出奥运会观众的变化，人们不愿意只是被动的作为受众，而更愿意参与进去，更渴望拥有表达的机会和平台，让自己变成其中的一员。

二、社交奥运的特点

(一)社交奥运趋于年轻化

不是什么事件你都会主动去关心它的，而是它成了热点你才会去关注它。比如说在朋友圈里大家都在刷奥运会的时候，你就会关注到奥运会。奥运会社交化的趋势表现出几个特点：

第一个特征是，关注者多是年轻人，而这和 2008 年北京奥运会后人们对奥运的关注热度减弱实际上是一种相对的特点。让年轻人参与到奥运营销，让他们感觉到好玩、有主动权，那他们甚至可以自己创造一些内容，例如直播。

现在“社交+直播”是趋势，原来奥运节目的收看都要通过电视，通过专业的导演、制片人、导播和主持人等，今天的直播方式用乐视体育的话来讲就是：漫直播——漫无目标、随时随地地参与其中，这就可以随时随地地采集到、关注到一些传统新闻媒体容易忽视的细节或者是有趣的事情。而每个人直播的方式都是随机的，在各种场合都可以做。年轻人觉得有趣就会越来越多地参与其中，所以年轻化的趋势就特别明显。

（二）社交奥运自带话题

第二个特征是话题感，我觉得这是现在奥运传播的一个新的方式，是新的社群经济热点的特征。首先，一个事件有话题、有意见领袖、有人在牵这个热点的头条，年轻人或者是观众、听众就愿意围绕这个话题进行谈论，这里面很重要的一点就是信任代理——其中涉及的“参与”，是有互动性和交互性的特征，实际上就是目前社群经济和共享经济的特点。

在社会化媒体里最值钱的是人民币吗？是美金吗？是我能投入的投资回报吗？都不是。最值钱的是引入话题的意见领袖所带给你的思维、知识、智慧、信息，包括网红带来的娱乐化。所有的东西都是谈资，就是有话题的内容。也就是说，最重要、最值钱的是基于知识的话题的内容。奥运会给了我们这样一个契机，让大众可以谈论很多有关奥运的故事和精神。比如我们上次说的奥运营销的市场价值，中国体育产业未来的发展趋势，等等。

那么应该怎样寻找话题呢？举一个例子，王思聪本来是含着金汤匙出生的富二代，但是他用“网红”的社会资源和投资的能力改变了人们对他的看法。从这个角度来讲，话题、谈资和内容就叫作社交红利或社交货币，它并不是直接带来的效益。

关于话题怎么形成，我认为事件有时候可能发生在线下，却在线上形成热点。我举个例子，2013 年超级碗的比赛和报道，当时整个活动冠名的赞助商是奔驰，但比赛现场突然停电了，当时谁也没想到奔驰的竞争对手奥迪就在网上@了赞助商奔驰：“停电了是不是需要我们给你们送一个我们的拳头产品 LED 灯？”这样小小的噱头就形成了一个话题和热点，很多人就在网上热议这个事件。真正的赞助商是奔驰，但实际上吸引粉丝关注和眼球、“吸粉”的品牌是奥迪，奔驰就被抢了风头。所以在话题的制造中怎样找到契机，是需要技巧的。

三、巨头联盟发力奥运

◎ 在社交奥运的趋势下，企业们又该怎么迎接今年的里约奥运会呢？

今年的里约奥运会更为特别，中国各大体育网络媒体比如乐视体育、腾讯体育和阿里等都改变了以往仅仅是在体育频道或体育媒体上进行报道的方式，形成了多元化、跨界整合、网络巨头联盟的趋势。首先，乐视体育不仅打造的是网络体育平台，更重要的是在今天新的社交媒体或者移动互联网环境下形成的全新的体育生态模式。这个模式针对里约奥运会，整合了跨界多元化的方式，比如体育、影业、音乐、商城的生态联动；形成电商品牌、社区品牌、用户品牌等各种品牌联动的传播。还有一种方式是互联网巨头做奥运营销联盟，目前这个联盟的成员是阿里巴巴集团+百度搜索+合一集团(优酷土豆视频)+微博+新浪体育，就是电商+搜索+视频+社交+资讯的奥运营销联盟，开启了全新的奥运传播的媒体模式或者说是传播方式。

联盟成员的目标用户人群有不同的特点，比如电商的人群偏重于购物人群，百度偏重于搜索人群，视频有视频的用户，社交有社交的圈子，都有不同的特点。但是如果商业巨头形成奥运营销联盟，使所有人群聚集起来形成最大化的合力，那么也能使品牌或产品的曝光率最大化。这种联盟方式不只是具有经济意义、能带来投资回报的，更多的是形成了良好的社会化的商业生态系统。在这种生态系统融合的数字化的发展中，用户的消费和商业需求的目标非常明确，品牌商可以掌握和了解消费者更细化的需求。通过大数据的分析，了解消费者的体育兴趣和爱好，可以给人群进行画像、贴标签，甚至精准地推送受众喜欢看的体育节目和赛事或者喜欢的体育明星等。这种联盟背后最大的支撑是大数据——平台和分析工具，还有不断更新和创新的传播技术，包括 LED 数据可视化技术、声音识别、脸谱识别、射频识别技术等。这些技术怎样运用到奥运营销传播里，其实还有很多的话题可以说。

有了这些方式以后，非奥运赞助商的品牌也就有了更多机会去宣传自己、制造话题。不局限于专业的体育频道或者是专项的项目，非赞助商的品牌可以通过电商的平台、搜索的平台、阅读的平台、交互的平台包括社交的朋友圈借势传播和宣传自己的产品、品牌或广告，也就是让更多的中小企业在这个联盟里有更多发挥自己优势的机会。

＊关键词解读＊

社交奥运新特性

(1) 年轻化。

奥运会的社交属性将越来越强，人们已经不满足于仅仅置身事外、消极被动地观赏比赛了，他们想要从头到尾的参与感，要围观，要表达，要乐在其中。而社交奥运的主要观众全都是年轻人，因此未来体育媒体的推广运营，应该朝着年轻化、娱乐化的方向转型。

(2) 多元化。

应对多元化、定制化的需求，是玩转社交奥运必须解决的问题。由于互联网时代的到来，社交媒体让粉丝更加社群化。品牌主必须将这个社群切割成小组，然后给他们提供定制化的服务。让更多观众参与到奥运会中来，享受优质的内容服务，让用户感受到观赛也可以“私人订制”。

(3) 互动性。

微博成为央视奥运报道首席社交媒体战略合作伙伴，从“看”“聊”“玩”三个方面实现奥运与用户的互动。“看”是指打造“奥运信息流”，依托 31 万家媒体机构、15 万名体育认证用户，打造媒体+UGC+运动员微博的信息流核心基底；“聊”是指借助“微博雷达”和话题实现台网联动，屏幕上的话题引导和微博上的话题互动相结合，微博优质内容和数据再反哺到节目中；“玩”则是借助微博红包和微博运动这两款产品，由冠军运动员向粉丝发放微博红包，吸引用户参与为里约奥运加油的“冲刺里约”微博线上跑步活动。

(4)随机性。

由于社交媒体的开放性和互动性，会产生大量的UGC，信息量远远大于PGC(专家制造内容)。很多热点事件的新闻源头恰恰来自于刚好出现在现场的随机用户。而此次奥运主要由两种方式生成UGC：一是UGC视频直播，针对奥运就是奥运(体育)短视频直播；二是“漫直播”不做预设目标，没有所谓的专业采访和报道模式。围绕一个核心场景漫步，不再循规蹈矩，以第一人称进行轻松自然的出镜、采访、报道。

* 案例 *

巨头联盟：天猫“粉丝趴”

4月12日，阿里巴巴集团联合百度、合一集团(以下简称优土)、微博和新浪体育，首次结成奥运营销五环阵，囊括巴西奥运期间的核心广告资源，为更多的品牌商家提供分享奥运经济的“大蛋糕”。

1. 天猫“粉丝趴”建立营销阵地

天猫将帮助品牌客户建立“粉丝趴”，通过奥运媒体营销联盟资源，包括优土、微博话题、百度搜索、新浪体育赛事，与消费者实现多样互动。

在这个品牌与会员互动的社区里，广告商不仅可以组织各种品牌互动的创意活动，还能将活动直接转化为销售——每个产品和品牌都能直接连接其天猫的品牌旗舰店，增加销售并积累品牌粉丝，进行二次营销转化。在天猫“粉丝趴”，品牌营销将变得事半功倍。

2. 媒体结盟打造营销生态链

天猫+百度+优土+微博+新浪体育的结合是中国移动互联网领域一个新的时代的开始。当数亿的网购人群、搜索人群、视频用户、社交人群和阅读人群之间产生最大合力，这将会让它告别纯粹的经济意义，而成为一个良好的社会化商业生态系统。

五巨头的奥运营销联盟不是另起炉灶，而是重新发掘互联网广告资源的价值。从商业上看，以电商+搜索+视频+社交+资讯，将形成全新的媒体闭环，打造可持续发展的商业模式，加上大数据的应用，在这个生态圈里，用户的消费和商业需求明确且直接，品牌商可以掌握和了解消费者的消费行为数据，并且进行很好的数据化运营。

3. 消费者参与社区互动

消费者在天猫“粉丝趴”感受到的不是一个营销平台，而是充满参与感和互动乐趣的互动社区——借助天猫“粉丝趴”，品牌在线上进行的所有消费者互动活动，都可以实施。消费者除了了解赛事资讯、品牌签约运动员故事，还可以进行分享、点评、互动。此外，通过场景化导购和商家专辑功能，品牌商家还可借助奥运话题开展各式主题营销，吸引消费者参与。

对品牌商来说，在天猫“粉丝趴”内所进行的品牌营销，可以随时了解到消费者的反馈，并监测到转化的实际效果。而对消费者来说，从一味注重价格和质量，转变为越来越重视商品赋予的个性表达、群体归属和情感认同等价值。

4. 启示

借助巴西奥运的巨大影响力，在全球关注的目光下，通过组建五大强势媒体为主的奥运营销联盟，打通电商时代品牌营销的全链条，实现品效合一的数字营销一体化，帮助品牌面对全球市场，正是此次媒体矩阵的魅力所在。奥运营销联盟的成立，既预示着上述互联网巨头意识到最大化共享资源和红利的重要性，也折射出奥运营销竞争的激烈性。

Dialogue
on
Branding

18

第 18 期

企业家的高考故事

Dialogue on Branding ▶▶▶▶▶▶▶▶

第 8 期
企业家的高考故事

【本期节目概述】

又到一年高考季，相信每一个中国人都曾经经历、正在经历或将要经历高考。那么本期节目段淳林教授将向我们讲述她的高考经历，并分享企业家们的高考故事。

一、我的高考故事

高考是我们中国人的集体回忆，我是 1982 年参加的高考，那时的高考是在 7 月份。我记忆里最多的就是勤奋、刻苦，要背所有的题目，要不断地去重复、背诵和记忆。文科的知识，比如说历史、地理、政治，全部是考验背功的。而我印象中最深刻的记忆就是我的班主任每天晚上会拿棍子把我们从课室里面赶出来，让我们放松放松。因为每个人都拼命地去学习，那个时候的生活里面只有一件事情，就是高考。我一开始还没有那么大的压力，觉得“不就是个高考嘛”，但是在那种氛围里面，会无形中形成压力，大家似乎都有一种潜意识：考不上大学就没有任何的出路。

那个时候，考不上再复读是常有的事。但史玉柱只参加了一次高考就考上了浙江大学，而且他的数学是 119 分，和满分只有一分之差。史玉柱说，高考后他的梦想是当一个陈景润式的数学家，但进入浙大以后才发现，想当陈景润这样的数学家的人太多了。在他读了数论以后，觉得自己更不可能实现这个梦想了，于是他就改行经商。这让我想起我的数学，那个时候我的历史、地理、英语和语文都挺好，但是我的数学在最差的时候只考了 11 分，庆幸的是高考的时候考了 59 分，过了及格线。

二、企业家们的高考故事各有不同

对现在的孩子来说，选择比以前多了，比如家庭条件比较好的孩子，他可能会参加国外的高考然后出国，或者还有一些其他的途径。而在我那个时候，其实途径还是比较单一的，所以有的人就会考好几次。我举一个例子，马云，他的数学很差，在参加第三次高考时终于考了79分，考上了杭州师范学院，读了英语系。我觉得他是很有运气的人，杭州师范学院本来是一个专科学校，但那个时候学校恰逢专升本，一夜之间他就变成了本科生。

还有一个例子就是新东方的创始人俞敏洪，他从1978年开始参加高考，连续考了三年，第一次考的时候他还每天下地插秧，在地里开拖拉机做农活，也没有压力。他的妈妈也觉得，考不上大学大不了再去当个农民就行了。第二次高考的时候他想考英语专业，但是他的英语成绩并不好，最终当然没能如愿以偿。所以在准备第三次高考的时候，他妈妈给他找了当地的英语补习班，他的老师告诉他只要英语能考好就能有很好的机会考上北大、清华这样的学校。高考的时候，他在考场里只待了40分钟就交了卷，他的老师很生气，狠狠地打了他一个耳光，质问他说你是这个班上最有希望考上重点学校的的人，为什么40分钟就出来了？俞敏洪说，题目我全都做完了。最后，他的英语考了95分，并以387分考取了北大(北大当时的录取分数线是380分)。我也还记得我那个时候补习英语的情形，我们每天早上5点钟起床到那位老师的办公室，请老师给我们讲张道真英语语法。虽然现在回想起来稀里糊涂的，也不记得学了些什么，但是那个时候确实是很勤奋的，并且到现在我都特别感激给我补习英语的那位老师。其实一直以来我都有一个遗憾，就是没能考到外语系。原本我是想考英语专业的，后来觉得学英语需要胆子大，但我觉得自己是那种性格比较腼腆的人，所以就没有坚持。在我们那一代人的记忆里面，反复参加高考的人很多，但不清楚自己要学什么专业、要学什么方向的人也很多。

那时，信息不够开放和透明，我们也不知道太多外界的信息，而更多的是受到家人的影响。有一个例子是百度的李彦宏，李彦宏之前对唱戏、唱京剧感兴趣，后来当地的文工团招人的时候他还差一点被招进去。他的姐姐是家里第一个考上大学的，这对他的影响很大，让他也产生了考大学的想法。以我们家来说，就是我哥哥先考上了大学，接着嫂子和姐姐考上了大学，于是这便影响到我，让我有了一定要考上大学的想法。

很多人的命运都是通过高考改变的。所以那一代很多的企业家后来的成功也跟他们当年的选择有直接的关系。有很多企业家，他们高考的路径不一样，有的考了好几次，有的一次就成功了，但他们最终能够创建一个很成功的企业，是因为他们心怀梦想，而且一直执着地朝着这个梦想前进。

三、一个人的性格会影响一生

对于一个企业来说，企业家个人的性格、成长经历也会对整个企业的构建有很大的影响。企业品牌的形象有几个关键的因素，最核心的一点就是企业家的个性和形象，其次才是产品品牌——因为无论产品还是技术都要有自己的特色，而企业家自身的个性是品牌一个非常鲜明的形象支撑。比如说像乔布斯这样我行我素、特立独行、有点刻薄还追求极致的精益求精的个性，就成就了苹果品牌的精致形象。

奇虎 360 公司董事长周鸿祎说过，不要忽视这种简单的重复。有的人会抱怨自己的命运不好，对于这样的情况，周鸿祎举过一个例子：一个人吃馒头，吃到第七个馒头时他成功了，于是很多人便开始研究这七个馒头的特征，研究它们之中的内涵，但是他们没有考虑到这个人吃前面的六个馒头时是怎样过来的。这好比在沙漠上挖井，很多人都是浅尝辄止，挖一个地方换一个地方，但有些人会在一个点上不断地去尝试和努力。

所以，周鸿祎认为，如果你做不了十几万个甚至是几十万个编程，那你不能算一个真正的编程员。编程是非常枯燥乏味的，周鸿祎的 360 成功了，但是很多人只看到了他最终的辉煌，并没看到他做了多少的努力，做了多少在别人看来是简单的、重复的、没有意义的劳动。前期艰辛的付出才是成功最重要的基础。所以不要光看一个人的结果、一个人的辉煌，更要看他是怎么走过来的。

还有一个例子是娃哈哈的创始人宗庆后。宗庆后开始创业的时候，借了 14 万元，在杭州踩着三轮车卖雪糕冰棍。起初他不敢一次性用掉这些钱，但后来他做了一个大胆的决策，在 20 世纪 80 年代末 90 年代初买了杭州的一个食品厂，成立了杭州娃哈哈食品厂，所以才有了今天的发展。娃哈哈现在每年的利润以百分之五六十的比例增长，而且有五六百亿元的收入。这与宗庆后本人是分不开的。他是一个事事亲力亲为的人，重复去做别人认为很不值得的、很简单的事情，这是他成功的基础。宗庆后本人也非常朴实，即使是参加聚会，他的穿着也是很朴素的风格，他本人开玩笑说这反而会让人觉得他这身装束也是价值不菲的。所以人们常说命运不是成功最重要的决定因素，机会是重要的，但最重要的还是个人的努力。

格力的董明珠其实也有很多奋斗的故事。她在做市场渠道时，经历了非常多的困难，我个人认为她的个性里面最大的一个特点就是不服输、永远执着。很多人说她张狂，但正是她的这种个性与她的梦想、企业的发展之间形成了一种匹配度。如果作为一个企业家，没有特别的个性、理想或追求，没有自己的人格魅力，是没有办法吸引别人的。

* 关键词解读 *

企业家

在现有的经济理论和企业理论中，有很多关于企业家的定义。如，认为企业家是企业的经营者，企业家是承担企业经营风险的人，企业家是掌握企业控制权的人，企业家是企业剩余的索取者等。这些定义虽然都有可取的成分，但比较而言，熊彼特关于企业家是从事“创造性破坏”的创新者的观点，也许更准确地抓住了企业家概念的核心和要害，凸显了企业家精神的实质和特征。

企业家精神是指企业家在从事企业经营管理的过程中，面对激烈的市场竞争和优胜劣汰的压力所形成的心理状态、价值观念、思维方式和精神素质。企业家精神形成的实质是企业家个体价值观体系的扩展。企业家精神体现了企业家个体的独特价值观念，当企业成立时，企业家通常会成为企业文化的主导，他不仅要依据自己的价值观体系来遴选和聘用企业的成员，而且还进一步规定和引导企业文化的取向。

企业文化是企业家的人格化，企业家的品质、才华和胆识决定着企业文化的性质和风格，影响着企业文化的个性和发展；企业家是企业文化的缔造者，没有优秀的企业家就不可能创造出优秀的企业文化。在企业文化的塑造、发展、传承和变革的动态过程中，企业家扮演着设计师、倡导者、实践者、变革者等重要角色。

* 案例 *

侠气马云：梦想与使命

“人生变化无常，今天顺利未必未来就一定会成功。今天不成功并不意味着未来就没有机会。如果你考进了名牌大学，请用欣赏的眼光看看别人！如果你考进或考不进大学，请用欣赏的眼光看看自己！你一定有自己的机会的。”

——马云《我们的运气在其他地方》

1. 高考故事

儿时的马云是个顽童，对学习不上心，是老师同学心目中的逃课高手。

那个时候他痴迷于武侠，尤其喜欢金庸的小说。他梦中的偶像是《笑傲江湖》中的风清扬，他觉得“无招胜有招”是一件最拉风的事情。由于家庭出身不好，家庭压力大，父亲脾气火爆。马云在父亲的拳脚下长大，在家里待不住却特别爱交朋友。马云功课也不好，数学考过1分。只有英语特别好，原因竟然是：“爸爸骂我，我就用英语还口，他听不懂，挺过瘾，就学上了，越学越带劲。”

1982年，18岁的马云迎来了生命里的第一次高考。不过马云并没因数学不好而退缩，反而做出了一个令人惊讶的举动，在他的报考志愿表上赫然写着：北京大学。但他的数学成绩仅仅只有1分。

直到有一天马云读了路遥的《人生》，这本书让他产生了一定要上大学的想法。于是他开始了艰难的复读，并在19岁那年，再次走进了高考的考场，不过依然以失败告终，而且数学成绩只有19分。由于连续两次高考失利，马云无法说服父母让他继续复读，只得一边打工，一边复习。几番辛苦之后，马云考入杭州师范大学外语系，当时他的成绩是专科分数，离本科线差5分，正当他准备以专科生的身份进杭州师范大学的时候，杭州师范大学英语系由于刚升到本科，以至于报考的学生不够招生数。于是，校领导决定让几个英语成绩好的专科生直升本科。当时英语成绩很牛的马云就幸运地以本科生的身份走进了大学。

2. 六脉神剑

马云认为中国人干什么事情，总是抱太大的希望，对于高考，他说：“不要对大学抱太大期望，而要认识到我们需要什么，别人能够给我什么。不要把所有的问题放在一个期待上，也不要实现不了这个期待就抱怨它。”

在阿里巴巴，马云推行的是一种个人化的武侠文化，他自称风清扬。甚至，阿里巴巴内部员工也采用武侠世界里的人物名号做昵称，这样大大降低了企业内部等级管理所产生的疏离感。马云具有鲜明的个人特质，激情四射、自信满满、敢于冒险、善于演讲、富于感染力和号召力，等等，这些个性融入阿里巴巴的企业文化中，无疑使得阿里巴巴的企业文化具备了鲜明的特色。马云又善于学习，精于西方的企业运作方式，重视企业文化建设。他常常引经据典，通过活学活用各种古典案例甚至是武侠策略来指导阿里巴巴的“商战”，建设了号称“六脉神剑"的阿里巴巴企业文化，即第一剑，客户第一；第二剑，团队合作；第三剑，拥抱变化；第四剑，诚信；第五剑，激情；第六剑，敬业。马云把这六条价值观细化为企业运营和管理工作的具体行为或者准则，并且在各类制度中体现出来。比如公司规定永远不许说竞争对手的坏话，这正是对公司价值观中诚信这一条的具体制度落实。

公司对新员工有专门的培训，所有新来的销售人员都必须去杭州总部进行为期一个月的学习、训练，但主要学的不是销售技能，学习的是价值观、使命感。马云认为企业家就是经济社会发展中的科学家。当今各国最大的问题都是经济问题，而经济问题的第一担当者、第一责任人是企业家群体，必须要有这份担当，必须要学习。他希望媒体不要攀比“首富”头衔，“首富”应该是“首负”，负责任的“负”。

3. 启示

马云的经历告诉我们高考不是人生唯一的出路和试金石，它教会我们的是心怀理想，哪怕未能实现，放手去搏，哪怕遍体鳞伤，以及如何在遗憾中站起来继续前行，这些都是人生最宝贵的财富。高考的成败与否，都不影响我们成长为自己最想成为的人，而我们一路走来形成的价值观和人生观甚至会在某一时刻、某个地方影响更多的人。

Dialogue on Branding 19

第 19 期

企业营销的高考答卷

Dialogue on Branding ▶▶▶▶▶▶▶▶

第 19 期
企业营销的高考答卷

【本期节目概述】

高考，是全民关注的热点话题。2016 年高考，史蒂芬·霍金在微博上送出了对考生的祝福。在本期节目中，主持人晨辰和段淳林教授将从高考营销谈起，讲述品牌如何进行话题营销和热点营销。同时，作为一名经历过高考、从业 30 余年的教育工作者，段淳林教授对于教书育人也有着自己独特的感悟。

一、高考借势营销与热点营销

◎ 现在很多品牌借势高考进行营销，例如腾讯地图手机弹窗，“只为你助力，不给你添堵”。再如可口可乐的文案，用怀旧的方式回顾了“70 后”“80 后”“90 后”的高考记忆，这些文案要怎么理解呢？除了文案，品牌还用哪些方式借势高考进行营销呢？

文案是很常见的一种借势营销的方式。可口可乐针对“70 后”的文案是“热成汪的七月高考，多谢当年一桶冰的关怀”，这两句说的是高考都是每年天气最热的时候，“热成狗”了，加冰的可乐给人一种超治愈的感觉，这种文案创意勾起了无数的感动，有种有了一桶冰就高考必胜的感觉。

“80 后”的文案是“老爸带我侃球，对抗压力山大”，这也是一种回忆。因为高考前家长都希望给孩子减压，当高考遇到了世界杯，“80 后”学生的爸爸就会说：我们聊聊球，聊聊比赛吧，以此帮孩子缓解高考的压力。

“90 后”的文案是“他们一个惊艳了时光，一个温柔了岁月”。这其中的“他们”指的是老师们的金牌搭档——《教材解读》。这些都是特级教师编撰的、对高考很有帮助的辅导教材，但是高考以后出现了毁书的现象，是好是坏值得大家思考。

借势高考营销的第二种方式是做公益。例如链家网，在高考期间，所有链家网的门店都是高考休息站。此外，神州专车也利用高考的机会，在太原、杭州、成都等全国十多个城市为考生免费提供专车服务。一方面，高考时常出现下雨、拥堵等各种意想不到的事情；另一方面，现在考生多、考区多，大家多选择坐公交车或者私家车到考场，因此这种专车服务确实有很大的需求，做到了急考生所需。

第三种方式是活动和促销。比如肯德基的“圣券在握”，取产品“圣代”的“圣”与“胜”谐音，让消费者通过上传照片的方式赢取获奖机会。还包括必胜客的买饮料送披萨等活动，也是和高考结合在一起的。这两个创意的优点在于，把高考的元素放进来，和自身产品形成一个结合点。

第四种方式是互动营销。比如王老吉发起的“爱心送考”活动，结合地方卫视，为各地考生送上“吉上吉”礼盒，这是一个线上线下相结合的互动。它还号召网友为考生分享备考秘籍和押题宝典。再比如腾讯的理财通做了一个 H5 页面——穿越回高考，看看你被什么大学录取。

这个方面做得最好的是去年华为的荣耀系列，把品牌的元素，包括定位、理念和活动的方式都加入到考题里面，用线上考试的方式呈现。这让大家既有完成考试的感觉，又能了解该产品的性能特点。

对于高考，霍金大神也送出了祝福，希望同学们真正让高考成为自己的“beginning of your very bright futures”，“请勇往直前地追逐你的梦想。你们是下一代的大思想家和意见领袖；未来将因你们而生”。

高考是重要的社会事件，那么在营销的过程中就存在借势营销，高考的两大相关人群——考生及考生家长，都成为营销的对象。借助这个事件，营销就能拥有一种影响力。同时，高考过程中会产生很多热点话题，比如刚刚说的霍金，他作为知名的科学家，本身粉丝群就很庞大，他对考生的祝福不仅代表他个人，也代表不同群体对高考的关注。所以我觉得高考时期企业要着重注意的，一个是借势营销，另一个是热点话题、热点事件。

二、教育的本质是什么

今天大家都在探讨“教育的本质是什么”“你为什么要参加高考”等问题。我从事教育工作很多年了，对教育也有一些自己的看法，真正的教育是什么？我觉得耶鲁大学的理查德·莱温校长对教育的理解就很精辟：

①首先是自由的精神，这和我们中国提倡的独立之思想、自由之精神比较类似。

②公民的责任，我们培养的学生对社会、对家庭、对组织、对身边的人有没有责任感。

③有远大的抱负和志向。

④批判性的独立思考。

⑤时时刻刻的自我觉知，即时时刻刻的自我反省，反省哪些事做得好，哪些事做得不够好，怎么才能进步。

⑥终身学习的基础，学习永远就是马拉松，参加完高考后才是学习真正的开始。

⑦获得幸福的能力，这一点我们很少放到教育体系里。在大学应该要交一个知心朋友，谈一场轰轰烈烈的恋爱，读一本好书。只读一本书现在看来是远远不够的，那么至少要谈一场轰轰烈烈的恋爱。但是有人教你谈恋爱吗？有人教你如何获得幸福吗？我觉得在人际交往沟通的情商方面也要有一定的训练。

理查德校长认为，真正的教育不传授任何知识和技能，却能让人胜任任何的学科和职业。其实他传授的是一种综合素养而不是一种技能。

富兰克林说过一句话：“我从未见过一个早起、谨慎、勤奋、诚实的人会抱怨命运的不好，良好的品格和优良的习惯、坚强的意志是不会被假设的命运击败的。”这也是人的意志力的一种培养。你每天都朝着自己的目标奋斗，既诚实又勤奋，怎么会有不好的命运呢？

正如我们常说，“天才，其实都付出了常人难以想象的努力”。科比就说过：“你知道凌晨四点的球场是什么样子吗?”科比每天要进行大量的重复训练，大家都会觉得重复的事情一点意思都没有，但是我们要看到重复的事情背后的能力和潜力的发挥。重复的事情并非没有价值，正是在这种简单的、执着的重复中你才会获得成功。

＊关键词解读＊

借势营销

1. 何为借势营销

借势营销，是指企业及时抓住受到广泛关注的社会焦点新闻、事件或明星效应等，将其与自身品牌推广融合的一种营销策略。常见的借势营销主要有借助名人、重要节日、热点事件、网络用语等，传播品牌诉求，提高品牌关注度。

2. 借势营销的优势

当下，社交网络资讯信息量大、传播迅速、范围广泛，人人都是媒体，每一次传播都可能被重新解读，引发二次传播。人们在某一时间段内，对一件事情的关注程度能够达到前所未有的集中，“现象级”事件频发。如果企业在营销活动中搭上顺风车，那么被关注的几率将大大提高。同时，在这种情境下，消费者对借势品牌的接受程度也会更高。

借势营销完成得好，是一种低成本、高回报率的营销活动。据相关统计，企业运用借势营销手段产生的影响和效果比传统广告高出2~3倍，对树立品牌形象和推动产品销售起到了积极作用。

3. 如何正确“借势”

第一，要注意策略性和目标性。在热点事件层出不穷的今天，无论追随什么热点，都需要考虑该借势营销是否符合品牌的调性，从长远看是否有利于品牌形象的发展，是否符合品牌传播目标和品牌发展策略。换言之，借势是有选择的，既选择事件，选择事件中具体的关联点，还要选择与品牌的连接方式，多维借势，避免同质化。

第二，要注意一致性和稳定性。热点事件每天不同，但品牌的形象和个性是稳定的，这就要求借势时有一致性，创意“形散神不散”，否则极易造成受众对品牌认识的不统一。另外，若能将追热点稳定在一个较高的频率和水准，同时与消费者积极互动，那么品牌形象会在长期的塑造过程中潜移默化地被消费者接受。

第三，要把握受众心理，注意营销底线。这是品牌借势最需要注意的一点，我们应注意事件本身的正负色彩、舆论态度等，对于有争议的敏感事件和灾难事件，更要严守底线。在社交媒体时代，平庸或许会被淹没，过失却会被无限放大，给品牌带来难以估量的损失。

＊案例＊

链家“高考休息站”，给家长一份舒心的等待

高考是社会重大事件，也是热点事件。每年各大品牌都会抓住机会，进行借势营销。在几种营销形式中，公益营销既能帮助品牌获得较高的传播声量和广泛的社会关注，又能提升品牌的美誉度，塑造具有社会责任感的品牌形象，收获良好的口碑。因此，不乏相关企业借助高考进行公益营销。

1. 企业简介

链家网是集房源信息搜索、大数据处理、服务标准建立为一体的重度垂直全产业链房产服务平台，旨在为消费者打通线上线下环节，提供房产服务。其前身为成立于2010年的链家在线，2014年正式更名为链家网。

2. 营销活动

高考公益营销的对象主要有两类：考生和考生家长。链家网的高考公

益营销就从考生家长入手——很多家长会在校外等待孩子考试结束，却没有专门的区域供家长休息、等候，链家网关注到这一需求，在高考期间将全国6000多家门店临时变成“高考休息站”，供考生家长免费乘凉、休憩、饮水，免费打印复印，免费上网，等等，并为考生家长免费开放卫生间，为等待孩子的家长营造了一个较为舒适的环境。

链家网的“高考休息站”最早于2014年在北京推行，随着链家网布局的扩展，2016年在全国24个城市6000多家门店同步开展。依托市区内广泛分布的门店，链家网为附近考生家长提供力所能及的服务和帮助。

事实上，链家“高考休息站”是“链家在身边”社区服务中的一环。链家社区服务利用其广布的门店和众多经纪人资源，为居民提供应急电话、便民饮水、询路指引、应急雨具、爱心图书馆捐赠等8项长期服务。据相关负责人介绍，该项服务并未进行太多宣传，多是居民口口相传，未来链家将利用社区资源，与居民实现更多互动。

链家充分利用了自己的线下门店资源，借助高考时间节点，完成了一次成功的公益营销活动，在消费者心目中塑造了良好的品牌形象。而随着“高考休息站”这一活动的逐年开展和社区服务的深度布局，其传播力和影响力也必将随之扩大。

3. 启示

每一次热点事件的出现，都是品牌借势营销的狂欢。然而随着借势队伍的逐渐壮大，营销活动的同质化问题也愈发明显。很多时候，把品牌推广信息生硬地加入到热点中去，呈现出的仅仅是一张海报、一段文案与热点事件的简单结合，并不能给消费者留下深刻的印象，更不要说实现与消费者的良好沟通。因此，如何在一众品牌的借势中突围，给人留下深刻印象，成为品牌需要思考的重要问题。

在这一次的高考营销中，链家网给我们做出了很好的示范，相比于简单地完成一个文案，链家网充分发挥了自己的优势，以服务考生家长为切入点，通过线上线下活动的跟进，完成了一次有自身特色的高考营销。同时，因为这次活动的公益性，实现了品牌形象的提升，也获得了更大的影响力。

Dialogue on Branding | 20

第 20 期

王石与万科为什么值得尊重

Dialogue on Branding ▶▶▶▶▶▶▶▶

第20期
王石与万科为什么值得尊重

【本期节目概述】

从股权之争到差点被罢免职务，万科的创始人王石虽然备受争议，却也得到众多企业家的声援。王石团队所建立的企业价值观有何特别之处？万科的管理制度为什么为人称道？本期节目，主持人晨辰与段淳林教授将一同探讨王石与万科的故事。

一、刀光剑影，价值传承

◎“万宝之争”是一场旷日持久又异常惨烈的股权争斗。当时王石大权旁落，恐将被驱逐出万科，但有很多企业家声援王石。为什么王石会有这样的魅力？为什么万科会有这样的魅力？万科是如何一步步达到今天的影响力的？

万科从创办到成为国内房地产第一品牌，再到市值2000亿元的世界级规模的大企业，其创始人王石从来不缺乏话题。今天的万科和宝能之争，有人说是阴谋论，有人说是资本和创始人之间的博弈。宝能系的姚振华是我们的校友，我也曾经去宝能讲过课，宝能是一个非常优秀的企业。在这场争论中，包括华润的角色，我都不想太多介入。对中国的企业来讲，万科作为一个标杆性、引领性、旗帜性的企业，到底是如何发展起来的？当前我们本来就缺乏有利于企业家创新的环境，如果万科所具有的重要地位和作用在“万宝之争”后衰落，将是十分可悲的。就像王石所说，他的去留并不重要，重要的是万科的文化、价值体系能够不受外界影响地传承下去。

◎ 假如王石不再掌控公司之后，万科的文化会不会受到影响？

王石早前有一句话，说他的成功就是他离开后万科照常运转，万科的管理团队和体系运转早已不再需要他的监控。我们常说，企业在初创阶段，企业家要跑到企业最前端；当企业发展到一定规模时，企业家要站在中间，让包括管理层在内的所有人知道他的想法；当企业已经非常健全的时候，企业家的作用是弱化的。王石做到了这一点，万科所有制度和体系的构建已经非常完善，他隐退到企业的背后，企业还能健康发展，我觉得这是他最成功的一点。但是“万宝之争”或多或少会对万科的企业团队、企业价值观造成影响。

◎ 吴晓波就比较悲观地认为这会对万科的公司治理和业务模式造成巨大损失，也会导致大量人才流失，彻底败坏万科的文化，怎么看待这种观点？

“彻底”说得有点偏激，但是万科肯定会受到影响。资本的角逐背后有文化的竞争，包括价值观的不同、管理模式的不同，以及领导人管理方式的不同。不管是华润还是宝能，它们的文化理念和万科完全不同。现代企业能够发展起来，就在于经营管理权从所有权中分离出来，华润作为大股东，最应该关注的是所有权的归属权和收益权，至于经营管理权和处置权、决策权，是职业经理人完成的事情。万科这些年成功发展的原因之一，就在于其依托华润但并没有让华润干涉自身的经营管理权，完全是用现代企业管理制度健康运营。华润只关注分红，不涉足经营管理，所以万科这些年才能保持非常健康、快速的发展势头。如果入股之后不仅关注分红，还要把控经营管理权，这肯定会对万科的运行造成很大的影响。有人说这件事是中国企业史上的一个悲剧，我们虽然不能断定这是不是悲剧，但是有影响是毫无疑问的。

二、品牌战略，步步为营

◎ 为什么说王石与万科对中国企业的影响非常大，为什么王石会有这么大的影响力？他处在一个什么样的地位？

做企业难，做中国企业更难，做中国房地产企业是难上加难。我们先撇开“万宝之争”来关注万科品牌的发展，关注王石在万科品牌发展过程中的战略思路和品牌路径。

万科之前的品牌定位——“做城市花园的主流房地产开发商”，清晰地渗透在项目开发和整体布局里面。在王石的布局中，战略清晰，品牌定位清晰，品牌愿景和使命清晰。

在品牌传播上，从“建筑无限生活”开始，万科提出了生活的理念，酷炫的房屋设计和优质的物业体验切实做到了为客户服务，“让建筑赞美生命”，它卖的不只是房子，更是一种理念、文化和价值观；在产品设计和服务上，追求极致的完美。

万科在推进房地产行业产业化上也起到很大的作用，行业标准化的设置使得生产房子就像生产零部件一样，有标准可依照，它是行业的先行者和实验者。万科所培养的郁亮管理团队对品牌有合力推动作用。万科的Logo是暖色调，让人感到居住舒适。房地产区别于快消品的一点是，不只贩卖房子，更多的是一种文化理念，万科做得是比较好的。

最近很多人盘点万科的文案，称其“句句打动人心”。2003年万科推出的“珍视生活品质”系列文案，其中有一句“最温馨的灯光一定在你回家的路上”“再名贵的树也不及你记忆中的那一棵”“潮来潮去，生活的本质永恒”……我们能感觉到万科不是在努力地推销楼盘，而是在表达自身的价值观。

多年前我和华南理工大学建筑学院的院士、老师和中山大学的一些老师做《南方日报》组织的楼盘评选，万科是最早对楼盘明码标价的。

王石倾注了他所有的心血在万科品牌的创建上，包括整个品牌的战略规划和愿景、整体的发展和传播，他是一个高瞻远瞩的首席品牌官。就像王石所说的，他的去留不重要，重要的是文化的沉淀与传承，而他确实也做到了。

三、身处漩涡，备受考验

◎ 站在王石的高度，他不会缺工作的机会，也不会缺钱，他想的或许就是自己创建的企业价值体系能被保留？

不仅仅是保留，还有企业能不能持续发展，能否拥有持续的竞争力。他不希望企业在短期纠纷中受到伤害，他是万科文化的守望者。我不赞成在“万宝之争”中深挖什么，因为人无完人，每个人都有缺陷，我们更应该看到王石对企业、对良性商业氛围，甚至对整个中国现代企业发展所作的贡献。万科这样的企业不是太多了，而是太少了。至于华润，只需关注收益就行。我更多是从现代企业发展的角度来思考，中国难得有这种持续发展的大企业，出现风波很正常。万科的文化如果真的非常强大，任何人都不会影响其发展，这是王石真正胜利的地方。如果在风波之后走向毁灭，那么万科的文化根基也是要遭到质疑的。

时间是检验标尺。像国外的一些大企业，比如宝洁，根本不关注董事长是谁，它们就是依靠文化制度、价值观体系来正常运作。在未来，企业需要依靠自身的价值体系获得持续健康的发展。

关于王石的争议还有一点，就是他长期脱离工作岗位，但是有些企业家并不一定要在公司，他只需关注企业大方向的决策。从这一点来讲，王石达到了最高境界——运筹帷幄，决胜于千里之外。

第20期

王石与万科为什么值得尊重

* 关键词解读 *

企业文化

1. 概念简介

企业文化是企业全体成员共同认可和接受的、可以传承的价值观、道德规范、行为规范和企业形象标准的总称，是物质文化和精神文化的总和。其中物质文化是外显的文化，包括企业的产品、质量、服务以及企业的品牌、商标等；精神文化主要指隐性文化，包括价值观、信念、作风、习俗、行为等。

Cameron 和 Quinn(1998)提出了一个较为综合的企业文化竞争价值框架模型，基于组织倡导的特点、对待员工的管理方法等要素，开发了一个四维度企业文化测量量表，四个维度分别是宗族型、灵活型、市场型和等级型。宗族型企业文化注重在企业内部营造家庭一样和谐的环境，培养良好的员工关系，强调团队合作精神；灵活型企业文化强调管理的权变性和创新性，根据内外部环境的变化随时做出调整；市场型企业文化更关注务实的企业市场绩效，着眼于企业外部的资源获取与市场占有率的提高；等级型企业文化注重管理的制度性和规范性，尊奉管理的等级链条，着眼于维护企业组织管理的稳定性。

2. 基本特征

在我国，企业文化建设愈来愈受到企业家们的重视，优秀的企业文化造就了长久不衰、优秀的企业。企业文化建设应该“内外兼施”，创造符合企业发展战略的文化环境。企业文化以其愿景、使命、价值观等核心内容引导着企业的发展战略，并具备以下基本特征：

①企业文化是凝聚企业员工、提升核心竞争力的无形资产，它随着时代而变化，是企业开拓创新、不断发展的根基与灵魂。企业文化不是孤立

的、短期的，它是历史的、发展的。

②企业文化是企业在自身发展过程中形成的以价值观为核心的独特的文化，它是一种凝聚人心来实现员工自我价值、提升企业竞争力的无形力量，成功的企业文化对外具有一定的引力作用，对内具有一定的凝聚力。

＊案例＊

万科文案句句打动人心

虽然发生了“万宝之争”，但是我们不能否认王石是一位优秀的企业家，更不能否认他和他的团队用心经营的万科，是一家优秀的企业。

如果说哪家地产商的广告最为“走心”，答案无疑是万科。在万科的文案中，我们能感受到其独有的人文情怀和人文价值，这是超脱于房子之外真正对人的关心，带给消费者强烈的情感共鸣。例如2003年“珍视生活品质”系列广告，通过“最温馨的灯光，一定在你回家的路上”“再名贵的树，也不及你记忆中的那一棵”等表达，传递了万科营造充满人情味的服务社区，珍视和保护每一片土地上的自然馈赠与人文财富的价值追求；2006年“中国元素，人本长流”系列广告，从时间、姓氏、土地三个角度，表达万科对6万多户家庭的承诺与守护，体现了万科的文化底蕴与社会责任；深圳万科城系列文案，提出“万科在造一座城”，倡导一种慢生活、回归纯真的理念，等等。

1. “让建筑赞美生命”系列

这一系列文案分为三个部分：生命给了建筑表情、建筑是生命的成长史、建筑是生命的舞台。从人们生活中最常见而又温馨的小场景出发——一次涂鸦、墙上爬山虎的新叶、刻在门框上身高的高度、画在院子里的篮球场……配合温情的文案，表达的是人们的情感、记忆与那些建筑同在，它们不是冷冰冰的建筑，它们承载着曾经走过的岁月和温柔的时光。

2. 兰乔圣菲别墅系列

这是一组经典文案，作为面向高端人群的别墅系列，万科另辟蹊径，强调其淡泊、质朴、归真、平和，这些都是传统印象中成功人士的反面——他们往往张扬、自信、果断、雷厉风行，但这组文案却提出“没有一定高度，不适合如此低调”“一生领导潮流，难得随波逐流”“看不见浮华，正是价值所在”“没有CEO，只有邻居”等观点，很有成为风云人物后返璞归真的意味。

3. 万科棠樾—游子归系列

这一系列文案分为游子篇、新衣篇、思念篇和归来篇，用温情又不失幽默的口吻讲述海外学子回国、妈妈换新衣等情景。该系列广告获得了第19届《广州日报》华文报纸广告奖最佳文案和全场大奖。该文案如下：

因为去美国读书，
走的时候大哥给金毛取名小布什。
几年一晃而过。
那边的小布什下台了，
我家的小布什却大得不敢认了。
原以为，它会冲我汪汪，
没想到它不吭声。
我才站稳，它就围着我绕。
蹭得我满身都是激动的雨水。
可那眼神，
亲切得还和以前一模一样。
小布什——你不是在流泪吧？

4. 启示

万科的文案之所以打动人心，是因为真正体现了人文价值与人文关怀，让消费者感受到了“家”“生活”“温情”“童年”“记忆”这些概念，把房子与情感连接起来，这与中国人恋家恋乡的情结是相契合的，因此也极易引起消费者的共鸣，增强品牌好感度。

万科广告传播所体现的情怀，与企业本身的价值导向与企业文化是分不开的。万科倡导的“生活”理念，清晰地渗透在项目开发和整体布局里面，可见，企业本身的价值观对企业的走向和发展有着重大的影响。

Dialogue on Branding

21

第 21 期

土豪与企业家有什么区别

Dialogue on Branding ▶▶▶▶▶▶▶▶

第 21 期

土豪与企业家有什么区别

【本期节目概述】

同样是拥有财富，有的人被戏称为土豪，有的人被尊称为企业家。什么才是真正的企业家？评判依据又有哪些？本期节目中，主持人晨辰将与段淳林教授共同探讨学界和业界是如何定义企业家这个概念的。

一、学界如何界定企业家

◎ 应该如何界定企业家的概念呢？

讲到企业家，我们可以从词源学的角度来理解它的内涵。这个词源于法语，最早的意思是中介，而不是我们现在所认为的企业家，中世纪的时候企业家是演员或者是负责大项目的人，做的是一种中介的交易。

到 17 世纪，企业家是与政府签订固定价格合同，承担盈利或者是风险的人。例如美国、加拿大这些地方的一些政府项目，做这些政府项目是要承担一定风险的，因为不一定能盈利。人们认为能够拿到政府大单，和政府合作的这些人，不仅有一定的社会关系，同时在某个领域里有强势的能力，比如你要修铁路，首先要有核心技术，要能把大项目做好，但这个项目是有风险的。

法国经济学家夏尔坎·汀伦认为，在市场中充分利用未被他人认识的获利机会，并成就一番事业的人，可以称为企业家。也就是说企业家有非常敏感的市场嗅觉，能够抓住别人抓不到的细节。很多人说现在是移动互联网时代，移动互联网时代微信抓住了机会；下一个风口有人说是网络直播，现在出现了花椒、映客等很多直播平台，投资方也很多，像腾讯、阿里等。有很敏锐的嗅觉，能够看见并抓住转瞬即逝的机会，并成就一番大事业的，如马化腾，一定就是企业家。

1800年，法国著名经济学家萨伊认为，将资源从生产力和产品水平较低的领域，转移到生产力和产品水平较高的领域的这样一批人就是企业家。他其实是把企业家和所有权分开了，企业家是专门负责经营的，而企业的所有权是资本家的，或者国有的，或者其他混合所有制的，萨伊觉得这个不重要。光有所有权不重要，重要的是能不能在生产力、产品水平以及服务水平较低的领域到较高的领域赚取这个差价，能不能盈利，能做到这些的，才是企业家。萨伊强调的这个职责，其实是将生产力和产出的职责赋予企业家，那么从这个意义上看，不是光有资本就可以了，企业家还要能用这个资本赚取利润。

我们知道基本的生产要素包括原材料、土地、人力等，到了1890年，英国非常著名的经济学家马歇尔，把企业家作为独立的生产要素提出来，他在《经济学原理》这本书里充分论证了企业家的作用，他认为一般商品交换的过程中，买卖双方都不能准确地预测市场的供求关系，因而造成了市场发展的不均衡性，要么供大于求，要么供不应求，这个平衡常人是把握不了的，但是企业家就能把握供给和需求、生产和消费之间的均衡，成为一种消除这种不均衡性的人，或者说是特殊群体。

◎ 能不能理解成敏锐的商业嗅觉？

不仅是敏锐的商业嗅觉，而且还能达到这个均衡，商业嗅觉是指能找到机会，但是企业家能很适度地把握生产和消费的平衡。比如市场上的啤酒已经过量了，企业还不断地去生产，结果就是啤酒滞销，价格下降，利润全都没有了。而企业家就要能保持这种均衡，知道在什么情况下生产多少，能够达到市场的均衡点。从这个意义上讲，企业家是要有冒险精神和风险意识的。同时，要有前瞻性和战略性，如果没有的话，就无法在市场需求量很大的时候抓住机会，取得市场发展的均衡点。

例如摩托罗拉，因为没有抓住数字手机发展的机会而被淘汰，诺基亚没有抓住智能手机发展的机会，也被淘汰了。其实这种风险意识、前瞻性和敏锐性，很明显要由企业家来承担，企业家要回答到底战略或者战略转型的方向在哪里。诺基亚从生产橡胶产品转到了移动电信产业，那个时候大家根本不知道什么是移动电信，诺基亚就已经转过来了；但看诺基亚现在的战略眼光，它的战略转型是缓慢的。

很多时候我们说风险，就是你看到了一个别人完全没看到的市场机会，你抓住了，可能很多人说这个还不知道会怎么样呢，但这个时候你要冒一定的风险，如果等到别人全都意识到的时候，你的机会就没有了。战略的思维是有风险性的，它不可能用很精准的、科学性的数据去支撑，大部分是靠企业家的眼光和魄力才能够抓住战略的方向。

另外一位就是美国经济学家熊彼特，我们看到他在1912年《经济发展理论》这本书里对企业家的定义：企业家就是经济发展的带头人，也是能够实现生产要素重新组合的创新者。熊彼特对创新的定义，一个是破坏性创新，另一个是原创性创新，即一种是推倒颠覆重来的破坏性的创新，另一种是生产要素的组合创新。比如我们刚才说的直播，原来的社交关系是通过文字、语音来维系，现在把视频作为社交的技术，其实没有太多新的东西，所以很多时候我们看到的产品，其实就是不同的生产要素之间的组合，比如滴滴，就是把出租车和互联网放在一起了，也就是“互联网+”的一种组合；要么就是重新进行颠覆性的技术创新，这需要有创新的基因。

从这个意义上看，熊彼特首次在他的理解中突出了企业家的创新性，企业家一定要有这种敏锐的、持续的创新能力，包括产品的创新，无论是功能还是其他方面；管理的创新，即管理模式有没有创新；价值观的创新；全方位的创新，等等。熊彼特认为企业家是一种稍纵即逝的状态，从创新的角度来讲，企业家其实是高处不胜寒的，创新如果成为永恒的话题或者重要的职责的话，那你就不可能不创新，就要时时处在一种创新的状态，因此熊彼特认为一个人在他的生活中不可能总是企业家。我认为这个很有意思，就是你只要不创新了，你就不是企业家了，所以熊彼特从1912年开始就把创新作为衡量企业家的一个重要标准。

二、业界如何定义企业家

◎ 学界对于企业家的概念有着不同的观点，那么业界又是怎样定义企业家的呢？

比尔·盖茨认为，随时尝试新鲜事物，从事新的投资，寻找新的投资和市场，而且永远比未来快一步，具有这种雄心和条件的人才可以被称为企业家，永远都要有前瞻性，永远都要有战略的布局，就是说别人还没有意识到的东西你已经迅速地在布局了。

比如现在的VR(Virtual Reality，虚拟现实技术)和AR(Augmented Reality，增强现实技术)都特别流行，VR虚拟现实的领域，阿里就做了一个"Buy+"。这也是我不久前才接触到的，"Buy+"，购买家，也是买家，谐音是"败家"。阿里现在的战略体系是非常庞大的，包括UC、阿里妈妈、Buy+等。其实新的技术刚进来，我们都还不知道VR未来的市场会怎样，有人说它有庞大的规模，但是它的前景究竟怎样大家都不知道，可是阿里已经在布局了。"Buy+"改变了要么在PC端下单、要么在手机下单的现状，未来你可以戴一个虚拟现实的头盔，实现在家里向东京的某一个商场下单，向纽约的某一个商场下单，而且把衣服拿过来就可以试，这就是一种沉浸式的体验，一种"自嗨"的感觉。

其实比尔·盖茨也在VR上进行了布局，包括人工智能领域未来的应用。我们看到过去几年是信息时代，有个人电脑和互联网，今天进入到数据时代，明天就是智能化时代。智能化时代到底是什么状态？大家都在看，但是谷歌就会在智能领域进行布局，包括无人机、无人汽车，等等，总是要快一步，所以比尔·盖茨讲的这句话非常重要，就是你总要比未来快一步。

还有我们国内非常著名的一位企业家，海尔的张瑞敏，他认为企业家就是两个角色，一个是企业的设计师，另一个是布道者。作为企业的设计师，要考虑如何让企业的结构适合企业的发展，也就是我们说的企业结构如何才能扁平化、快速地适应市场的发展；作为布道者，就要考虑员工的价值体现如何能与企业的目标实现进行很好的结合，这里面更重要的是怎么把企业文化的价值体系构建起来，既能够实现员工的自我价值，也能够实现企业的目标价值。

我最推崇的一个人是管理大师德鲁克，他对企业家的界定是，企业家是富有资源或者生产财富，具有创新能力的这样一批人。他和熊彼特一样，认为创新是企业家最重要的一个标志。他对企业家的定义包括以下几点：一是大幅度提高资源产出的人；二是能创造出新颖而与众不同的产品的人，而且能够改变价值、改变世界，比如我们前文里专门讲到的波音、苹果、微软、特斯拉、腾讯等品牌的创始人，这些能够改变世界、创造一种新的价值的人就是企业家；还有能开创新市场和新顾客群体，视变化为常态，视变化为机遇，并加以利用的人，都是企业家。所有这些综合起来，最重要的一点，就是创新能力。德鲁克认为创新能力不是指企业家个人的创新能力，而是指企业整体的创新能力，或者说团队的创新能力到企业组织能力的提升，企业家是创新中的灵魂人物。

◎ 那么企业家和什么因素无关呢？

首先，德鲁克认为企业家和企业的性质、规模是没有关系的。企业是国有、私营还是其他形式，其实没有关系，它们都有可能拥有非常优秀的企业家。此外与规模也没有关系，不是说他的企业规模大了，他就可以被称为企业家，规模小了就不是。企业家是硬币的两面，你能赚钱，却不一定能构建起商业帝国或者企业文化体系，或者持续发展的能力，我们有一句俗语叫作“老婆孩子热炕头”，在这个境界上的不能称为企业家，我觉得只是小老板。

其次，德鲁克认为企业家和所有权也无关，他的意思是谁都可以把企业做好。但是我们从实际情况来看，要想把企业做好，还是需要有决策权和话语权的。从这个意义上讲，这两者还是要有一定关系的。如果一个企业家真的要做大，就需要在文化、价值体系和社会责任上有强烈的使命感，这个对企业的发展意义非常重大，王石就是这样的人。

◎ 时时创新真的是很困难的一件事，这也是企业家值得尊敬的原因，那究竟什么是企业家精神，为什么企业家精神对我们整个社会来说是非常重要的？这个问题我们请段教授在下期节目中为我们解读一下，究竟企业家和企业之间的关系是怎么样的。

好的，特别是构建企业家社会，这对社会的整体发展是非常重要的，尤其是在今天新常态这个背景下，就成为更加重要的一个话题了。

* 关键词解读 *

企业家精神

企业家精神是人的行为特征，主要包括冒险精神(a Risk-Taking Propensity)、内部控制点(Internal Locus of Control)、成就需要(Need for Achievement)、自信心(Self-Confidence)、创新能力(Creativity /Innovation)等方面。

自20世纪80年代以来，企业家精神在经济运行与经济发展中的作用越来越大，对企业家精神的解读也从个体层面扩展到企业层面和宏观层面。企业家精神主要通过两个渠道影响经济增长。一是企业家精神与创业，企业家勇于承担风险的特点有助于促进企业创立进而影响经济增长，而经济增长反过来也可以影响企业家精神；二是企业家精神与创新，企业家的创新精神是推动企业创新的重要动因。

企业家精神是一种实用的进取精神，个体层次的企业家精神旨在启发个体自觉地学习这种精神，进而使之成为激发个体创业的精神支柱；组织层次的企业家精神旨在启发和指导企业组织自觉地创建具有企业家精神特质的企业文化和制度，进而使之成为指导企业可持续快速发展的精神力量；而社会层次的企业家精神旨在引导社区、国家乃至整个社会创建具有企业家精神特征的文化，最大限度地激发整个社会的创新、创业热情，进而使企业家精神成为推动社会经济增长的动力。

＊案例＊

乔布斯，苹果创新的灵魂人物

波士顿咨询公司每年都对全球多个国家和行业的1500余名企业高管展开调查，深入了解全球企业的创新发展情况，发布全球最具创新力企业50强榜单。自2005年以来，苹果公司一直蝉联冠军宝座，其不断向市场推出的具有革命性的数字技术产品，不仅在全球范围内掀起了人们对苹果产品的追捧，也彻底改变了包括IT产业在内诸多传统产业的命运。

提到苹果的创新力，不得不提到其创始人乔布斯，乔布斯依靠持续而强烈的创新激情、敏锐的商业嗅觉以及对细节的把握和对完美的追求，不断引领着苹果的创新与变革。

1. 产品创新

1997年以前，苹果公司推崇“技术至上”，通过强大的技术能力建立了一个属于自己的反主流技术王国，以至于常常由于制式不兼容其他模式而被孤立于小众市场，技术上的孤傲和保守使苹果公司远离了大多数消费者。

这种情况直到1997年乔布斯回归后才得以改观，乔布斯带来了挽救苹果公司的领导力与企业家精神，他停止通过追求先进的技术来满足少部分消费者对产品的期许，也绝不做现有市场的模仿者，而是开拓新市场，挖掘那些消费者不能名状但却真切需要的东西，即消费者对电子产品非同一般的使用体验。

乔布斯准确地把握到，创造这种体验绝非只依靠技术就能实现。基于此，乔布斯回归后的第一项产品就是围绕消费者心理设计的iMac电脑，在核心技术上iMac并没有什么突破，所不同的是它拥有漂亮的半透明外形和多彩的颜色，这一创意颠覆了个人电脑刻板的方盒子、黑白两色的形象。三年的时间内iMac的销量达到了500万台，利润率高达23%。

产品创新的背后，是乔布斯领导下的苹果由技术导向转为消费导向的策略变化。在乔布斯看来，消费者追求个性化产品的同时也追求简单实用，这为苹果公司基于设计和技术相结合，“将技术简单到生活”的产品创新理念赋予了核心价值。

2. 商业模式创新

当苹果公司推出iPod的时候，很多同行认为生产这样“技术含量偏低的组装产品”是苹果公司的没落。事实上，软件行业尽管有高利润回报，但是市场上微软已经制定了所谓“垄断技术标准的版图”，公司要想有所作为，需要提供给软件技术新的技术机会和新的利润模式。iPod正是这样一种产品，iPod推出之时并未在功能上超过此前市场上有很好表现的同类数字音乐播放器，除了在外观上延续了iMac的工业设计理念之外，iPod的成功在于给了iTunes一个很好的技术机会。

iTunes原为Macintosh电脑上的播放器，面对Windows Media Player和Real Player的竞争，许多业内人士对iTunes在主流系统上的发展持怀疑态度。iPod的出现将iTunes改进为一个匹配的音乐管理平台，也正是这次技术机会的出现，使得以iTunes为核心的iPod用户体验到了前所未有的音乐储存和播放方式，iPod也由此和其他音乐播放器区分开来。

此后，苹果公司利用自身软件技术优势不断推动iTunes的升级改进并使iTunes逐渐演变为音乐商店，也开始支持视频和应用，后来又加入了配合iPhone大卖的App Store扩展应用消费功能。iTunes已经成为苹果所有内容的同步引擎，无论是iPod、iPhone还是iPad，都是通过iTunes来管理的。iTunes是苹果的创新枢纽，可以说没有iTunes的出现，也就没有后来iPhone和iPad这样革命性产品的出现。

乔布斯对一个非先进技术产品进行了启发性地满足消费者需求的创新，才使得苹果找到了“iPod+iTunes”的商业模式，造就了iPod的商业奇迹及苹果在全新消费电子市场上的领导地位。

3. 启示

在《乔布斯传》中是这样描述乔布斯的：“他既没有埃里森那种惹人注目的消费需求，也没有比尔·盖茨那种投身慈善事业的内在冲动，亦没有那种想看看自己在《福布斯》排行榜上能爬多高的竞争意识。在他那自负和个人动力的驱使下，他要通过创造足以令世人敬畏的传奇来获得满足。这实际上包括两个方面：制造不断革新、不断变化的伟大产品，以及建立一家有持久生命力的公司。”

开拓全新市场而并非固守现有市场是企业家精神驱动创新的重要特征。对于乔布斯来说，他意识到颠覆原有经济组织和利润模式的不只有技术要素，创新的核心价值在于科技的商业化，要以消费者需求为导向进行策略变革，这给苹果带来了质的改变和巨大的成功。事实上，企业家正是在构建技术和经济的“新组合”中不断创造着商业价值。

Dialogue on Branding 22

第 22 期

企业的恶之花与善之果

Dialogue on Branding ▶▶▶▶▶▶▶▶

第 22 期
企业的恶之花与善之果

【本期节目概述】

本期节目将继续企业家的专题，很多人都会思考一个问题：企业家赚取了公众的利益，作为公众的一员，我们为什么还要尊重企业家？本期节目中，主持人晨辰与段淳林教授将探讨企业在追逐利润的同时为什么还要承担社会责任；什么是“企业公民”，“企业公民”的内涵是什么；本质上“自私、逐利”的“恶之花”，如何结出“善之果”。

一、公地悲剧——经济利益与社会责任

在经济学方面有一本很重要的书叫《蜜蜂的寓言》，讲的就是经济利益与社会责任的关系。我们在经济话语体系下追求利益是没有问题的。从个人角度讲，个人是自私的；从企业的角度讲，企业要生存，首先要追求企业利益。但是无论是企业还是个人，特别是企业，在社会里不可能仅仅是一个经济组织，同时还是一个社会组织，它不仅要承担它的经济职责，同时还要承担一定的社会职责。

一方面，企业面临的是经济问题，追求利益最大化是毫无疑问的；另一方面，企业作为社会人或者社会组织，同时要考虑社会利益，要承担一定的社会责任。也就是我们经常说的，主观为自己，怎么能客观为别人。在实现主观上追求利益的同时，客观上又推动了社会的发展，比如说民营企业追求自己的利益，同时也创造了很多社会就业机会、社会财富，等等。每一个企业在追求自身利益的同时，客观上为社会作了贡献，客观上推动了社会经济的发展。从这个角度来看，社会责任问题实际上是一个伦理思考的问题。

我们经常说“公地的悲剧”，一群牧民在一块公共草场放牧，告诉牧民

草原上的草是免费的，牧民无限制放牧，最后这个草原就毁了，就变得荒漠化了。所以说经济行为其实是一柄双刃剑，一方面能推动经济的发展，例如民营企业在做企业效益、创造财富的时候，推动了经济的发展；另一方面它占据了社会财富，或者说极度追求利益时又会毁掉公共利益，这是一个悖论。这个悖论需要我们思考怎样让企业不要把利益最大化作为唯一目标，还要承担一定的社会责任，还要把公共利益保持在一个合理的范围里面，不要出现"公地的悲剧"。

我们一方面看到了经济的发展、各种财富的创造，另一方面我们看到了付出的代价——环境污染，道德沦丧，等等。从这层意义上讲，一个企业，在创造财富的时候，它不可能只是一个经济主体，必定承担一定的社会责任，你有获取社会资源的权利，同时你也有承担社会责任的义务。只要是社会公民、社会组织，或社会实体，那就必须为环境、整个社会的良性发展承担责任。如果只追求利益最大化，社会责任谁都不承担、不维护，只考虑企业自身利益的时候，就会出现"公地的悲剧"。

事实上，我们看到中国今天的现实也是这样。一方面，在中国经济快速发展的过程中，企业作出了非常大的贡献，企业家也确实创造了很大的财富；但另一方面，我们也看到了社会付出的代价，包括人们身体素质的下降、环境的污染、道德沦丧等问题。从这个意义上来讲，承担社会责任是每一位企业家的义务。

二、企业公民——权利与义务的对等

之前企业社会责任还是一种被动的概念，但是在 2005 年以后，我们就提出企业公民的概念，让企业权利和义务对等，不要只强调企业的权利，例如获取资源、获得政府服务，同时企业也有承担社会责任的义务。权利和义务对等，是一个新的契约关系的概念，是企业和政府、和社会之间新的契约关系，是企业一定要承担的社会责任。

当然，企业的社会责任意识是一个逐渐提升的过程，它们不会从一开始就很清晰地想去承担社会责任，因为首先获利、生存下来才是承担社会责任的一个基础。2005年万科拿了一个企业公民奖，记者采访王石的时候王石也很坦率，说自己老实说还不知道什么是企业公民，但他回去认真研究了一下，发现企业要真正实现持续发展就不能只是追求利益最大化，同时还要为社会作贡献。所以他在2006年提出了“变革先锋，企业公民”这样一个主题，拿出1000万元做企业公民的基金奖；同时他还做了一件事，就是廉租房的建设，万科定位是中高端的城市花园，廉租房和它的企业形象是不匹配的，但王石去国外考察，去客家围屋考察，看怎样能降低住房成本，从廉租角度承担一些社会责任。还有阿拉善的公益基金，阿拉善大概有100多名著名企业家，可能现在人数越来越多。从被动地接受社会责任到有权利和义务对等这种公民的概念，这是一个很大的进步。

企业家会经历一个管理起步和创新阶段，那个时候他还顾不上企业的社会责任；但是到管理成熟阶段，从战略的角度去思考的时候，他就一定会考虑到在社会上的责任形象，就会做一些像万科不断在做的这些企业公民的行为。

◎ 我们应该从哪些角度去理解企业公民这个概念呢？

企业公民有几个方面的体现：一是善待股东，善待股东就是要有盈利，对股东负责，保证企业有持续盈利能力；二是善待员工，员工不仅是赚钱的工具，同时也是具有社会行为的主体，所以关注他们的成长、发展，进行人性化管理就很重要；三是善待客户，客户是企业运营下去的根本，怎样去保证客户的利益、实现客户的价值非常重要；四是善待环境与资源，如果环境污染问题不解决，我们的企业跟欧美企业的差距还是很大的，现在很多企业都有绿色环保公益基金，专门管理这方面的投入；五是善待合作伙伴，要把合作伙伴当作实现共赢发展的战略伙伴；六是回馈整个社会，比如刚才提到的环保问题，阿拉善做的就是一个环保公益基金，除此之外，还有一些教育基金、希望工程、儿童公益基金等等，从方方面面对弱势群体进行关注，通过回馈社会，能够让人们觉得这个企业家不仅赚钱，还有一种社会责任感，这样大家才会尊敬你。

这就回答了我们最开始的问题，企业家赚钱了才能够回馈社会。在国外企业，有整个文化体系的建构，赚的百分之八九十的钱都是回馈社会的，所以企业到了一定层次，就不仅是一个自己的企业的概念，而是在企业伦理或企业社会责任战略层面有更多的思考，比如每年捐款的比例是多少，有多少人做这个善事才能够达到企业社会公民的指标。在今天，中国的企业家财富其实已经积累到一定层次了，一定要有社会责任感，一定要关注社会的方方面面，因为社会共同发展才会有整体的好的氛围。特别是在新常态下、创新驱动结构化调整的今天，人们对生活品质具有高要求，更要求企业有一种价值观的回馈，而不仅仅是产品的输出或者技术的输出，更多的是价值理念的输出。

◎ 对于企业家来说，他有什么样的动力去履行自己的社会责任呢？对他来说有什么好处吗？

这个就是企业的持续发展问题。企业家是一个企业的灵魂人物，引导企业战略方向，我们看到只追求利益的企业基本上是短命的。企业家很清楚，只有文化能解决持续发展问题，文化价值观核心理念里面一定是从社会责任来思考的。社会责任能够拉动他的整体形象和企业持续发展，又对企业有宣传作用。不是说企业家愿意不愿意、有什么动力去做，而是从社会责任人的角度，从权力和义务对等的角度，他一定要承担社会责任，无论从个人还是企业法人角度。企业家不能只赚取经济利益，还有社会利益、伦理责任都需要承担。

◎ 是不是企业发展到一定阶段一定要有企业文化，有一个核心价值观，才能够支撑这个企业的发展？

这就是企业文化建设中最重要的问题了，比如企业一开始是以利益为导向的，那么之后它规范的构建很重要，企业家自身要建立一种规范体系，企业家的文化就是企业文化的一个缩影。但是只有企业家文化是不够的，未来发展还要有团队文化，团队文化是通过激励来完成的。真正的企业文化到了组织文化这个阶段，它一定是和创新相匹配的，这是一个很大的话题。

◎ 我们为什么要构建一个企业家社会？

一方面是经济贡献，另一方面是社会责任，其实是全方位的。如果企业是一个市场化、公开透明、具有健康活力的这样一个组织体，那么它对这整个社会的发展就有一个良性的贡献基础。

* 关键词解读 *

公地悲剧

1. 概念简介

1968年，英国哈丁教授(Garrett Hardin)在 *The Tragedy of the Commons* 一文中首先提出了“公地悲剧”理论模型。他说，作为理性人，每个牧羊者都希望自己的收益最大化。在公共草地上，每增加一只羊会有两种结果：一是获得增加一只羊的收入；二是加重草地的负担，并有可能使草地过度放牧。经过思考，牧羊者决定不顾草地的承受能力而增加羊群数量，于是他便会因羊只的增加而收益增多。看到有利可图，许多牧羊者也纷纷加入这一行列。由于羊群的进入不受限制，所以牧场被过度使用，草地状况迅速恶化，悲剧就这样发生了。

“公地”是一种公共资源或财产，很多人都有使用权，但没有权力阻止其他人使用，从而会造成资源过度使用和枯竭。自然资源的过度开发、环境污染等，都是“公地悲剧”的典型例子。每个当事人都知道资源将由于过度使用而枯竭，但每个人对阻止事态的继续恶化都感到无能为力，且抱着“及时捞一把”的心态加剧事态的恶化。

2. “公地悲剧”的本质

当某种资源为某个人单独所有时，该资源为私人财产，其产权为私人产权；当某种资源为两位或两位以上当事人所有时，称为公共财产，其产权为公共产权。公共财产具有以下特点：在消费规模上没有限制，每个社会成员都能享受这项资源的权益，存在收费困难；每个当事人天然享有资源权益，无需采取交费申请加入的方式；每一位当事人在使用该资源时，会影响和损害其他成员的利益，即存在外部性。由于该资源向每个社会成员开放，允许他们自由进入、平等分享，并获取平均利益，因此，搭便车和产权拥挤现象就难以避免。对于稀缺资源来说，公共产权要么造成资源的过度利用(“公地悲剧”)，要么造成资源利用不足(“反公地悲剧”)。

3. 反公地悲剧

1998 年，美国黑勒教授(Michael A. Heller)在 *The Tragedy of Anti-commons* 一文中提出“反公地悲剧”理论模型。他认为，尽管哈丁教授的“公地悲剧”说明了人们过度利用公共资源的恶果，但他却忽视了资源未被充分利用的可能性。在公地内，存在着很多权利所有者。为了达到某种目的，每位当事人都有权阻止其他人使用该资源或相互设置使用障碍，而没有人拥有有效的使用权，这导致资源的闲置和使用不足，造成浪费，于是就发生了“反公地悲剧”。

每位当事人都知道资源或财产的使用安排能给每个人带来收益，但由于相互阻挠而眼睁睁地看着收益减少或资源浪费。在实践中，要避免悲剧，我们要花费大量的交易费用、谈判成本以及说服潜在竞争者的成本。

* 案例 *

美禄冠军手环，最好的年纪要运动

2016年3月，雀巢美禄推出了一款促进孩子运动的“美禄冠军手环”，携手奥美展开了一场长达2个多月的营销战。这一活动的推出让公众看到了美禄对儿童健康的关注，很好地提升了品牌形象。

1. 活动创意

在澳大利亚，有78%的孩子都没有达到每日推荐运动量，而每4个孩子中，就有一个孩子过重或者肥胖。为了鼓励孩子们运动起来，美禄研发了一款运动追踪手环。

“美禄冠军手环”是一款针对孩子研发的新型健康运动追踪器，与之配合的是家长手机中安装的一款App。通过这款App，家长可以追踪并详细记录孩子一天摄入的食物热量、运动，并为孩子设置运动目标，根据成果进行奖励。

而孩子也可以设置自己喜欢的个性化形象，查看家长所设的挑战和自己获得的奖励，并添加自己的好友、查看运动排名榜，让运动变成家长和孩子之间、孩子与小伙伴之间多向的趣味沟通。

2. 活动执行

2016年3月，奥美为手环的发布进行了预热。将产品赠送给100多位在亲子教育、运动和科技领域具有影响力的人，通过广播、数字及社交媒体在全国进行推广。

2016年4月，奥美为美禄手环进行了一场媒体发布会，并邀请澳大利亚著名板球运动员Brad Haddin出任形象大使，与孩子们一起进行手环使用的体验。

3. 线上线下配合推广

美禄在官方社交媒体平台上发布了新产品，引起了消费者浓厚的兴趣。通过精准EDM，美禄将产品信息送达至超过50万个澳大利亚家庭。同时，手环也被整合进了美禄最新的TVC中，配合强大的线上攻势，将传播力度进一步加强。

在线下零售终端，通过各个门店里美禄大使的示范，购物者可以更加直观地体验美禄手环的使用效果，刺激消费购买欲，从而进一步提高销量。与此同时，美禄还与多家不同的零售商和零售渠道进行合作，在全国为冠军手环制造声势。

4. 启示

(1)多渠道整合营销。

在美禄的这场活动中，实现了多渠道的整合传播。由意见领袖发起，借助大众传媒延展传播广度，通过社交媒体实现多向互动和精准营销，线下实体店完成产品体验。除此之外，对产品核心竞争力与营销节奏的掌握也成为营销过程中极大的助力因素。

(2)广告传播的公益性。

公益广告在今天的价值不言而喻。人们对品牌的要求与期待越来越高，除了高质量的产品与服务，品牌的调性、态度、价值观甚至社会责任感，都成为人们衡量和选择一个品牌的重要因素。也正因如此，纯粹的商业广告想要得到公众的认同越来越困难。相比之下，真诚、非商业性的公益广告，更能够获得广泛关注和社会认同，从而树立和提升品牌形象。

对于今天的品牌来说，广告传播不仅要从产品特性和利益角度出发，考虑对公众当下诉求的满足，更要考虑理性的长远利益。如何收获消费者真正的认同感，如何构建参与共同体和社群，注重公共利益和公共精神无疑是一条重要原则。

Dialogue on Branding 23

第 23 期

产品召回在中国的平权之路

Dialogue on Branding ▶▶▶▶▶▶▶▶

第23期
产品召回在中国的平权之路

【本期节目概述】

宜家马尔姆系列抽屉出现安全问题，北美地区的相关产品被迅速召回，中国地区的产品召回却几经波折。本期节目中，主持人晨辰与段淳林教授将从宜家抽屉事件谈起，讨论跨国品牌的产品召回为什么总是对中国消费者区别对待，品牌应该如何维系自身形象。

一、宜家的双重标准将有损品牌形象

◎ 今天探讨一个热门的话题，就是宜家召回中国地区的马尔姆系列抽屉柜。实际上，此前宜家已经召回了北美地区的抽屉柜，但并不准备召回中国地区的产品，当这个消息传到中国消费者的耳中时，引起了公众舆论的哗然。人们质疑宜家区别对待消费者，同样是问题产品，为什么召回其他地方的产品而不召回中国地区的呢？宜家又给出了一个我们熟悉的答案：中国地区的产品是符合中国国家标准的。最后在相关政府部门的联合约谈之后，宜家决定召回问题产品。为什么跨国品牌会出现这种双重标准？这种双重标准对于企业品牌来说到底会有什么样的影响？

之前在北美地区，包括加拿大和美国等国，出现了马尔姆系列抽屉柜翻倒从而压倒儿童的严重人身安全事件，北美地区的宜家反应很快，立刻召回了全部3600多万个产品。这类事件在中国也有发生，但是在发生之后，宜家却说它们的抽屉柜是符合中国标准的，虽然迫于外界压力，包括消费者的压力和监管方面的压力，宜家最终也召回了中国市场上的产品，但这样不同的态度还是值得我们思考的。那么，为什么宜家会出现这两种不同的态度呢？

其一是行业标准问题。欧美的行业标准比中国地区超前，行业标准比较高。但是，行业标准实际上只是其中的一个因素。那最重要的因素是什么呢？在北美或者欧盟国家，行业标准只是一个界定产品质量的准入门槛，而最重要的是法律监管和法律惩罚。在北美和欧盟国家，法律惩罚力度是非常严厉的，因为商业的伦理自觉一定要靠法律来约束和制约。法律一定是道德最重要的底线，如果企业不敢触碰法律红线，而且没有办法规避法律惩罚力度，那企业就必须面对行业规范问题。

其二是消费者维权意识问题。在美国，麦当劳曾推出一款热咖啡，其包装上没有注明“小心烫嘴”等提示字样，结果一个老太太在喝的时候烫了嘴。后来，她起诉了麦当劳，最后法院判定麦当劳罚款700多万美金。还有一个案例是万宝路香烟，有一名抽了60多年万宝路香烟的老人得了肺癌去世了，后来他的家人起诉万宝路，认为香烟包装上没有注明“吸烟有害健康”的提醒，而且香烟里有致癌物质，最终导致老人的去世，万宝路因此被罚款7000万美元，这就可以体现出消费者的维权意识。

其三是企业自身发展目标的问题。企业为了自身的长远发展，是不敢轻易对突发事件表现出怠慢态度的。有一个很经典的案例是美国强生药业的泰诺胶囊事件。在20世纪80年代，芝加哥和纽约出了两起因服用泰诺胶囊而中毒身亡的事件。尽管强生药业公司调查发现责任并不在企业，而是流通环节中出现了意外，但强生公司依然召回了全球的泰诺胶囊，并且改变了药品包装，变成我们现在看到的密封、板式胶囊包装，还对流水线、生产线进行了改造。这个事件本来是一个危机事件，但是强生利用这样一个事件树立了一个有社会责任感的、“高大上”的企业品牌形象，反而让公众对强生有一种更好的形象认知。

宜家马尔姆系列的柜子确实有问题，且存在风险，那么宜家对中国消费者的区别对待的态度，肯定是会对宜家的品牌形象有很大的伤害的。

二、产品品质与品牌形象息息相关

◎ 产品的品质和品牌是什么样的关系呢？

产品的品质如果有问题，这将是消费者遭遇的最大的伤害。产品是品牌的躯体，品牌是产品的灵魂，品质控制和品质感、品质的不断提高和精益求精是最重要的，所以从影响品牌形象的角度来讲，产品的品质问题是首先要解决的问题。其次，产品品质问题会影响公众形象认知，品牌在无形资产里就相当于口碑，产品的质量问题会影响消费者对品牌的认同感。最后，产品品质问题会显示企业在承担社会责任方面的态度。宜家没有从全球眼光和真正社会责任的角度把这次的召回事件合理地转变为一次不可多得的社会营销事件，来提升品牌形象，其对中国消费者的态度是会对品牌形象有伤害的。

三、品牌建设更重要的是维护

◎ 虽然此次事件中宜家的表现不佳，但宜家此前在和消费者的沟通互动方面还是有优点的，比如说我们看到宜家对消费者的随意体验并没有太多干涉，宜家方面没有像一些企业那样强调“不买勿坐”，这是不是也是品牌的一种策略呢？

是的。宜家一直以来把体验营销作为经营理念，这样一些报道实际上跟宜家的理念是有很大关系的，宜家从来没有规定禁止人们在宜家里面休息或者睡觉等，其经营理念就是成长因陪伴而美妙，让你有家的感觉，让你感觉像到家一样随意，这将比一般产品体验更加深刻，会形成更好的口碑传播。

◎ 宜家是不是也很想借此说明宜家的环境确实舒适？

是的。宜家为什么对这些行为视而不见，或者是更加默认和鼓励呢？其实这就是为了进行体验营销，借事件不断炒作话题，不断地让大家关注宜家，不断地让人们通过体验，通过口碑传播来强化品牌形象。

宜家的这些做法会让消费者觉得和这个企业挨得比较近。但这次的事件让我想到，品牌建设经历了很多年，但是很可能一个突发事件就会让品牌形象严重受损。所以从这个意义上说，品牌其实是非常非常脆弱的，对一个企业来讲，要像呵护婴儿一样去维护品牌，每一个细节每一个环节都不能疏忽。从另外一个角度上讲，这个事件也和宜家本土化有关，因为欧美国家的文化大多是比较容易跟宜家相贴合的，而中国文化和市场环境是不一样的，欧美地区的管理模式，我认为不太适合中国市场。

◎ 宜家这一次对中国消费者区别对待，可能也是认为中国消费者对它是认可的，企业不会因此而损失什么，所以才缺乏危机感，但是没有想到这在互联网上发酵得这么厉害？

互联网不是区域性的，只要有不同的观点，肯定会对全世界造成不一样的影响。

* 关键词解读 *

产品召回

产品召回(Product Recall)是企业在产品违反相关法规、安全标准的前提下自愿或强迫采取的行动。近年来，各企业频发产品召回事件，如强生、泰诺、丰田、宜家等，引发了消费者对品牌的信任危机，给企业和品牌带来了负面影响。

第23期

产品召回在中国的平权之路

在今天，完善召回制度越发重要。一方面，随着经济全球化程度的提高，国际贸易得以大规模发展，产品流通范围远超国界，一旦潜在的产品缺陷转变为实质性的危险，可能在世界范围内造成严重后果和负面影响；另一方面，国外的产品进入中国后，如果存在缺陷，很可能对我国消费者的人身和财产安全造成威胁。而产品召回制度对预防和消除缺陷产品对公民人身和财产安全危害具有独特功能，具体表现在预防性、主动性、广泛性、公益性和效益性上。

＊案例＊

丰田召回，独缺中国

1. 案例背景

2011年1月，丰田汽车宣布在全球范围内召回170万辆汽车，涉及车型包括丰田皇冠、雷克萨斯IS250在内的6款车型。随后，丰田汽车(中国)方面表示，在中国销售的皇冠、IS250、GS300由于没有使用相关零部件，经确认不存在同样的问题，因此召回不涉及中国市场。一个月后，丰田汽车公司宣布拟在北美市场召回约217万辆汽车，涵盖丰田及雷克萨斯两大品牌的4款车型。由于中国市场在售车型所采用的零部件与美国市场不同，此次召回同样不涉及中国市场。

如此数量庞大的召回，唯独缺中国。为此，中国国家质检总局紧急约见丰田汽车中国负责人要求其做出解释，同时采取系列措施要求丰田汽车切实保障中国消费者的合法权益。随后丰田汽车向质检总局提出申请，对中国内地2003年2月至2006年7月生产的雷克萨斯RX300和RX350汽车进行召回。召回的原因是地毯压板安装不当，可能干涉油门踏板，造成加速踏板无法回位，存在安全隐患。

丰田公司的“补召门”很容易让人联想起2009年丰田的“刹车门”事件，

当时丰田的普锐斯、雷克萨斯ES350等车型由于驾驶座脚下的刹车踏脚垫片和刹车系统缺陷，存在重大安全隐患，而在中国市场销售的普锐斯并不在召回范围。当时丰田官方给出的解释是：在中国市场销售的普锐斯属于第二代产品，2010年款尚未开始在中国销售，所以并不在召回范围之列。同样，2015年丰田车因起火隐患大范围召回650万台，中国又被排除在召回范围之外。

丰田此举无疑严重伤害了中国消费者的感情、损害了中国消费者的利益，鉴于目前丰田在中国市场的销量已经占到其销量总比例的10%，召回事件对其在华的声誉和销量都会产生不小的负面影响。

2. 启示

跨国公司的产品召回为什么总是对中国消费者区别对待?

从国家层面来说，一方面是中国商品召回制度未成体系，相关法律法规体系并不完善，导致对涉事企业的惩罚力度不足，而消费者维权成本却很高；另一方面是中国的行业标准滞后，落后于国际标准，这也给跨国公司进行“区别对待”以可乘之机。

从企业层面来说，近年来，外资企业为应对中国本土企业的迅猛成长，不得不在低端产品上与之抗衡。然而在残酷的价格博弈背后，往往是对产品质量的漠视，在中国采取与其他国家不同的标准使产品更具价格优势，却也成为产品质量危机爆发的原因。

从消费者层面来说，消费者自身维权意识和行动力不足，在合法利益受到侵害时，不能及时采取积极的措施进行维权。

Dialogue on Branding 24

第 24 期

企业家该为品牌代言吗

Dialogue on Branding ▶▶▶▶▶▶▶▶

第 24 期

企业家该为品牌代言吗

【本期节目概述】

今天，越来越多的企业家从幕后走向台前，走进公众的视野，甚至成为企业的首席品牌官。本期节目中，主持人晨辰将与段淳林教授共同解读企业家与企业品牌形象间的关系，企业家要如何做好首席品牌官，什么样的企业家适合为企业代言。

一、企业家与企业品牌形象间的关系

◎ 企业家就像是一个企业的首席品牌官，那么首席品牌官究竟该有什么样的素质呢？现在很多大企业的管理者都直接站到前台来，为自己的企业代言，比如小米的雷军，格力的董明珠等，企业家和企业品牌之间究竟有什么样的关系呢？

一个企业家在企业创建过程中所起到的作用是无可替代的。在这个企业品牌形成的过程中，企业家无形中就成了企业的形象代言人，但不见得他们一定要出来给企业打广告或者像董明珠一样做形象代言。就像我们提到华为就会想到任正非(尽管他很低调)，讲到海尔也一定会想到张瑞敏，他们作为创始人，自身的品质、个人魅力和产品的关联度，甚至是讲到他就能想到这个品牌和其他企业在地位上的匹配度等，都对这个品牌的形象有所影响。

公众对企业家进行评论时，一般都会关注他的品质是否诚实可靠，是否有社会责任感，是否信得过，等等。比如任正非身上所具有的军人气质和做事务实踏实的态度；包括华中科技大学的一大批企业家，诸如东鹏的何新明、尚品宅配的李连柱、格力的朱江洪等也都给人一种踏实务实的感觉。另外就是要具有社会责任感，无论是对内部的员工、股东，还是对整个社会发展。还有一个品质是要具有创新意识，处在创新的前沿，无论是产品还是技术的创新，要勇于去挑战。比如乔布斯的形象就是一个富有创新精神的企业家。在个人魅力方面，就是这个企业家是否具有个性，能否引领话题。这些企业家所具有的品质和个性对一个品牌的创建是具有很大影响的。

因为品牌形象实际上是消费者对一个品牌的评价和认同。那么品牌形象首先是消费者对其品质、技术或者某一种设计的认同；其次也是对其个性的一种认同，消费者愿意选择使用某个品牌的产品，其实就是认同了这个品牌所传播的一种个性特点；再次就是对这个品牌创建过程中所沉淀的文化价值，或是其传播的社会责任和价值的认同；最后就是对这个品牌地位的认同，反过来说就是这个产品对使用者的地位的暗示作用。

以上两点就是从企业家形象的角度和品牌形象的角度来说两者之间的关联。消费者通过企业家个人的品质、个性、社会责任感和创新意识等就能联想到其背后的企业或者说产品的品质、设计，等等。

二、企业家如何做好首席品牌官

◎ 从创建品牌的角度来解读，企业家怎样才能成为一名优秀的首席品牌官呢？

一个企业能否创建成为一个品牌，不论是产品品牌还是企业品牌，第一点就是企业家要有非常明确的品牌愿景或者品牌使命。我们看到很多成功的品牌，它们的企业家作为CBO（Chief Brand Officer，首席品牌官），都在战略上有一个长远而清晰的理想和追求，比如想成就一个百年品牌或是受人尊敬的企业。这些看似很远，但是像IBM从一个卖电子设备的变成了国际商用机器公司，像华为的“唯中华有为”，都是从一开始就有一个比较宏大的愿景的。

第二点，光有梦想还不够，要生存下来就要有扎实的技术和产品作基础。比如华为不仅喊出了“唯中华有为”的口号，更有多年的核心技术积累，所以它今天才能在新产品上发力，并且在未来，我们都很看好华为赶超苹果。如果华为没有产品、核心技术和市场的积累，它是不可能成为品牌的。

另外，在有愿景的前提下，还要有清晰的品牌定位。比如华为的P9使用了莱卡的镜头，那么同样是做智能手机，它的差异点就是和世界顶级的莱卡相机合作，它的镜头毫无疑问是顶级的，这是产品的定位。

从更大的角度来说，企业家是要从企业战略的角度来考虑整个企业的品牌定位问题。比如华为的任正非就要从通讯领域的战略层面上思考华为要成为什么样的企业，差异点是什么。任正非当时提出的“丰富人们的沟通与生活”是从使命角度来讲的，华为从一开始就是一个市场定位很明确的B2B企业，但它还是要找到自己的差异点。

所以品牌战略的选择就是一定要知道自己在这个领域里未来要发展成什么样，尤其在市场和品牌发生冲突的时候，这个战略选择就非常重要了。这也是眼前的市场盈利和长远发展的权衡取舍问题。比如我们的校友，UC的创始人何小鹏，他在创业期就很看好UC作为第三方浏览器在未来市场的发展空间，为了这个长远的目标，他曾经放弃了移动1000万元的合作项目，即使这个项目在当时可以解决他所有的困难。最后UC以45亿美元并入了阿里系，他也实现了他的梦想。短期的利益还是长远的投资，这就可以看出愿景的订立和战略的选择决定了两条完全不同的路径和方向。

我一直认为，品牌一定是在未来可以给你带来现金流和高附加值的东西。所以企业家除了要有内涵、有个性，更重要的是要有长远的战略眼光。品牌定位以后还要有一个品牌架构的选择——是产品品牌战略还是企业品牌战略，是复合品牌战略还是双品牌战略。这种战略的选择非常重要。比如王老吉就是先创建产品品牌，之后才带动它整个的大健康产业。当然后续的品牌要不要延伸，怎么延伸，延伸到哪里，是另外一个要思考的战略问题。中国的企业一直都不缺乏品牌战术，即营销战术，但并不是都能从长远的角度去思考品牌战略的方向和未来。品牌要告诉你的就是你赚的是未来的钱，你是在对未来进行投资，品牌就是未来的一种回报。从这个意义上来说，企业家不能只考虑眼前的市场占有率和回报。比如华为从单做通信设备到B2B再到B2C，其实这是完全不同的两个模式，它能成功是因为它在很多年前就开始布局了，所有的东西都在其战略规划里清晰地呈现出来。

三、怎样评价企业家为企业代言

◎ 企业家和企业间的联系如此紧密，但有一些企业，比如宝洁，我们甚至还不知道究竟是谁在掌控。企业家出来为自家企业代言是利大于弊还是弊大于利呢？

这是一把双刃剑。比如宝洁其实是有两位创始人（Procter，Gamble），他们从来没有站出来为宝洁做形象代言，但我们从宝洁企业品牌的角度来说，他们就代表着宝洁，这个企业的背后有他们的故事。我认为如果这个企业家很有魅力或是很有个人影响力，他们就能靠自己的形象和力量来提升整个品牌的知名度、影响力，提高品牌的形象。这对于企业来说是重要且可贵的。比如乔布斯去世后，苹果发布会明显不如之前震撼；董明珠不仅仅是给格力代言，她甚至代表了中国制造，这就是一种良性循环。但是一旦出现危机或负面新闻的时候，比如王石面临的“万宝之争”，多少就会对企业品牌形成负面的影响。

◎ 企业家站出来为企业代言，那人们关注的就不仅仅是他们的能力问题了，人们往往还关注他们的私生活，对于企业家来说，舆论压力是否也变大了呢？

第24期
企业家该为品牌代言吗

是的。当你开始为企业形象代言，消费者就会从你是否有社会责任感，是不是诚信务实的，是否有承担风险的勇气等方面来给予评价，要求就会抬高。因为他们认同你的个人品牌才会认同你的产品。但我们知道人不可能迎合所有人，所以当企业家来为企业代言的时候，可能就会流失掉一部分不喜欢他的消费者。

＊关键词解读＊

首席品牌官(CBO)

1. 概念简介

CBO是英文Chief Brand Officer的缩写，中文直译为首席品牌官。CBO是一个分工明确的职位，它与首席执行官(CEO)、首席运营官(COO)、首席财务官(CFO)等同为企业的顶尖人才，并且担任CBO的人排位往往会更靠前或者说拥有更高的职权，因为公司的重心已经从打造世界级企业转到成就世界级品牌上来。

2. 品牌专管

品牌之所以需要专管，有以下两方面的原因：

首先，品牌是企业最大的一笔无形资产，是企业人力、物力和财力的长期积聚。比如：为形成核心竞争力，增加品牌与服务的高科技含量，拿出大量的知识投入；为提高品牌服务的知名度，强化商标、域名的标志功能，拿出大量的标志投入；为良好的企业形象，形成长期不断的公关广告投入，等等。这些积聚在品牌之下的名目繁多、数额巨大的劳务、知识、标志和公关广告资产，只要经营得当并持之以恒，其资产总额完全有可能赶上甚至超过有形资产。

其次，品牌意味着竞争力，意味着商誉、意味着市场份额，是企业生存发展的命脉所系。在一定意义上甚至可以说，企业的厂房、机器等全部有形资源和所有人力资源，都有赖于无形资产，特别是有赖于其中居于核心地位的品牌来为它们赋予意义。

3. 岗位职能

CBO不仅是一个企业品牌的传播者，更是一个企业价值设计的参与者和企业品牌资产经营的责任者。其作用在于倡导企业品牌的构建、推进企业品牌的建设和维护企业品牌的价值。

CBO具体岗位职责包括：直接参与企业重要事项的分析、决策与营运协调，为企业提供全面深入的品牌战略方面的决策和专业支持；全面负责企业发展中品牌营造、维护、宣传和推广等相关事宜，以及品牌推广部门的规划与完善建设；全面负责与媒体、政府等部门的协调沟通，保证企业品牌形象的广泛树立和推广工作顺利开展。

同时，CBO还负责企业品牌战略制定及品牌传播策略规划与实施，全面提升企业产品品牌的知名度与影响力；根据企业业务发展战略，制定企业总体品牌市场推广战略策略、媒体传播推广战略策略。

＊案例＊

华为“教父”任正非

1. 任正非的奋斗历程

任正非是中国本土企业家的杰出代表之一，作为华为的“教父”，他带领华为从一个名不见经传的小公司，成长为能与跨国电信巨头相抗衡的国际化大企业。

在任正非的奋斗历程中，他展现了四个突出的个性特点：一是崇尚知识，二是军人作风，三是行事低调，四是自我批判。他笃信“知识就是生产力”，通过强硬的军人作风，能够将知识最大限度地转化为行动，并且用低调淡泊和批判否定来约束自身，杜绝骄傲自满，保证自己能够一直清醒地看待形势的发展。

任正非的个性特征和行事风格与其经营华为、管理华为的思想有着密切的联系——崇尚知识和不断学习令任正非拥有比别人更加丰富的知识背景，他从华为和其他企业每一次的成功和失败中得到更多借鉴，从而在战略制定上能够避免因为无知而犯的错误，从一开始就提高战略的精准度。任正非时刻保持警惕，充满了远见卓识和危机意识，经常能够通过敏锐的观察预见到华为即将遭遇的危机，并为此做好了充足的准备。例如为了减少国内市场变化对华为的冲击，他坚决“把华为送上海外战场去磨练”；为了避免在海外树立过多的竞争对手，要求华为坚持遵守市场规则，不打价格战，与海外企业互利共赢。

在任正非的领导下，华为坚持以专业化为核心，以活下去为基础，以规范运作和职业管理为辅助，以成为世界级领先企业为愿景。

在专业化方面，任正非的思路一直非常明确，即构筑华为的核心竞争力，坚持专业化发展。尽管随着形势发生变化，华为不得不拓展业务范围，但这并不意味着其专业化战略发生了根本转变。任正非认为，“要抵制住其他领域丰厚利润的诱惑，不要穿‘红舞鞋’，老老实实做‘庄稼汉’”。

在生存方面，任正非提倡“惶者生存”“生于忧患，死于安乐”，而“走出去”也是危机意识下的任正非为了华为的生存而走的一步棋。在国内市场十分局限的情况下，华为走向俄罗斯和南美，随后向新加坡、马来西亚和泰国等东南亚地区以及中东、非洲等地区发展。2000年开始，华为海外市场的发展速度就已经超过了国内市场。

在规范运作和职业管理方面，任正非说过：“资源总有一天会枯竭，而文化却能生生不息。”早年华为依靠狼性文化快速成长，而随着企业的发展，取而代之的是更适合华为未来国际化发展的规范运作和职业管理文化。这种规范化和流程化的改革，如集成产品开发、集成产品链、财务管理体系等，使华为的发展不再受制于某些个人，而是依赖于规范运作的企业制度。

在企业愿景方面，《华为基本法》在第一条中写道："华为追求的是在电子信息领域实现顾客的梦想，并依靠点点滴滴、锲而不舍的艰苦追求，使我们成为世界领先企业。"而为实现这一愿景，华为坚持持续创新和与国际接轨。

2. 启示

综观众多中国企业和中国企业家，特别是处于创业和初期发展阶段的企业，企业家个人有很大的话语权和影响力。也正因如此，企业家的性格特质会影响到企业在各个阶段的战略活动，进而决定企业的成功与否。企业家的个性会体现在其经营哲学和管理智慧中，他们为企业打上鲜明的个人烙印，而企业也无处不体现着领导者的价值观。

任正非本身的四项性格特质——崇尚知识、军人作风、行事低调和自我批判是很值得推崇的，这些特质在其决策时发挥了重要作用，可以说是任正非成功的部分"秘诀"。一个企业的成功背后，必然先有清楚明确的价值观和愿景的指导，再有完整和系统的战略计划，最后是一丝不苟的战略执行和落地，这是我们可以从任正非和华为身上学到的最基本但最行之有效的道理。

Dialogue on Branding 25

第 25 期

国家品牌形象窗口——奥运会

Dialogue on Branding ▶▶▶▶▶▶▶▶

第 25 期

国家品牌形象窗口——奥运会

【本期节目概述】

国际大事件已经逐渐成为国家品牌形象传播最有力的窗口，对外传播力量很强，也很容易取得大范围的宣传效果。本期节目中，主持人晨辰和段淳林教授将讲述奥运会对于国家品牌形象的建设有什么样的作用。

一、文化沟通，奥运助力

◎ 今天我们开启一个全新的专题，从国家层面解读品牌。我们先聊一聊奥运会这种大型的运动会，对于国家形象会有什么样的帮助。

奥运会作为全球性体育赛事，其重要意义远远超越了体育比赛，会影响到主办国家、主办城市的政治、经济、文化、外交和整体的对外形象传播。对于国家和城市来说，获得奥运会主办权只是国家品牌形象传播的契机，真正要做好的是一个复杂而庞大的系统工程。如果做得好就会赢得正面的口碑，比如 2008 年北京奥运会，虽然有媒体说中国是举国体制，用全国之力展示国家形象，但全世界的观众都通过北京这个窗口、奥运会这个事件来了解中国的实力。媒体更多关注的是我们的经济条件、市场环境、意识形态，和其他奥运城市的报道议题不太一样。在这个层面上，中国也要利用奥运的契机，给世人全新的了解中国文化的窗口。

这种集中的大事件，就是国际大事件的营销和传播。因为国家品牌形象很复杂，它涉及一个国家的历史、自然、现状、人文、生活、价值观等方面。在中国改革开放 30 多年的发展过程中，2008 年北京奥运会是国家形象的一个转折点。2008 年之前，我们都是在积累硬实力，比如 GDP、产业发展、科技创新等，但软实力的展示就是通过 2008 年奥运会这个大事件。

很多人在国外媒体上只传播中国负面的东西，通过奥运会，中国的形象从另外一个视角展示全新的中国形象，特别是我们“和谐”的理念。“和谐”代表了人类未来的理想和追求，中国文化对未来整个世界的影响是非常巨大的。在中国传统文化中，“和合之境”是最高境界，“和而不同”“和同之辩”等很多中国文化内涵在里面。当它代表了一种人类的理想与追求的时候，中国在国际上的地位和作用也得到凸显。

中华文化博大精深，我们不敢班门弄斧。但是“阴阳”并不是传统文化最核心的部分，“阴阳”只是中华传统文化里的“一”和“二”。我们说“道生一，一生二，二生三”，中国文化最厉害的就是“三”，这个“三”就是“道”，“道”就是万事万物产生与发展的核心概念，“和”也就是一种类似于“道”的概念。西方人的思维是对立的二元论，中华文化最核心的除了“阴”和“阳”之外还有“三”，这个“三”就是推动世界发展的推动力。中华文化蕴含的深刻的辩证法内涵是人类最精粹的东西。

二、城市名片，实力演绎

从1964年的东京奥运会、1968年的墨西哥奥运会，直到2000年的悉尼奥运会、2004年的雅典奥运会、2008年的北京奥运会，都有很多的大事件。比如东京奥运会，从品牌传播的角度来看，除了展示这个城市的经济实力、文化实力外，更重要的是精工电子表。之前的计时都是人工计时，但是精工展示电子计时器是从1964年东京奥运会开始的。再比如巴塞罗那奥运会，之前大家都不太了解，但是在奥运会之后，全世界的目光都关注到了巴塞罗那，它成了非常知名的旅游城市。

奥运会虽然是一个大型体育赛事，但是对于城市整体实力的展示是方方面面的。北京奥运会更多展示的是文化软实力，开幕式人们惊艳的背后是很重要的实力支撑。奥运会这种大事件中，更重要的是展示人文景观，包括人的精神面貌、理念与价值观。从整个国家品牌形象的传播上来说，体育比赛的结果其实并不是太重要，奥运会实际上是综合实力的展示。

高尔夫项目，时隔112年之后重返奥运赛场。一个国家只有4个名额，中国是第一次就满额参加。队员的选拔，既要有运气更要有实力。第一次参赛就能满额参加，短时间内取得这么好的成绩，很值得我们骄傲。在2016年7月25日，20多家媒体参加了高尔夫球队的出征仪式，虽然规模不算太大，但从另一个角度看，同样也展示了国家的重视与中国的实力。比音勒芬作为国家高尔夫球队的赞助伙伴，除了在出征仪式上赠送五星战袍和全套的服装赞助外，还设计了百万奖金的赞助事件。很多国际大品牌都看到了这种赞助的契机，只要站在奥运赛场上，就代表了我们的实力，代表了中国在国际上的水准。

中国这么多年的成长引起了全世界的关注，中国的国际话语和国际地位越来越重要，每一届奥运会都是我们展示实力的契机。

* 关键词解读 *

国家品牌形象

国家品牌形象是一个国家对自己的认知以及国际体系中其他行为体对它的认知的结合；它是一系列信息输入和输出产生的结果，是一个结构十分明确的信息资本。国家品牌形象被认为是国家软实力的重要组成部分之一，可以体现这个国家的综合实力和影响力。

国家品牌形象作为反映在媒介和人们心理中的对于一个国家及其民众的历史、现实，政治、经济、文化、生活方式以及价值观的综合印象，是国家的外部公众和内部公众对国家本身、国家行为、国家的各项活动及其成果所给予的总的评价和认定，其中既包含着对于国家的认识，同时也包含着理性评价和感性态度，具有极大的影响力、凝聚力，是一个国家整体实力的体现。

在全球化大背景下，在中国正在成为一个世界性大国的进程中，国家品牌形象已经并仍将成为中国政治、经济、文化乃至每一个中国人必然遭遇的现实问题，其作为一种主观印象，实际上构成了人们对于一个国家及其民众的心理预设。负面的国家品牌形象，会使人们对这个国家及其民众的所有相关信息和行为的认知和评价带有或多或少、有意无意的敌对性、排斥性和刻板印象；而正面的国家品牌形象则往往使人愿意用更理解、更亲和、更接纳的方式对待该国及其民众的信息和行为。因此，国家品牌形象的塑造，其实就是对人们认识和评价一个国家及其民众的正面预设的塑造。

中国是一个成长中的大国，成长过程中的种种阵痛、蜕变、剥离时的污秽，将不可避免地呈现给全世界。加上中国的文化传统、政治制度等都与占据世界格局中心地位的西方国家明显不同，因此，中国国家形象的“负面性”，往往会被一直处于文化优越、经济优越和制度优越感中的西方媒介所重视、所放大。在这种情况下，中国媒介自身往往又可能回避中国国家形象的成长阴影，自觉地用颂歌修辞来打造中国国家形象，因而往往导致中国传媒“天使化中国”与西方传媒“妖魔化中国”的对立和冲突。

在这样的背景下，一方面中国需要更加深入地通过“改革开放”来创造一种事实上更文明进步富强的中国，呈现一个现实真实的中国国家形象；另一方面也要通过中国文化与世界文化的相互沟通、相互视界融合来尽可能呈现一个相对正面的中国。在这个过程中，政治、经济与文化三要素协同合作，能够共同促进中国国家品牌形象的构建和维护。其中，政治、经济因素具有一定的强制性和不变性，但文化往往能够回避国家品牌形象认知方面的硬性差异，用更加柔软的方式塑造国家品牌形象。这种软性的文化塑造不仅更容易感染和影响人，而且往往也比特定的事件、人物更加持久，更加深入人心。所以，让政治、经济与文化形成硬软实力的融合拓展，对于国家品牌形象的塑造具有重要意义。

＊案例＊

2008年北京奥运会：国家品牌形象传播

从1993年开始，中国就走上了申奥之路，但在第27届奥运会的申请中以2票之差败于悉尼。1998年，北京再次递交申请举办2008年奥运会的申请书，于2001年国际奥委会第112次全会上，国际奥委会投票选定北京获得2008年奥运会主办权，北京成为2008年奥运会主办城市。算起来，中国申奥历时长达15年。

1. 北京奥运会概述

2008年8月8日，第29届夏季奥林匹克运动会在中国北京举办，上海、天津、沈阳、秦皇岛、青岛为协办城市，香港则承办了马术项目。共有参赛国家及地区204个，参赛运动员11438人，设302项(28种)运动，共有60000多名运动员、教练员和官员参加。北京奥运会共创造43项新世界纪录及132项新奥运纪录，共有87个国家和地区在赛事中取得奖牌，中国以51枚金牌居金牌榜首位，是奥运历史上首个登上金牌榜首的亚洲国家。

2. 北京奥运会口号

北京奥运会口号是：同一个世界，同一个梦想(One World，One Dream)。“同一个世界，同一个梦想”的口号体现了奥林匹克精神实质和普遍价值观——团结、友谊、进步、和谐、参与和梦想，表达了全世界在奥林匹克精神的感召下，追求人类美好未来的共同愿望。反映了北京奥运会的核心理念，体现了作为“绿色奥运、科技奥运、人文奥运”三大理念的核心灵魂的人文奥运所蕴含的和谐的价值观。也表达了北京人民和中国人民与世界各国人民共有美好家园，同享文明成果，携手共创未来的崇高理想；表达了一个拥有五千年文明，正在大步走向现代化的伟大民族致力于和平发展、社会和谐、人民幸福的坚定信念；表达了13亿中国人民为建立一个和平而美好的世界作出贡献的心声。

3. 北京奥运会吉祥物

北京奥运会的吉祥物为五位福娃，分别为“贝贝”“晶晶”“欢欢”“迎迎”和“妮妮”，把五个福娃的名字连在一起，会读出北京对世界的盛情邀请“北京欢迎你”。福娃向世界各地人民传递友谊、和平、积极进取的精神和人与自然和谐相处的美好愿望。

总之，北京奥运会的成功举办极大地鼓舞了全国人民的民族自豪感和爱国热情，这在很大程度上标志着国际社会对我国近年来政治、经济、文化等各方面成就的肯定和认可，国内外舆论一致认为北京奥运会的举办是我国进一步加快发展步伐、更好地融入世界的历史契机。根据前几届奥运会的经验，我国举办奥运会不仅能促进北京市城市建设、环境治理、经济发展等的显著改善，而且能在一定程度上带动我国整体经济的发展。北京奥运会对我国经济的促进作用固然重要，但它作为一个全球性媒介事件，对于我国国家形象的建构和传播的意义则更加重大。

4. 启示

2008 年北京奥运会提升了中国的国际声望，强化了民族认同感，增强了社会凝集力和整合能力，改善了社会风气，增强了政府的行政能力，加速了社会发展的进程。北京奥运会使中国日益自信，大国心态和风范亦得到塑造和锤炼。北京奥运会圆了中国的百年梦想，使中国更加自信，更加开放，更加进步。北京奥运会后的中国，更加致力于和平的发展、开放的发展、合作的发展，致力于同世界各国人民一道建设持久和平、共同繁荣的和谐世界。

奥运会作为一项全球性的综合体育赛事，由于其影响范围之广、涉及国家之多，对于举办城市乃至所在国家各方面的影响都是显而易见的，北京奥运会亦不例外。北京奥运会的成功举办，对于中国产生了重要的影响，尤其体现在对中国国际地位变化的影响上。北京奥运会使中国与世界的融合达到了前所未有的水平。奥运会大大加强了中国人民和世界人民的心灵沟通，增进了相互理解和友谊，扩大了中国与世界各国的友好合作。

奥运会的成功申办本身就包含着世界对于中国国际地位的肯定。而 2008 年奥运会的成功举行，使中国的国际形象得到巨大的提升，使中国特色社会主义的优越性得到充分的体现，带动了中国经济的发展，加速了环境的改善，促进了中国文化与异域文化的交流，更使得中华民族归属感得到了升华。同时，“奥运外交”的成功更昭示了中国的自信形象和大国影响。这些变化和影响从国际地位评判标准的三个方面都证明了奥运会在提升中国国际地位中的重要意义。

Dialogue on Branding 26

第 26 期

大国崛起——中国国家品牌形象的腾飞之路

Dialogue on Branding ▶▶▶▶▶▶▶▶

第 26 期
大国崛起——中国国家品牌形象的腾飞之路

【本期节目概述】

近年来，中国在国家品牌形象建设和传播上投入了很多，做出了很多的努力，也取得了很不错的效果。要讲好中国故事，传播中国形象。本期节目中，主持人晨辰和段淳林教授将会围绕这些问题来进行交流，从时间脉络上讲述中国在近些年做出的努力，以及在这过程中需要我们注意的关键点。

一、国家重视，系统传播

◎ 现在中国的国家形象已经和以前不太一样了，实际上这样的一个过程是不断积累和提升的。那究竟中国在这几年到底做出了哪些努力呢？

最近这十来年，从国家层面上可以看出，中国政府对中国国家品牌形象是非常重视的，也采取了很多的举措。包括学界做的研究，在有关国家品牌形象的研究方面，不管是一般课题、重点课题还是重大招标课题，都有非常核心的理念。我们也知道，国家品牌形象可以通过一些大型的国际事件进行传播，比如奥运会、APEC、世博会以及世界互联网大会等，包括我们在全世界各地设立的上百家孔子学院，以及一系列文化活动，都是在对中国国家品牌形象进行系统的传播。

我们所说的国家形象传播包括两个方面，一方面是我们的国民，对我们自身的文化或者价值观的认同，即我们说的文化认同。我们需要认同自己的国家、自己的文化和自己的价值观，需要对自己国家的形象做出正确的评价和认同。另一方面是国际社会的认同。我们现在更多地把传播重点放到了国际社会对中国国家形象的认知、认同以及评价的问题。2008 年北京奥运会是国家品牌形象传播的一个窗口，它通过丰富多彩的传统文化元素，向世界展示了一场最精美的文化大餐，让国际社会看到了中国和谐社会的和谐理念，以及人类对和谐的理想追求。它的传播口号是“同一个世界，同一个梦想”，这与我们的“和”理念是密切相关的，在这个层面上传播的国家形象，就会让很多外国人有耳目一新的感觉，因而当时媒体的评价也是非常高的。

2008 年之后就有了很多大型的传播活动，比如说 2009 年商务部拍的中国制造的广告片，目的就是让人们改变“中国制造是价低、质次”的形象。通过在欧美媒体上推出“中国制造，携手世界共同创造”的广告语，来改善国际消费者对中国产品的印象，最后也有学者针对广告的效果做了相关的研究，认为这则广告用事实说话，最终的效果还是挺不错的。在广告片中，我们可以看到美国的跑步者在林间跑步，跑鞋是中国制造的，耐克的产品是中国加工制造的，家庭主妇使用的冰箱是融合欧洲风格的中国制造产品，还有年轻人使用的 MP3，现在流行的苹果手机和电脑，都是硅谷的科技结合中国制造的产物。

同时，我们也可以从法国设计师设计的时装中看到“中国制造”的字样，这个广告的最终目的就是通过 30 秒的广告改变国际消费者对中国产品不好的印象，让消费者看到从运动鞋、家电、时装到大型客机，虽然没有出现任何一个国际知名的中国品牌，但中国制造一直是组成国际高端产品不可缺少的要素。同时，它也在告诉国人，从中国制造到中国创造，这其中的关键点就是要有中国自主品牌。

但那个时候，中国还没有什么知名的自主品牌，所以这个广告不是产品广告，而是把“中国制造”作为一个整体形象传播出去，去改变外国人对中国产品固有的低端印象，并且在最后告诉大家我们要从中国制造到中国创造，最终做出中国自主品牌，这一条思想路径是非常清晰的，因此这个广告也有比较好的传播效果。

第26期
大国崛起——中国国家品牌形象的腾飞之路

2010年的上海世博会，也是一个非常大的事件和契机。其实在之前我们看到在很多其他国家举办的世博会中，中国世博馆的形象都没有引起大家比较多的关注。但是在上海世博会上，我们可以看到中国馆不仅获得了中国人的认同，连各大国外媒体也给了很高的评价，都在赞叹中国人在设计方面的智慧和创新。我很自豪地说，首席设计师何镜堂院士就是我们华南理工大学的，他带领的团队在竞标过程里PK掉了所有的团体拔得了头筹，我们看到他设计的拱斗型的结构、中国红的色彩还有榫卯结构都是中国智慧的结晶，其中拱斗的寓意，就代表了国富民强的国家形象。

通过世博会和世博馆，还可以感觉到我们要传播的科技、产品、文化等方面的理念。世博会给我们提供了向国际传播自身的平台，具有具象的物的载体，比如说世博馆，这就是具象的符号化的载体，同时整个世博会也是提供给所有国际友人和中国人的展示平台，这其中就有软硬传播结合的概念。

2010年的广州亚运会也是一个传播的机会，当然从国家品牌形象整体来看，广州只是其中的一个点，它不能完全代表中国，但是它也是中国形象的一分子，在亚洲区域层面上也展示了中国南方城市的实力。

我只是从形象片传播的脉络上，包括一些关键性的大事件上来看中国的品牌形象传播和国家品牌形象的传播。2011年，我记得在纽约时代广场第一次播放了中国国家形象片，60秒的形象片里就牵涉到了代表中国各行各业的、杰出的、优秀的人物，比如刘翔、姚明、李彦宏，还有袁隆平、邓亚萍等人，通过50个有实力、有抱负、有追求而且非常成功的中国人形象来传播国家形象。选在被称为“世界的十字路口”的纽约时代广场来播放这个形象片，就是想让世界人看到中国人的成就与作为中国人的自豪。不管人们从专业的角度对这个宣传片的评价如何，但这至少让世界看到了中国从国家层面上开始做形象传播。

二、讲好故事，提升形象

◎ 如果别人本来就戴着有色眼镜去看中国，对中国产品一定会不信任，任何事情做起来肯定也是不顺利的，所以讲好中国故事，也是维护好我们中国形象的一种方式吗？

之前我们的传播方式中更多的是带有意识形态的宣传色彩，而“讲好中国故事”其实是把对方当成倾听者，双方之间是交流和沟通的平等关系。有一个新华社的记者讲了一个故事：杨洁篪外长在美国军事飞机闯入我国领空的时候要代表中国外交部发表声明，他没有用强硬的态度正面地指责美国侵犯了我国领空，没有用严肃的外交辞令，而是讲了一个故事。他说美国人最讲究私有财产，把美国军事飞机进入中国领空比作是自己在自己的屋子里看电视或者吃饭，突然外边开进来一辆汽车，这就是侵犯了我的私人领域和财产。通过这样形象的表达，能够让西方人很好地理解这种行为确实是侵犯了我国主权，所以我觉得讲好中国故事，意义是非常重大的。

我们从 2014 年北京 APEC 会议就可以看到，中国通过 APEC 这样的国际大事件，通过积极的亚太合作主张和丰富多彩的文化艺术展现又一次展示了中国国际形象，同时展示了中国不断增强的国家综合国力和文化的自信。说到文化自信和国际实力，这里有一个故事：APEC 会议有很多的国家首脑和总统来参加，当时中国纺织工业部和纺织协会准备征集国内 100 家自主品牌，无论是男装还是女装的自主品牌，来给参会的国家领导人设计服装。在之前国家方面没有专门地做过征集，所以就把这次征集当成重要的大型事件来做。当时，在筛选过程里有 10 家进入到了给国家领导人设计服装的团队中，其中一家是深圳的艺之卉时尚集团。设计服装，最重要的是要展示民族文化自信，习近平主席代表的也是在新的国际舞台上中国要展示的新的国家形象，所以这种新的国际形象就可以通过服装来展现，它既要有中国传统文化的元素，同时也要有国际的表达和国际的设计理念，这样的结合就代表着一种新形象、新发展、新的创新、新的时机等内涵。从这可以看到，新中装的设计理念，它传达的就是中国的风格、中国的气质、中国的气派，表达了中国自信的概念。

不仅仅是服装，还包括中国瓷器等，都是展示中国国家的综合实力和文化自信的契机，也非常好地传达了中国的品牌形象。2015年乌镇举办了世界互联网大会，乌镇这么小的地方，成为全球关注的点，而且世界媒体都进行了不同层次的报道，也成为中国在互联网科技领域里占据世界先机和创新制高点的传播平台。有人说，乌镇也成为一个被互联网改变的互联网小镇，但是我们觉得在今天这个时代，我们需要查事观风，发现大时代与小课题之间的关联度，那么这种关联度是什么呢，就是同频共振、命运关联。我们要知道大时代的趋势，同时把我们自己的个体置身在大时代洪流中，我们要找到属于自己的新的个性或者新的时代特点。所以说，国家品牌形象传播一定是要有系统工程和综合传播的体系的。

* 关键词解读 *

对外传播

对外传播是指一个国家或文化体系针对另一个国家或文化体系所开展的信息交流活动，其目标是要信息接收国了解信息输出国，培养其友善态度和合作愿望，并创造一个有利于信息输出国的国际舆论环境，取得最高程度的国际支持和合作。

在对象国的受众看来，不论具体的传播者是谁，也不论具体的传播内容是什么，所有对外传播的内容均被认为是代表输出国的观点。因而，对外传播的效果直接影响到一个国家的国际形象建构。具体到我们国家，我们的对外传播是为了增进各国人民对我们的了解、理解、信任和支持，树立和维护我国在国际上的良好形象，增进我国人民和各国人民的友谊，营造有利于我国社会主义建设和发展的国际舆论环境。

在对外传播中，我国的媒体应坚决维护国家利益，包括国家主权、国家形象、国家安全、政治信仰、经济利益、社会道德、文化传统等。另外，出于维护国家利益的需要，在对外传播中我们还要遵循“内外有别”的原则，根据不同的国际关系来确定传播内容，以便有效设置议题，引导国际舆论朝着符合我国国家利益的方向发展。同时，对外传播是一种跨文化传播行为，不同文化之间的碰撞是不可避免的，因而在对外传播过程中要跨越文化障碍，消除社会隔阂，增进彼此了解，这也是非常需要注意的内容。

具体来说，对外传播需要遵循最基本的两大原则，一是全面、客观、真实。只有全面的信息才能使受众形成公正的结论，片面的信息只会使受众得出片面的结论。信息的传递必须真实可靠，不能有任何的夸大或缩减，更不能凭空捏造，因为传播信息的客观真实度，直接关系到受众对传播者的信任程度。二是统分结合，把握重点。一个有影响的大国必定有稳定的核心价值体系，文化形态越是分散而多元，越是需要国家团结的统一纽带，以保证其核心价值体系的连续性和一致性。但是，中央和地方的对外传播也有一些区别和各自的侧重，国家层面与地方层面的公共事务的突出点是不同的，因而也就要求其以各自的重点对外进行内容辐射。

＊案例＊

2016年中国杭州G20峰会：国际大事件帮助世界认识中国

1. G20峰会概述

二十国集团(G20)峰会是一个国际经济合作论坛，于1999年9月25日由八国集团(G8)的财长在德国柏林成立，于华盛顿举办了第一届G20峰会，属于非正式对话的一种机制，由原八国集团以及其余12个重要经济体组成，其旨在促进工业化国家和新兴市场国家就国际经济、货币政策和金融体系的重要问题开展富有建设性和开放性的对话，并通过对话，为有关实质问题的讨论和协商奠定广泛基础，以寻求合作并推动国际金融体制的改革，加强国际金融体系架构，促进经济的稳定和持续增长。

二十国集团成员涵盖面广、代表性强，该集团的GDP占全球经济的90%，贸易额占全球的80%。G20的成立为国际社会齐心协力地应对经济危机，推动全球治理机制改革带来了新动力和新契机，全球治理开始从“西方治理”向“西方和非西方共同治理”转变。2016年9月4日至5日二十国集团(G20)领导人第十一次峰会在中国杭州举行，峰会主题为“构建创新、活力、联动、包容的世界经济”，这也是中国首次举办首脑峰会。

2. 杭州G20峰会意义

G20作为全球经济合作的主要平台，对中国来说是一个机遇。

第一，通过举办G20，中国积累了大量多边外交的经验。从2014年筹备到现在，中国深度参与全球经济治理，积极参与全球多边外交，特别是最高层次的多边外交，对中国来讲是非常宝贵的。杭州峰会是一个节点，但实际上中国实践多边外交是一个过程。峰会结束了，但是对中国整个社会来说，从政府到民间，在当中学到的、实践到的和积累到的参与多边外交的经验，包括如何设置议程，如何跟各个利益相关方沟通，如何去寻求共识以及如何去协调会议，随着时间的推移，这些经验的价值在峰会之后还会持续地、更明显地体现出来。

第二，中国在国际上的影响力通过杭州G20峰会更加集中和明显地展示出来。主办G20峰会，将我国的创新、协调、绿色、开放、共享五大发展理念，礼仪文明的大国形象，和谐稳定的社会环境，完美地展现在世界面前，同时我国与各个成员国之间开展的深层次对话有利于国家形象提升，有助于提高我国国际传播效果，提高我国对世界的影响力。我国通过G20机制，得以参与讨论一些重大国际规则的制定，能够更好地维护国家利益。主办G20峰会为我国参与世界治理、贡献中国智慧提供了非常好的契机和平台，更凸显了我国在世界经济和全球治理中日益提升的地位和影响力。

3. 启示

就像一个企业的品牌形象能带给一个企业巨大的经济效益一样，一国的国家形象也对其在世界舞台的竞争发挥着巨大的影响。随着全球经济一体化的发展，国与国之间的交往日趋频繁，国家品牌形象在国际交往中就显得尤为重要。良好的国家品牌形象要靠成功的对外传播来树立。对外传播是连接国家与国外公众的理解和支持，从而在国际社会中树立国家预期的国家品牌形象。

国际性大事件可以影响主办国的国家形象，从中国成功取得G20峰会主办权的时刻起，便成了全球媒介和舆论关注的焦点，同时这一全球性事件也对中国进行了“地位赋予”。比如，美国“阿波罗”号航天飞机成功登月事件使得世界舆论接受和认可美国的航天技术在世界上居于领先地位；我国成功申办奥运会也说明了国际社会对我国能力的肯定和信任，从中可以看出国际性或者是地区性大事件能帮助举办国扩大整体影响力，提升国家品牌形象。此外，全球性事件还可以帮助举办国改变外界对其固有的认知态度，这对一国国家形象来说具有重大意义。

全球性事件作为举世瞩目的文化表演和大众仪式，从举办之前特别是举办期间将牢牢地吸引大众的目光，占据大众的闲暇时间，并将在一定时间内改变人际、国际间的关系和态度，为全球关注提供一个“机械的团结”的时刻。国际性大事件的成功举办将是全球观众的一次情感宣泄体验，也是一次特别的集体记忆，它将成为永远的“电子纪念碑”，通过与它所反映的创伤或者与它所提供的满足的特殊性质相联系而活在集体记忆中。比如北京奥运会就成为全球观众的一次狂欢，一次酣畅淋漓的感情宣泄，也成为全球观众永远的集体记忆。北京奥运会留给世界观众的印象在很大程度上被认为代表了中国的国家品牌形象，甚至代替了对中国国家品牌形象的真实体验。像G20这样的国际性大事件在举办期间将压过其他一切对华负面报道的声音，当然这必须是建立在成功举办这一事件的基础之上，否则将会与传播良好国家形象的宗旨背道而驰。

Dialogue
on
Branding

27

第 27 期

万达没想到！ 原来你是这样的迪士尼

Dialogue on Branding ▶▶▶▶▶▶▶▶

第 27 期

万达没想到！原来你是这样的迪士尼

【本期节目概述】

上海迪士尼的开业，吸引了很多人的关注，当然也少不了万达集团的注意。王健林公开叫板迪士尼，宣称“上海迪士尼十年内无法盈利”。可是，这真的会如他所愿吗？迪士尼的目标只是为了获得经济上的盈利吗？在本期节目中，主持人晨辰和段淳林教授将会聊一聊这个话题，告诉大家迪士尼并不是我们想的那么简单，万达与迪士尼之间还存在很多的不同。

一、万达叫板迪士尼，这可能吗

◎ 首富王健林屡次在媒体上公开宣称，有万达在，上海迪士尼十年内无法盈利。这样的叫板，真的会如他所愿吗？

首先王健林作为中国首富，他说的每一句话或者动作，都是大家非常关注的。所以，“定一个小目标，先赚它一个亿”就成为网络上非常热议的一句话，似乎中国遍地是黄金，随便怎样都可以把钱拢到一起。这就是在跟迪士尼品牌的一场较劲，而实际上，我觉得首先从正向的角度来看，我们中国的主题公园品牌，或者像万达这种地产品牌，它使国内的主题公园品牌和国际品牌处在了一个正面交锋的局面，或者说正面竞争的平台上了，也就是说明中国的企业竞争力，或者是品牌竞争力提升到一定层次了，有一定的实力可以与国际品牌进行竞争了。

很多人说王健林哪里来的这么大的底气，敢和迪士尼这种全球最大的主题公园，或者说是做得最好的这样一个国际品牌叫板？我觉得不管有多少不同的评价，但从这个意义上来讲，我们可以说站到了起跑线上，这个底气在于我们有经济实力，我们有资本来跟你谈竞争，这是第一点。

第二点，就是从成本控制的角度来讲。上海迪士尼投入了 55 亿美元的高额资金，而且从 1999 年到现在，这样一个大跨度的时间成本也非常高。但是王健林说，从成本与投资的这种产出角度来讲，他投资建设的全国各地的万达能够快速地回收成本。也就是说，十年之内迪士尼投入的成本什么时候能收回来，在王健林看来这是一个未知数，或者说不容易马上看到效益。

第三点，他们之间的战略布局是不一样的。迪士尼所吸引的是全球的游客，迪士尼希望在上海也好，洛杉矶也好，或者东京、法国，其整个定位，它的运营模式以及它的目标人群，都是在朝着精品的方向和包容所有游客这个目标去做的。而万达的战略布局更多的是一种地方性的主题公园的开发，这种开发可能和地方的特色等结合在一起，它吸引的是地方人群，比如在广州的花都建这么一个万达城的话，它可能更多的是吸引广州或者广东省的人群，或者周边省份的人群，它的整个定位和迪士尼是非常不一样的。

所以，我觉得从这几个角度来讲，叫板这件事情可能从一个方面看到了我们中国企业成长的实力，但从另外一个方面来看，我觉得我们对像迪士尼这样的国际大品牌，更多的应该是一种学习的心态，因为它们的发展模式是非常成熟的。比如说迪士尼并没有仅仅盯在主题公园这一个点上，迪士尼注重整个动漫产业链的开发，它的商业模式，它的经营模式，它的运营模式，它的内容、IP 的开发模式以及它在全球所获得的这些粉丝经济，所有的东西都值得我们去慢慢学习。

二、迪士尼的竞争优势在哪里

◎ 迪士尼的竞争优势是万达一时半会儿学不来的，尤其是在软件设施上，在内涵层面上，是万达无法复制和竞争的。

无论万达建了多少个，都是硬件上的一个优势。硬件可以做得更好，可以开发，也可以复制，但是从软件设施上来说，它与迪士尼的商业模式、经营模式以及其他内容之间其实还有很大的差距。上海迪士尼的定位和开发，它一定是有一种要做精品的思路，所以它才能够从以前到现在逐渐地进行开发。我们可以看到，无论是它用的设备，还是它里面细节的东西，比如马桶或者一些服务设施，全是全球顶级的品牌，这些是在硬件上的优势。迪士尼最主要的优势还在于主题公园这种软性的服务上，它给人带来的不仅仅是快乐，不仅仅是大家在一起的这种愉快的氛围，更重要的是你排再长时间的队，进去以后才发现好奇之旅才刚刚开始，所以它最重要的是，开发人的好奇心，开发人对所有事物的体验，这一点是非常厉害的，这是第一点。

第二点就是精品的定位。我们可以看到，迪士尼从来没有在一个国家全面开花，或者在全球全面开花，上海迪士尼是全球第六个迪士尼主题公园。在迪士尼主题公园这个产业链里面，最主要的就是我刚才说的“奇妙”，对于用户的体验来说是奇妙之感，这可以从所有的服务者或者软性的服务人员身上看出来。服务人员除了要做好他的本职工作，还有一个非常重要的职责，就是帮中国人照相。这是因为迪士尼的运营方发现中国人特别爱照相，所以不管你在哪一个出入口，服务者看到一群中国游客时，都会马上放下他的工作，主动说我帮你照相吧。这只是其中的一个细节，体现出迪士尼在不同地方的不同定位和不同特色，这也可以体现出它对软性服务商的要求是非常严格的。

第三点，我觉得迪士尼给人们的一种感受，就是不要仅仅把它看成一个主题公园，它的重点不在于它的硬件，更在于它的软件，在于内容为支撑，对软件的深耕和精心的打造、精心的开发和精心的运营。这一点是非常非常重要的。比如说我们去玩以后，很多人看到狮子王、米老鼠和唐老鸭，看到这种形象，听到这里面的每一首歌，都会印象深刻，导致很多人玩完以后，再听到这个歌曲的时候，都会激动甚至号啕大哭，在一个人的成长过程中，他不仅仅会看到迪士尼的动漫形象，可能更多的熟悉的歌声和生活的体验打动了他的心灵，触动了他的感受，触到了他心里的体验。

三、迪士尼的文化内涵是无法复制的

◎ 迪士尼的 IP 内容，不是简单的复制加工，而是经过深耕而来的。整个文化产业链是其独特的优势所在，是精品理念的真实体现。

我们从这个产业链上来看，迪士尼的这个整体作为一个动漫产业，它的产业链条非常健全，它是依托在好莱坞文化这样的一个背景下的，它的所有的以动漫产品为主的 IP 内容，都是用心深耕开发的。比如《狮子王》，它的整个创作团队为了开发这一项目，就跑到了非洲观察狮子半年之久，包括狮子的生活习性，它生活的群体关系以及和其他成员的关系，还有狮子和其他动物之间的关系，观察完了才回来开始创作，之后才有了《狮子王》这个作品的出现。

前期除了时间成本的投入，它还花了差不多一亿美元来进行开发和创作。开发完后，很多人就说，这么好的作品出来了，怎么去运营呢？迪士尼不是仅仅把这看成是一个我们所说的动画作品，它是高度重视的。所以后续在市场和运营上的投入，甚至比前期开发的投入还高。也有人说，迪士尼本身就有华尔街大量的投资人在投资，在整个的资本投资和运营层面，已经非常成熟。

虽然现在国内的主题公园品牌也逐渐地有了这样的一些投资，但是像万达、长隆想单独引入大量的资本投入，跟美国华尔街的投入相比还是有点差别的。从大制作、大投入、大资本的运营，大的整体传播最后到精品的出现，迪士尼站到了整个动漫产业以文化支撑为核心的金字塔的顶端，然后我们才看到它的衍生产品。

第 27 期

万达没想到！原来你是这样的迪士尼

迪士尼 IP 的衍生产品的开发，就是从金字塔的顶端到底端的产出模式，迪士尼乐园只是呈现所有奇妙体验的金字塔底部，就是告诉你主题公园这个承载物，承载了所有内容的、文化的衍生物。这是其整个产业的延伸，是非常健全和完善的。主题公园承载的就是一个形象，一个是所有的作品的承载，另一个是形象的展示，还有一个就是让大家有实实在在的体验。迪士尼就是通过内容的开发、文化的切入，还有理念的传播，让大家有一个深刻的体会。

从文化到产业的这个角度，就是大制作、大投入，再到产业链的延伸，迪士尼最大的竞争优势就是 IP 内容的开发优势。第一是速度快，因为它的理念越来越成熟，运营机制越来越完善；第二是它把原来的 IP 内容进行二次开发。比如我们看到的动漫作品开始有了真人版，迪士尼从来没有把动漫定位成儿童的东西，它觉得家庭所有成员都可以来体验，在影响儿童的同时也影响成年人，也影响一个人成长的过程，这就是它的优势所在。

从根本上讲，它上升到了一种文化作品的层面。迪士尼被称为 Wonderful Land，它带给人们的是跨越国际、跨越文化，而且能触动人的心灵的体验。所以，我觉得，虽然我们有自己本土化开发的模式，但是王健林说的这种中国模式，其实是先产业后文化的方式，可能在竞争水平上还是有所欠缺的，因为文化层次的东西才能深深地让人获得一种高度的认同感，在这方面，我觉得我们要走的路还很漫长。

* 关键词解读 *

IP

IP 是英语“Intellectual Property”的缩写，直译为“知识产权”。现在通常所说的 IP，广义上来讲是指那些被广大受众所熟知的、可开发潜力巨大的文学和艺术作品。IP 的形式多种多样，既可以是一个完整的故事，也可以是一个概念、一个形象甚至一句话，可以应用于音乐、影视、游戏等多个领域。美国迪士尼公司即是运营 IP 的成功典范，依靠米老鼠等广受欢迎的形象 IP，衍生出主题乐园、玩具、服装等多种产品，收益远超电影本身。

一个具有可开发价值的真正的 IP，从 IP 的表层到核心，可以分为呈现形式、故事、世界观和价值观四个层级。前期开发的层级深度决定了作品的价值，也决定了作品是否能成为真正常青的 IP。

第一层表现形式和流行元素，是 IP 的最表层，对观众来说是最能直观感受的层面。比如中国风，国内作品并不缺乏大批武侠、功夫、清宫、唐服等流行元素，再比如蒸汽朋克、星际、科幻等流行风格。形势和表现元素是来表达故事的最浅层的工具，但并不是最关键的 IP 引擎。第二层是故事，故事的重要性不言自明，好故事难以驾驭但也有章可循。然而，故事引擎也只是推动 IP 的一种工具，只关注故事的讲法，也相当具有局限性。故事是人物在特定情景下的经历和选择，本身会受文化环境、时代背景以及媒介性质所限，难以跨越时间和空间。第三层是推动故事发展的普世元素，指人物对世间美好事物的追求，比如爱情、亲情、正义、尊严。这一层开始进入到注重核心的作业方式，即开发 IP 深层内核。普世元素区别于现在大家开发 IP 时所强调的故事中的世界观，即对于环境和框架的构造。普世元素是跨越文化、地域、时代的。美国好莱坞的作品能在全世界得到认可就是因为对于普世元素的把握。普世元素和人性息息相关，不论生活在世界哪个角落的人都有共性。把握好这些共性才能保证作品覆盖最大面积的观众。第四层是价值观，是 IP 最核心的要素。风格选择、人物设定、故事发展等都是可被替换的因素，真正的 IP 有自己的价值观和哲学，不只是故事层面的快感，也不是短平快消费后的短暂狂热。多样的价值观针对不同类型的人群，可以使得不同观众产生根深蒂固的认同感，不仅仅具有传播广度，更具有传播深度。这些人类普适的价值观和哲学，可以跨越文化、政治、人种、时空，跨越一切媒介形式。由此，超级IP通过价值观的沉淀对全球观众产生了审美影响和文化层面的持久影响。

文化产业是内容产业，重视IP说明业界已认识到内容质量的重要性，但也要看到IP开发是一个长期过程，不能急功近利。构建健康的IP生态首先要继续鼓励原创，只有越来越多的原创作品进入市场竞争，才能优中选优，提升IP的审美价值。但同时也要在法律层面加强监管。在IP的“老树”上开出“新花”，通过影视产业与文学、动漫、游戏等领域的跨界融合进行模式创新，创作出不同业态的精品，丰富IP内涵、提升IP价值，从迎合消费需求转为主动引导消费需求，这是IP开发持续健康发展的必由之路。

＊案例＊

阅文集团专注文学IP运营

阅文集团由腾讯文学与原盛大文学于2015年1月26日正式组合成立，集团职能为统一管理和运营原本属于盛大文学和腾讯文学旗下的各项品牌。集团旗下囊括起点中文网、创世中文网、红袖添香、潇湘书院、云起书院、榕树下、QQ阅读、中智博文、华文天下等18个网文品牌，已经成功输出《步步惊心》《鬼吹灯》《盗墓笔记》《琅琊榜》等作品。截至2016年2月，阅文平台注册用户已超过6亿。

阅文集团立足于网络文学业务，利用自身的内容储备、作家作品、跨终端产品等优势，与游戏、动漫、影视等跨行业的泛娱乐业务进行了很多的IP合作与联动。据统计，阅文集团旗下拥有1000万部作品，覆盖200多种内容品类，囊括了90%的IP改编市场份额。

1. 盈利模式

集团主要的盈利模式包括三种：一是付费业务，原创文学网站实行付费阅读制度，由于网站作品数量庞大，根据“长尾理论”，即使是小众作品，也能产生庞大的收益；二是版权业务，阅文集团实行全版权运营模式，版权背后的本质是商业模式，全版权开发运营的模式将成为未来网络文学产业的主要发展方向，有利于形成“泛娱乐化”产业链，推动网络文学价值的重新释放；三是广告业务，包括文内高显广告和网站页广播，文内高显广告主要依靠作者在文中植入品牌广告，而网站页广告根据页面的不同收费不同，首页费用较高。

2. IP 运营

IP 运营在国外发展多年，形成了系统成熟的运营机制。在国内，以 IP 为核心的泛娱乐产业链正在形成，整个行业快速发展。在美国和日本，通常是以漫画作为最初内容源头；在国内，目前以网络文学作为主要的 IP 内容源头。

阅文集团的 IP 运营策略主要分为四种，即内容运营、全渠道运营、作者运营和产业链运营。

具体来说，内容运营是利用明星 IP，串联整个产业链，获得深度开发和衍生开发的效益；利用大数据推荐系统和自适应阅读推荐系统，为新作品和未受到关注的作品寻找读者和机会；积极引入正统文学作品，大量推进优秀文化著作电子化，提升阅文平台的整体文化调性。作者运营是以“作者明星化”模式为中心，从各个方面管理作者群体。具体包括作者签约机制、中小作者激励机制、“大神”作者造星机制、原创作家等级体系，等等。

全渠道运营包括阅读渠道和硬件渠道两种，数据显示，阅文集团 PC 端渠道市场占有率达 70%，移动端渠道 2015 年超过 10 个，QQ 阅读日均覆盖用户数行业内第一。同时，与多看阅读、搜狗阅读等移动渠道的合作，也帮助阅文集团进一步拓展内容分发渠道。此外，研制更符合中国人阅读习惯的电纸书，则是在硬件上的补充方式。产业链运营则是把控好网络文学的主业，通过投资、运营、合作等方式与专业的影视游戏制作公司合作，共同开发、共同获利，实现整个产业链的共赢。

3. 运营效果

以《琅琊榜》为例，该作品是海宴创作的架空历史类权谋小说，有“起点中文网镇频之作、九界文学网最热点击”之称，后被山东影视传媒集团改编、出品成电视剧《琅琊榜》。

《琅琊榜》开播后收视率未达预期，在0.4%、0.5%左右，然而随着该剧在社交媒体上的热度不断上升，依靠口碑实现逆转，在播出37、38集时，CSM50城收视率为北京卫视1.044%、东方卫视0.897%，首次破1%。与此同时，该剧日均网播量稳定在20000万以上。除了收视率，该剧百度指数同样呈现持续上升曲线，并以20.6亿的阅读数居影视类微博热门话题首位。但其中也出现了令人意想不到的事情，该剧在韩国播出后反响一般，文化上的差异使得异国传播效果大打折扣。

4. 启示

首先，作为一种知识产权，IP提供方需要从立法、行政、行业、企业、技术、公众意识等多个层面寻求版权的保护，打击盗版。只有版权权益得到保障，才能实现经济利益与社会利益的共赢。

其次，IP拥有者应当积极构建全版权开发产业链条，建立大渠道原创聚合平台，利用各种渠道资源与优势，扩大用户覆盖面，升级原创生态系统，实现创意发布、与读者交流互动、商业合作等功能。

最后，IP品牌在持续的改编和运营中可以得到丰富和延展，其所代表的价值观会得到深化和强化。同时也要求IP运营要有与时俱进的改编观念，跨媒介作品的推出节奏要相互配合。综观美国的电影、日本的动漫、韩国的电视剧，优质IP走出国门的重要性不言而喻，但要注意文化差异、多元化制作理念和面向世界的渠道推广。

Dialogue on Branding

28

第 28 期

迪士尼会让王健林轻松赚到一个亿吗

Dialogue on Branding ▶▶▶▶▶▶▶▶

第 28 期
迪士尼会让王健林轻松赚到一个亿吗

【本期节目概述】

迪士尼的定位与眼界，是目前的万达所没有的。动漫产业链的完整模式，与万达的差异化、特色化是不同的，两者之间的发展方向和理念各不相同。万达想与迪士尼在同样的层面上竞争，需要往什么方向发展？迪士尼有什么是我们可以学习的？本期节目中，主持人晨辰和段淳林教授将会围绕这些问题来进行讨论。

一、迪士尼的全球视野与高端定位

◎ 王健林认为迪士尼选址在上海很有问题，天气冷了会影响室外项目的开展，所以主题公园一般都会选在暖和一点的地方，那么，迪士尼是出于什么样的考虑呢？

其实从它在香港和上海的两个选址就可以看出，它不是仅仅就中国这个区域来考虑的。比如说，香港虽然小，但它是国际化的窗口；上海在中国是国际化程度最高的城市之一，仅就上海这一个区域就能比肩大部分小国家的人口，并且它处在中国比较枢纽的位置上。所以迪士尼其实是从全球化的视野来思考，更多的是考虑它在国际竞争中的地位，旨在吸引全球的游客，使它成为游客最向往的一个地方，成为最具标志性的主题公园。

原来我们去上海，就是去人民公园，别的就没有什么了。那么现在迪士尼落户上海，对上海整体品牌形象的提升也有很大的促进作用，上海本身作为全球知名城市也为迪士尼做了宣传。关于气候问题，我们可能觉得冬天时室外项目会受到影响，但是在雪中进行活动是否也有一番探险感、刺激感和奇妙感呢？也许迪士尼考虑到了这一点，人们也许并不会因为天气寒冷而止步。从开业后的两个月来看，每个月都有 1500 多万元的收入，而且人流量都超过了100多万，这其实也是大大突破了人们原有的预期的。人们原来认为香港已经有了迪士尼，那上海这个也许就没有很多人会光顾，但是内地的人到香港多多少少还是受限的，而去上海是很方便的，无论是带着孩子或是工作之余，过去都是没有问题的。

而在运营管理上，日本的环境和上海是不一样的。日本本身的一些运营的理念能够和国际化的管理文化快速接轨、融合，能真正地让迪士尼实现管理本土化，这样它也就节省了人力成本。但在中国，迪士尼可能需要两到三年甚至更长的时间，在保证乐园原有的规范的情况下去带出一个本土化的团队。很多人说它是不放心中国的团队，而到目前为止这个问题确实是存在的。因为迪士尼的运营是很成熟的，有一整套的东西，而本土化则需要一个逐渐接管的过程。在未来可能会实现逐渐本土化，但一进入中国就全部使用中国团队来管理的可能性是不大的，毕竟迪士尼还是需要成熟、完善、规范化的运营管理，那么这最起码就需要一段时间让他们把这些理念带进来。也有人说迪士尼的本土化很生硬，一些列车上的植入广告非常突兀，但如果只有中国的团队参与这种情况只会是更严重的。迪士尼这么有名的品牌全都被植入广告淹没了，或许人们认为这样可以带来盈收，但在外国人的观念中，只要你的经营理念不符合他们的观念，那么他们宁愿不赚钱也要保持自己理念的核心地位和传承，不然就会是面目全非了。

从总体上你就可以看到，从选址到外国管理团队，再到高消费，其实迪士尼就是想做一个高端的品牌定位，是和其他的主题公园不一样的，是代表着全球主题公园顶级的品牌的，所以它也不希望任何一点东西去拉低其品牌形象。

二、万达城何去何从

◎ 迪士尼与万达之间有很多不同，万达想要与迪士尼长久竞争，该往什么方向努力呢？

迪士尼走的是精品战略，它不是王健林做的区域化、本土化、大众化的概念，这完全是两种不同的运营模式。万达没有一个核心主题，它的主业是院线，比如万达影城引入很多国际IP的电影等，但能不能买断产权还是未知数，它自己原创IP的内容有多少，这种原创的内容能不能支撑它的主题公园，这也是一个未知数。但如果能做到这样，那它就和迪士尼有点接近了。但就现在来看，王健林显然是不愿意走这个路线的。他是走差异化路线，是想把中国不同区域文化的亮点挖掘出来，在万达城里展示，所以万达是没有核心主题的，而是突出了地方性、本土化、区域性的特点。

这样的路线也是有优势的，就是每一个地方的亮点都是不一样的，是当地文化和万达城的一个结合，这种商业模式或者说差异化的特点，也能走出有自己特色的路来。如果它像迪士尼一样走精品路线，就没有竞争优势了。

我们说IP内容要深耕，但是现在的产出速度是越来越快，电影的产量越来越多，而且几乎每次都有爆品，所以在这点上想要做好是非常不容易的。我国现在主题公园的硬件够好了，但最缺乏的还是内容深耕的创意和制作。因此，创意产业的人才培养还是很重要的。

三、搭建动漫文化产业链是关键

◎ 中国动漫产业的发展还不成熟，很多都局限在某一个环节，也没能够从最根本的文化层面开始做起，这是我们需要转变的一个观念，也是我们同国际品牌之间的差距。

前段时间我去了乐高的主题公园，它在全世界也有六家，而在发源地丹麦仅仅只有一家。乐高也是做精品概念的，理念是Play Well，它超越了积木是儿童玩具的局限，而形成了整个文化创意产业，并且是基于开发人们的创意创新思维的培养模式的。所以从这个意义上来讲，我们中国的主题公园的开发，比如长隆动物园，怎样从产业上升到文化，我觉得是比较难的过程，我们从硬件到软件的开发和发展过程中，要走的路还非常的长。我认为，不管有多少钱，都是作为资本投资，是短平快的；但是真正的文化产品的开发运营到未来发展是需要周期的，是需要出精品的。这种软实力的东西我们似乎短时间内看不到投资回报，但它是支撑品牌企业长期持续发展下去的最根本的东西。

我曾接触过动漫产业的一些人，他们就认为我们中国的动漫企业不可能像迪士尼一样有大量的投入资本，我们只能从最小的做起，先做延伸产品等一些周边内容，再进行核心的IP内容的开发。所以在未来的发展中我们要转变观念，我们的文化产品要全身心地打造，内容要深耕，要加入粉丝经济的特点，而且要追求触动人心，真正地将其当成精品来做。我们现在还没有形成完整产业链的竞争，还停留在主题公园或者某一个环节上，如果就主题公园的竞争来单方面地看，视野就显得太窄了。

主题公园更重要的还是消费者的体验，这种体验不是我们说的快乐的体验、玩的体验，而是它清晰定义的奇妙和探险的体验，不断地有惊奇出现。迪士尼并不像王健林说的那样傻，为什么迪士尼总是能够出精品，包括今年上半年的《疯狂动物城》，大家都说它是一部伟大的动画作品，它创造了一个新的动画世界，不仅孩子爱看，大人也非常追捧。所以关于王健林所质疑的为什么迪士尼的高层管理不交给中国团队，为什么选址在气候不利的上海等，是因为迪士尼不仅仅是在考虑盈利，它放眼的是更加广阔的前景。

* 关键词解读 *

品牌运营

1. 品牌经营概念

品牌经营(Brand Operation)，是指将企业利用品牌这一最重要的无形资本，在营造强势品牌的基础上，更好地发挥强势品牌的扩张功能，促进产品的生产经营，使品牌资产有形化，实现企业长期成长和企业价值增值，它是从产品经营、资本运营发展而来的。

品牌运营，其实就是研究怎样利用知名度高的品牌效应，扩大自己企业的市场占有率，取得更好的经济效益和社会效益。一般来说，品牌运营，往往是把社会效益放在第一位，经济效益放在第二位，但无论哪一种品牌运营，最终肯定还是要落脚到经济效益上来，区别仅仅是取一时之利，还是取源源不断之利，是把钱放在第一位，还是把市场放在第一位，实际上这恰恰是一个企业是否成熟的标尺。可以说，品牌运营得好，可以起到以一当十的作用；品牌运营得不好，会落个赔了夫人又折兵的残局。

品牌运营与产品经营是不同的，品牌运营与产品经营代表着企业两种不同的经营哲学，两种不同的思想观念。品牌运营比产品经营更贴近消费者，更能满足消费者较高层次的需求。产品是工厂所生产的东西，而品牌则是消费者所要购买的东西。在完成购买行为时，消费者首先是看品牌在他们心目中是否留有位置，其影响着购买行为的权衡决定，消费者选择某种产品的理由就是某种品牌给他带来的独有的精神感受。一件产品可以很容易地被竞争对手模仿，但一个成功的品牌则是独一无二的。产品很快会过时落伍，而成功的品牌则是经久不衰的。

2. 基本分类

品牌运营可以分为单一品牌运营和多品牌运营两种类型。单一品牌运营战略就是指企业在其所生产经营的产品上冠以一个相同的品牌名称，企业用同一品牌传递企业统一的运营理念，进行市场竞争。这种战略模式的突出优势在于能有效地将企业有限的财力集中于单一品牌的塑造上，它的产品、传播和其他所有的行动都对品牌声望贡献良多，因此可以产生强大的品牌杠杆力，有利于消费者迅速认识新产品和对新产品产生信任感，也有利于企业准确地传递企业理念，塑造优美的企业形象，壮大企业声势，培植企业的核心竞争能力。

多品牌运营战略是企业发展到一定水平，积聚了相当实力的情况下，为开辟新的市场经常采用的一种运作模式，是指企业在共同的运营理念指导下，通过市场细分和市场定位，赋予不同细分市场的产品不同的品牌，并依一定的目标确立合理的品牌结构，进行合理的品牌组合，以便企业规范有序地参与市场竞争的品牌运营模式。P&G公司、可口可乐公司等就是成功实施多品牌运营战略的典型代表。

＊案例＊

乐高：专注品牌经营打造差异

乐高公司创办于丹麦，至今已有80多年的发展历史，创始人是奥勒·基奥克(Ole Kirk Christiansen)。商标“LEGO”的使用是从1934年开始的，出自丹麦语“LEg GOdt”，意为“Play Well”(玩得快乐)。

1. 发展历程

从20世纪30年代到90年代，乐高经历了从诞生到顶峰的过程，在这期间推出了很多具有很大影响力和传播度的玩具积木单品与套装。其中，乐高人仔的出现让乐高游戏系统不仅能够更大范围地扩展和兼容，更重要的是让乐高有机会打造出一个世界，由于人仔和主题的出现，乐高成功地将叙事和角色扮演融合起来，使概念中的游戏系统最直观地以产品形式呈现出来，创造出一种令孩子身临其境的拼砌体验，孩子们的游戏体验感直线飙升，并直接引发了乐高的急速扩张。乐高对体验感的把握让其无意间窥视到游戏产业的核心，这条原则伴随乐高经历低谷与高峰，并成为进入21世纪后乐高对抗互联网时代跨领域竞争对手的利器。

然而，进入20世纪90年代，当乐高的销售额达到顶峰时，已开始分不清销售额的增长与成功的区别了，乐高开始变得自满、得意并且保守，同时面对技术与文化快速演变驱动下儿童生活中日新月异的变化，乐高也已显得有些力不从心。在1995年到2004年期间，由于企业转型过程中的用人失误，乐高的转型出现了各种问题与失败，且一度濒临破产，最终还是靠代理“星球大战”等电影产品才起死回生。

2. 企业转型

2004年，克努德斯托普接任乐高集团CEO，提出回归公司的核心理念——创造力(Creativity)、乐趣(Fun)和品质(Quality)，专注公司优势业务——拼搭玩具制造，坚定执行公司的“环球瘦身计划”(World Wide Fitness Programme)，并打出了削减成本、更新观念、专注核心、返璞归真的组合拳，控制业务的复杂性，明确核心业务，开发更大的受众群。

克努德斯托普颇为推崇对创新过程的控制，以降低业务的复杂性。在供应链方面，他废除了布拉格曼时期增添的许多独特的积木零件，将乐高积木的基本单位种类从1.29万个减少到7000个，以此鼓励设计师更好地发挥其创造力，最终决定将积木回归到内部生产，以确保品质。2005年克努德斯托普将乐高主题公园以8亿美元的售价外包给合作伙伴黑石集团所投资的默林娱乐集团经营，并出售了其中的度假村，乐高在主题公园的新公司中占有36%的股份。同时，乐高退出了大量衍生业务的直接经营，转为IP授权，缩小经营半径，乐高经典系列产品线陆续回归或者恢复原状。克努德斯托普开始毫不留情地给集团减负，一次性辞退总部比隆工厂约1000名工人，另将乐高的基础制造部门全部外包到人力成本更低的捷克。

事实证明，克努德斯托普的“冷酷”为这家老牌企业削减了很多不必要的成本，帮助他们更加专注于核心产品的经营。另外，克努德斯托普也并非独断专行，他承认凯尔的想法很有远见：“如果完全失去对主题公园的控制力，我们就丢失了一个宣传品牌的最好阵地。”如今在德国、英国、美国与马来西亚都建有乐高集团修建的大型乐园。2005年，乐高止住了收入下滑的颓势，营收达到70.5亿丹麦克朗，盈利5.05亿丹麦克朗，公司转危为安。

3. 启示

品牌与企业在进行经营时需要专注，战略选择与扩张同样需要专注，不要超越能力边界做事。过多的选择反而不利于创造新的文化体验，少即是多。只有将公司有限的资源都用在某个领域，不再让创意人才分心研究过多产品，才能够生产出更多赚钱的产品投放市场，这样的思考逻辑非常符合多年来企业战略界的主流思想。

同时，品牌经营要有自己的节奏，要尊重客观规律，要有自己的价值主张，在创新过程中企业必须随时审视文化产品是否与自身的价值主张相吻合。在如今这个互联网冲击实体经济的时代，体验化、社交化、开源性、系统性、满足人性，以及具有社会责任感的核心理念和价值主张依然能够使文化创意产业以一种不同的形态傲立于汹涌的产业大潮中并稳稳占据自己的一席之地，竞争的核心依然是企业家、战略选择、组织形态、企业文化等经营管理要素。

Dialogue on Branding 29

第 29 期

美日动漫凭什么霸占我们的童年

Dialogue on Branding ▶▶▶▶▶▶▶▶

第 29 期

美日动漫凭什么霸占我们的童年

【本期节目概述】

从《米老鼠》到《疯狂动物城》，从《哆啦 A 梦》到《火影忍者》，这些跨越时代的动漫作品，大多来自于美国和日本。本期节目，段淳林教授将解读美国和日本的动漫产业有哪些特点？为什么总能生产出风靡全球的动漫作品？

一、日本动漫的产业模式

◎ 沿着之前说到的内容，我们继续来讲述全球主要几个国家动漫产业的发展阶段和特征，看看它们是怎样的呢？

我们认为动漫产业经历了 1.0 时代、2.0 时代和 3.0 时代。上两期讲的以美国迪士尼主题公园为主的这种，我们称为美国模式，也是动漫产业 1.0 时代。1.0 时代的特点明晰，就是依托于好莱坞的电影产业、电影文化，通过大制作、大投入、大运营做精品模式，最后以主题公园的方式呈现。在主题公园的基础之上又衍生出产品，比如迪士尼的服装、漫画和食品，迪士尼与其所有衍生产品共同形成一个产业链。

今天我们重点讲日本的动漫模式。其实我不研究动漫，但是我觉得动漫产业的发展也牵涉到内容产业，特别是数字内容产业。所以我们也要看它的内容产业发展路径，这在未来非常重要，数字内容产业也不是凭空来的，那么它是怎么走过来的呢？

日本的动漫产业，我们称为动漫 2.0 时代。日本的动漫产业分两种，一种是漫画产业，另一种是动画产业。漫画产业就是先把漫画作品创作出来，然后通过出版商短篇连载作品，包括《龙珠》《火影忍者》《哆啦 A 梦》《名侦探柯南》，有时一年连载五六十期。之所以选择短篇连载，是因为如果市场反映很好、发行量很高，就会继续连载；连载的过程中如果作品不受欢迎了，它就马上停止出版。这种方式给我们的启示是：虽然作品创作的过程是连续性的，但它是以用户为导向，以读者为导向的——如果读者喜欢它就会不断连载，读者不喜欢这个作品就要被淘汰。

二、成年人也爱看的动漫作品

◎ 以内容为核心的日本动漫之所以能够成功，跟它的定位有很大关系，而中国在这一块还是有欠缺的。

日本的精品动漫作品并不是说只能儿童看，大人也可以看，它的很多作品其实是非常成人化的。当一个作品成为精品、受到欢迎，才会从漫画变成动画，制作成电视电影，开始新一轮的传播。动画作品分两种，一种是像宫崎骏这样的创作人创作的作品，从人物的塑造到故事的演绎，都是通过长时间的积累产生的，是精品的概念。但是现在受市场的导向，很多人说动漫作品也不能不赚钱，所以另外一种就是短平快的方式，为了吸引眼球、博得投资人的喜欢，比如说日本的电视台 NHK、TBS，它们作为投资方，需要动画投资带来回报，所以这个时候就开始迎合市场的需求，就会有一些血腥、暴力、吸引眼球的东西出现，去解决他们所谓的生存问题或者满足投资人的要求。所以我们看到，日本动漫产业以出版为基点，形成了一个完整的产业链。

有人说日漫的读者分为女性读者和男性读者，比如《樱桃小丸子》偏向女性，《名侦探柯南》更受男性喜欢，男性里面也分面向儿童和成人的。跟市场对接的时候，日本没有把动漫产业作为一个儿童的产业来确立。

这一点对中国动漫也是有启发的，有一次我和《喜羊羊与灰太狼》的作者探讨，他为什么会创作这样一个作品。他说他在美国待了十几年，回到香港以后想做儿童服装，很多人建议他如果想让自己的儿童服装一举成名，最好是有一个形象物，有一个大家喜欢的卡通形象，类似史努比，然后你再卖服装。所以他把自己关在花园酒店一个月，把喜羊羊这个形象创作出来了。他没有想到他的服装没有大卖，但是喜羊羊这个形象大家特别喜欢，于是风投开始找他投资。但整体来看，喜羊羊还是比较适合儿童看的，它的定位就是儿童，不像美国和日本的动漫，成人去看也会觉得很有意思，这也是中国动漫发展受限的一个地方。

作为喜羊羊的创作者，赚的钱并不是太多，反而是在品牌授权的过程中，比如授权给蒙牛甜筒、维达纸巾，得到授权的品牌赚了很多钱。同样是维达纸巾，印有喜羊羊形象的产品比没有印的赚钱更多。但是中国动漫界没有像日本动漫一样，把IP作为一个核心，今天这些就叫作内容商业、内容红利、内容货币，甚至黄升民教授还提出内容银行等概念，在那里面提及中国动漫产业进入了3.0时代。

三、互联网时代的新挑战

◎ 互联网时代给动漫产业的发展带来了新的挑战，中国需要进步的地方还很多，美国、日本的动漫也有很多值得借鉴之处。

日本非常注重IP商业盈利的方式。如果是精品的、儿童成人都喜欢的作品，他就像剥洋葱一样一层一层地衍生产品，把内容运营成一个商业帝国。通过内容获得红利，包括内容货币和内容银行，把内容当作取之不尽的银行一样，但前提是你的内容是非常精品、受欢迎的东西。而短平快的东西，大家会觉得导向不对，但这又是资本的要求。日本动漫的模式很清晰，一种是精品模式，一种是短平快。

日本动漫产业是高度竞争、高度市场化的，同时又有非常完整、非常成熟的模式。目前日漫产业也受到一些挑战，比如说从动漫到网游、手游的转化的挑战，也要求它们做出一些能够和用户不断互动、沟通的作品，这样来说日本也就进入到我们要说的3.0时代。3.0时代就是互联网背景下动漫产业的发展路径，比如说腾讯，有1万亿的市值，广告盈利只占其中7%~8%，而70%的盈利都来自游戏。

今天我们讲的是，日本的动漫模式为什么会受到挑战？因为人们的阅读方式发生变化了，人们不太阅读书籍了，所有纸质版作品的发行量都在下降，所以日本动漫产业的挑战也是在面对互联网的冲击。

但是，不论是美国迪士尼这种产业模式，还是日本的这种创作者、出版商、投资方、运营方合作的模式，都对我们有借鉴意义。中国还没有形成完整的动漫产业链，在这一方面还是很不成熟的。尽管我国互联网发展非常快，PC游戏和手游在全球都处在非常领先的地位，但是离开互联网，形成院线，形成衍生产品，并且能够代表主流话语、传递主流价值观的动漫产业其实还没有完整形成。

* 关键词解读 *

动漫产业

动漫产业，是指以“创意”为核心，以动画、漫画为表现形式，包含动漫图书、报刊、电影、电视、音像制品、舞台剧和基于现代信息传播技术手段的动漫新品种等动漫直接产品的开发、生产、出版、播出、演出和销售，以及与动漫形象有关的服装、玩具、电子游戏等衍生产品的生产和经营的产业，因为有着广泛的发展前景，动漫产业被称为“新兴的朝阳产业”。

1. 发展历程

1907年，第一部动画片《一张滑稽面孔的幽默姿态》由美国人布莱克顿拍摄完成，美国动画片史正式开始。这一时期的动画影片只有短短的5分钟左右，用于正式电影前的加演，制作比较简单粗糙。这个时期的动画先驱还有温莎·麦克凯、派特·苏立文、弗莱舍兄弟等。麦克凯是美国商业动画电影的奠基人，他的代表作品有《恐龙》《露斯坦尼亚号的沉没》等。苏立文制作了美国动画片史上第一个有个性魅力的动画人物“菲力斯猫”。弗莱舍兄弟的作品有《蓓蒂·波普》《大力水手》等。华特·迪斯尼在20世纪20年代后期崛起，1928年他推出了第一部有声动画片《汽船威利号》，1932年推出了第一部彩色动画片《花与树》。

中国动漫产业起步较早，开始于20世纪五六十年代，产生于当年的水墨动画是当时一绝，以及后来的布塑动画。但遗憾的是之前国内未能对这一行业领域给予足够的重视，也就无法使这一新兴的艺术门类一直保持优势并不断创新。目前来说，中国动漫产业仍处于弱势地位，中国动漫产业规模与影响力尚偏弱。现如今，动漫产业是中国最具发展潜力的新兴产业之一，也成为中国政府列为重点扶持的文化产业，现在正在成为新的经济增长点，研究其发展前景和发展规律及其产业化对当代社会的影响，具有较大的社会意义。

2. 发展策略

当下中国动漫产业的发展还存在很大的困境，这就要求我们从对国内动漫产业发展困局及其成因的分析中，进一步明确作为动漫产业核心的动漫企业在片面追求动漫形象的识别性、动漫剧集的制作发行和动漫周边产品的开发的同时，更加关注对于市场需求的了解和把握。

动漫产业发展的瓶颈，究其内因主要在于人员配置的失衡和产业价值链的不完善，与其期待外在环境的改变，不如从自身的管理运营模式、品牌价值管理和业务类型拓展方面突破原有的产业局限，整合产业内部资源，进一步向市场渗透，向终端渗透。

动漫产业的核心是创意产业当中的内容产业，因此，动漫企业的发展方向不应该仅仅局限于既有的形式和套路，而应该真正发挥内容产业的价值优势，有效进行产业延伸。

* 案例 *

漫威：动漫产业链中的强者

漫威漫画公司(Marvel Comics)旧译为“惊奇漫画”，原名“时代漫画”(Timely Comics)、亚特拉斯漫画(Atlas Comics)，是美国与DC漫画公司(Detective Comics)齐名的漫画巨头。Marvel公司的历史可以追溯到1939年。当时公司名为时代漫画(Timely Comics)；1951年更名为亚特拉斯漫画(Atlas Comics)，而在1961年正式更名为Marvel Comics，并确定了正式的标记。

在漫画封面的左上角，设置一个长方框，里面有着当期主角的形象，下面是“Marvel Comics Group”的字样。因为Marvel有“惊奇、奇迹”的意思，所以在中国一度被称为“惊奇漫画”，2010年9月Marvel将中文名称正式定为“漫威”。2011年4月29日，在第七届中国国际动漫产业博览会B馆漫威展区里，Marvel宣布其中文名“漫威”正式登陆中国。

漫威的创立者是出版商马丁·古德曼，古德曼早先致力于创办通俗杂志，题材涵盖西部故事、侦探、冒险和科幻等许多方面。到1938年，他决定寻找新的发展方向——新奇、华丽，还要有引人入胜的激烈场面，漫画正是这样的东西。尽管当时DC漫画公司已经抢得了先机，推出了两大王牌角色超人和蝙蝠侠，不过凭借新奇的点子和精彩的创意，漫威还是独辟蹊径，创造出了令人难忘的新角色。

1939年，一本叫作*Motion Pictures Funnies Weekly*的漫画在电影院作为赠品发行，Namor the Sub-Mariner(海王子纳摩)在其中初次登场。他是人类与鱼类的结合体，可以在水下生活。这是漫威第一位超级英雄，他的出现比公司的成立还要早半年。之后，这个故事经过少许扩展，被重新收录在一个新出版的系列中。而这个新的漫画刊物的名字将成就一个漫画帝国的英名——Marvel Comics。之后，漫威又继续创作了美国队长、神奇四侠、绿巨人等漫画人物。

进入20世纪80年代，为了顺应美国漫画读者趋于青年化的形势，漫威对《超胆侠》(*Daredevil*)进行了改造，担纲的是在读者中呼声很高的弗兰克·米勒(Frank Miller)。这位既是编剧又是画家的年轻作者，彻底改变了这个原本平平无奇的故事的基调和发展方向。米勒笔下的超胆侠漫画并非简单的正邪大战，而混合了超级英雄和硬汉派侦探小说的风格，立刻引起了巨大的反响。在这个时期，漫威让自己的角色变得更加黑暗、冷血，塑造了惩罚者等“反英雄”。

漫威的前身虽然在20世纪40年代就存在，但真正确立方向并开始发展是在60年代初，一个从美国梦中觉醒，并开始将梦幻打破的时代。因此也造就了漫威的特点：走现实路线，80%以上的故事都发生在纽约市，英雄们是被排斥的对象，《号角日报》头版整天挂着批判蜘蛛侠的高论。

20世纪DC漫画公司依靠超人和蝙蝠侠掀起电影热时，惊奇漫画除了几套动画外并没有什么像样的影视改编作品。直到21世纪，斯坦·李认为，随着计算机图像技术的发展，在电影中忠实地表现超级英雄终于成为可能——漫画改编的时机总算成熟了。

惊奇漫画先后凭着《X战警》《蜘蛛侠》横扫美国票房。但这两个大获成功的系列电影仅给作为品牌授权方的漫威带来不足1亿的票房分成。不想再为他人作嫁衣的漫威开始了自制超级英雄大片的道路，推出了漫威电影宇宙(Marvel Cinematic Universe)计划，自2008年起，依次将钢铁侠、绿巨人、雷神托尔、美国队长等超级英雄搬上大荧幕，随后通过《复仇者联盟》将他们集结起来——在第一阶段，漫威凭借6部影片，以总计10亿美元的成本换回了高达37.4亿美元的全球票房。第二阶段已经进入拍摄阶段，第三阶段也已进入筹划阶段。

Dialogue on Branding 30

第 30 期

从模仿到超越，B 站带给国产动漫产业哪些启示

Dialogue on Branding ▶▶▶▶▶▶▶▶

第 30 期
从模仿到超越，B 站带给国产动漫产业哪些启示

【本期节目概述】

国产动漫产业被称为动漫产业的 3.0 时代，本期节目中，主持人晨辰和段淳林教授将以 B 站(哔哩哔哩弹幕网站)为例，解读这家以动画弹幕起家的视频网站是怎么发展成为国内最大的年轻人潮流文化社区的。

一、攫他山石以攻玉

◎ 美国和日本的动漫产业有哪些值得借鉴之处?

美国与日本在动漫产业领域的成熟有许多值得我们学习的地方。

第一是内容 IP 的品牌化战略。首先在推出精美的节目之后，品牌化意识非常强，从电视到电影，到人物形象，沿着品牌化思路不断强化 IP 人物形象。其次是主题公园。通过主题公园增强品牌形象与展示效果。最后是精品动漫形象衍生品的 IP 强化，无论是服装还是食品，都强调内容的原创和内容的品牌化。因此，值得借鉴的第一点就是品牌强化战略，产品形象的不断输入使消费者对其动漫形象印象深刻，且拥有良好的口碑。

第二是注重创新，特别是注重高新技术对动漫产业发展的支撑。比如迪士尼首先采用有声电影，第一步全彩动画电影，首先运用多层次摄影法，首发真人动画，首次采用三维技术。在创新领域，美日动漫产业对技术的注重是值得借鉴的，其他如商业模式的创新、盈利模式的创新都值得我们借鉴，但技术创新尤为突出。

第三是形成完整的产业链。比如日本，形成了非常强大的产业链体系，凸显漫画创作，形成上下游完整产业链。从漫画、动画到衍生品，价值链体系比较完善。当然，美日产业链的发展都经历了一个过程，中国当前产业链虽然还比较零散，但发展速度已经比较快。且中国人口基数大，创作团队成员多，市场爆发力和后劲其实强于美国和日本。我们要在吸取借鉴

美日成功经验的基础上，对中国动漫产业的发展有所反思与提升。

二、国产动漫如何开启动漫 3.0

◎ 动漫产业现在发展迅速，属于朝阳产业。就国产动漫而言，段教授有什么观察发现？

我更多是从市场运营和品牌战略视角切入。从 ACGN(Animation 动画、Comic 漫画、Game 游戏、Novel 小说)的发展来看，以游戏为例，基本都是综合门户网站涉入游戏项目，比如腾讯 70%的盈利来自于旗下游戏，但我们不会认为腾讯是专业的游戏厂商。从动漫产业来看，很受关注的 B 站定位就很清晰，相比于传统门户网站形成网络社群文化，成为多元文化的载体。其 1 亿的用户中，15 岁以下的占比 50%，这是如何做到的？传统的市场战略已经过时，在如今“互联网+”的背景下，我们更强调平台化战略。在平台化战略的实施上，B 站就是十分典型的案例。B 站从动漫弹幕网站切入，大量动漫爱好者的集聚使其网站垂直特征显著，且内容多为用户原创上传，形成平台化社区进行交流。从垂直差异点切入市场，值得传统企业与互联网企业借鉴。

一旦平台形成，就像 B 站创始人自身所说，B 站现在已有 7000 多个文化标签，有视频、音乐、游戏、科技、时尚。相比于传统综合门户网站，B 站的用户既玩游戏，也有各种动漫产品的交流。这种主动的参与使文化与情绪的宣泄都可以得到展示，这是年轻人的交流方式。

从 B 站发展来看，值得借鉴的首先是优质的内容。B 站的会员制使得参与者均是骨灰级动漫爱好者，垂直的平台用户上传优质的原创作品进行交流，形成后续的衍生产品。B 站也曾遇到过版权问题，在意识到这个问题后，B 站将中央电视台《我在故宫修文物》纪录片版权买断。虽然该纪录片在中央台播放过，但在 B 站播放后，片中人物甚至被捧成了网红。现在 B 站在动漫领域已经基本解决原创问题，在其他领域也正在和其他团队合作，完成原创作品。

第 30 期
从模仿到超越，B 站带给国产动漫产业哪些启示

我们以 B 站为案例讲述了动漫如何形成对年轻人的吸引力以及品牌差异点的突破，如何形成平台化品牌战略，海量的消费人群如何形成自身的话语体系。同样有趣的是，B 站《那年那兔那些事》原创作品以动画的形式为年轻人讲述爱国情怀，感动了很多年轻人，内容是当年钱学森肩负使命与责任回到中国的曲折过程，将兔子比作钱学森，传播的兔文化就是一种爱国情怀。但这种情怀并不是生硬的灌输，而是通过动漫使人产生共鸣。

以上我们主要讲 B 站的成功，一是如何解决版权问题，即购买版权与原创作品激励机制；二是集体参与创作，以弹幕的互动开辟二次元的文化世界；三是多元文化的发展，每个人都形成个性文化与二次元社群。B 站从二次元垂直网站突破，到今天形成 7000 多种文化标签，这是如今社群动漫产业的发展特点。

* 关键词解读 *

品牌战略

品牌战略是企业实现快速发展的必要条件，品牌战略的定义是在品牌战略与战略管理的协同中彰显企业文化，把握目标受众充分传递自身的产品与品牌文化的关联识别。品牌战略的关键点是管理好消费者的大脑，在深入研究消费者内心世界、购买此类产品时的主要驱动力、行业特征、竞争品牌的品牌联想的基础上，定位好以核心价值为中心的品牌识别系统，然后以品牌识别系统统帅企业的一切价值活动。

1. 主要内容

品牌战略，包括品牌化决策、品牌模式选择、品牌识别界定、品牌延伸规划、品牌管理规划与品牌远景设立六个方面的内容。品牌化决策解决的是品牌的属性问题；品牌模式选择解决的则是品牌的结构问题；品牌识别界定确立的是品牌的内涵，也就是企业希望消费者认同的品牌形象，它

是品牌战略的重心，从品牌的理念识别、行为识别与符号识别三个方面规范了品牌的思想、行为、外表等内外含义，其中包括以品牌的核心价值为中心的核心识别和以品牌承诺、品牌个性等元素组成的基本识别；品牌延伸规划是对品牌未来发展领域的清晰界定；品牌管理规划是从组织机构与管理机制上为品牌建设保驾护航，在上述规划的基础上为品牌的发展设立远景，并明确品牌发展各阶段的目标与衡量指标；品牌远景是对品牌的现存价值、未来前景和信念准则的界定。如图 30-1 所示。

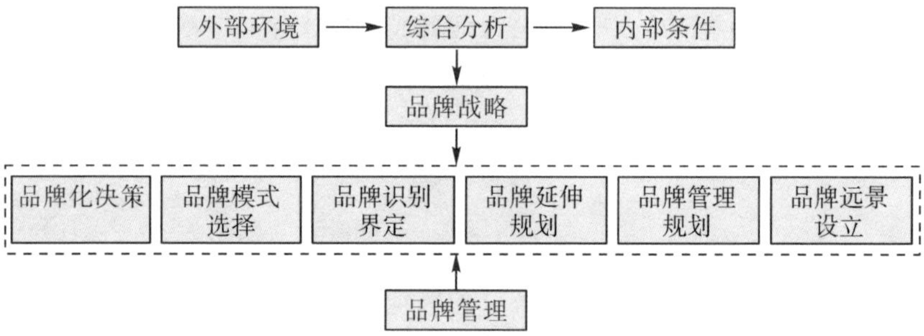

图 30-1　品牌战略内容结构

2. 分类与选择

从根本上来说，品牌战略有四种典型类型：以需求为中心，以产品为中心，以品类为中心，以市场为中心。

品牌战略在本质上就是为了塑造出企业的核心专长，从而确保企业的长远发展。品牌战略因为企业本身以及其所处环境不同而造成千差万别，不同企业因为产品不同、面对的市场不同、品牌理解不同、文化不同、思维方式不同以及发展阶段的不同等诸如此类的差异，从而导致企业所采用的品牌战略也不尽相同。企业在选择品牌战略的过程中，要充考虑自身的优势和特点，选择最适合企业发展的，只有这样才能走上成功的品牌经营之路。

第30期
从模仿到超越，B站带给国产动漫产业哪些启示

＊案例＊

P&G宝洁：多品牌战略是成功的关键

宝洁(简称P&G)，始创于1837年的美国俄亥俄州，是全球日用消费品行业的龙头企业。1998年P&G入驻我国市场，于是国内首家合资企业——广州宝洁有限公司随之成立，P&G中华区的总部便设在广州，在上海、韶关、成都、北京等地也均建有宝洁分公司。如今，P&G拥有员工近14万人，拥有23个年销售额，在全球大约80个国家和地区开展业务，所运营的300多个品牌的产品畅销180多个国家和地区，服务将近40亿人。

宝洁公司最初只生产肥皂和蜡烛，而现在不仅生产护发用品、护肤品，还生产洗衣粉、清洁剂、剃须刀、食品和止痛药等，产品范围十分广泛，跨越多个行业。在中国，P&G的品牌已有20多种，如大家耳熟能详的潘婷、舒肤佳、汰渍、帮宝适、吉列，等等。2014年，P&G年总收入达到近840亿美元。2015年，P&G旗下多种品牌成功入选工信部2015C-BPI中国第一品牌榜。宝洁之所以能够如此成功地运作这么多品牌产品，与其开创的多品牌战略紧密相关。由于运用多品牌战略取得较大成功，宝洁因此被尊称为“品牌教父”，成为品牌管理制度的开山祖师。

1. 多品牌战略

多品牌战略，是企业进行品牌建设与管理的一种战略选择，与品牌延伸策略有很大不同。主要指企业对相同品类或不同品类的产品进行差异化命名，从而通过不同品牌间的互补效应来实现品牌组合资产的最大化。品牌延伸策略，是指企业在新创造一个产品时，要么延用原品牌，要么将新品牌与原品牌结合使用。其品牌间往往关联度很大，一定程度上存在母子品牌与家族品牌的关系。

宝洁的多品牌策略主要采用的是母子品牌组合模式，宝洁公司的母品牌“宝洁”(P&G)为其全部产品向广大消费者提供信誉、质量的保证，增强

了子品牌及其产品的竞争力；公司的子品牌(如海飞丝、飘柔、潘婷、沙宣等)则为母品牌向消费者提供特殊的价值和体验，丰富并提升母品牌的形象，从而使宝洁公司名扬天下。

宝洁公司的多品牌策略是成功的，这极大部分归功于品牌经理，而宝洁公司给每一个品牌配备一名品牌经理，负责这一品牌的全部市场活动，使宝洁的每个产品都独具个性。然而，很多人并不清楚，品牌经理并不具有很大权力，他们没有指挥其他部门的权力。他们要获得成功，必须依赖于与其他同仁的合作。这与宝洁的品牌管理原则密切相关。

宝洁公司经营的多种品牌策略不是把一种产品简单地贴上几种商标，而是追求同类产品不同品牌之间的差异性，包括功能、包装、宣传等方面，从而形成每个品牌的鲜明个性。这样每个品牌都有自己的发展空间，市场就不会重叠。不同的顾客希望从产品中获得不同的利益组合，有些人认为洗涤和漂洗能力最重要。于是宝洁就利用洗衣粉的9个细分市场，设计了9种不同的品牌。利用一品多牌从功能、价格、包装等各方面划分出多个市场，满足不同层次、不同需要的各类顾客的需求，从而培养消费者对本企业某个品牌的偏好，提高其忠诚度。

2. 启示

宝洁多品牌策略成功的一个重要秘诀，就是不同品牌间要形成营销资源或经验的共享。宝洁将一个品牌的核心竞争力嫁接到其他品牌，从而产生了巨大的营销效力。如果从市场细分上讲，宝洁公司的多品牌策略是寻找差异，而从营销组合的另一个角度讲，它就是找准了卖点。它能够在别人认为没有缝隙的市场上寻找到投资契机，从营销组合中找准“卖点”，生产出个性鲜明又适合市场的产品；而在营销方面，宝洁总是能够找到合适的营销组合，成功地将这种差异推销给消费者，取得他们的认同，赢得大额的销售量。

宝洁的多品牌策略使每一个个性鲜明的产品都能满足不同消费群体的需要，从而使各个品牌都在消费者心目中留下深刻的印象，从而获得自己应有的市场份额。另外，消费者购买是寻求变化的，每次购买都可能会转换品牌。因此，多品牌可以迎合消费者的不同偏好。

Dialogue on Branding 31

第 31 期

工匠精神——产品品质的灵魂体现

Dialogue on Branding ▶▶▶▶▶▶▶▶

第31期
工匠精神——产品品质的灵魂体现

【本期节目概述】

在营销、服务被认为是企业可持续发展、树立竞争壁垒关键点的今天，产品品质还需要关注吗？到底什么是工匠精神？工匠精神又有着怎样的内涵？本期节目中，主持人晨辰和段淳林教授将解读产品品质对于品牌打造的意义何在。

一、产品品质是中国自主品牌持续发展的关键环节

◎ 最近，华为和联想再次上榜了2016年全球最佳品牌榜，为什么国内只有两家企业上榜？就算是华为这样一个让国人骄傲的品牌，他的排名也只在76位，中国自主品牌未来发展的方向和道路到底在哪里？

实际上，能进入世界500强的企业，例如华为和联想，都已经非常值得我们为之骄傲。因为中国的制造业总体起步比较晚，在短短的30年时间里，能取得这样的业绩已经非常让人骄傲。特别是华为，作为民营企业，是中国自主品牌的骄傲，俨然已成为中国企业的标杆。就华为目前的发展而言，它的成功正是抓住了制造业的微笑曲线的重点，即高端的研发。图31-1所示为产业微笑曲线。

品牌和营销以及服务的中间环节是制造环节。从这三个角度来讲，最前端的研发与开发是最难的，同时投入也是最大的，在这个层面做好了才能保证制造的品质。相对来看，后端的营销和服务，包括商业模式的创新，反而是比较容易的。华为恰恰在微笑曲线这个环节上，抓住了非常重要的两点。首先是华为的整个研发资金的投入，一直占其销售额的10%，甚至是15%～20%，这种比例赶上了国际水平。中国自主品牌或者中国制造业最

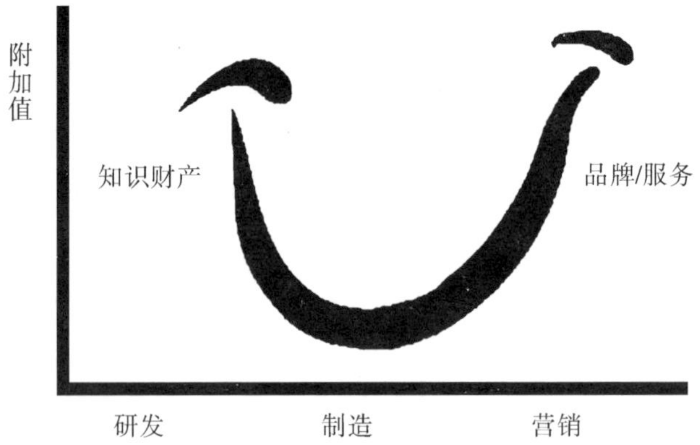

图 31-1　产业微笑曲线

终意义上的转型升级，还是要回归产品本身。产品的品质是中国自主品牌之所以能够持续长期发展的关键。今天华为之所以能拥有这么好的产品，它的品牌价值在全球之所以有这么高的位置，很重要的一点就是它有产品品质的保障。

产品品质好并非是优势，而是一个品牌的基本保障。如今多数人认为中国制造业的重点在于制造环节，利润比较低，所以应当将重点放在研发和营销、服务环节。纵观日本，虽然大多数人说日本 20 年来的衰退似乎到现在都没有走出低谷，但事实上日本整个制造产业链的发展并不可小觑，可以说日本的整个制造业链条牵连着全世界。很多成功的企业都是隐形冠军，你无法看到它真正的发力点，但它们能在内部某一环节的产品上做到极致，比如广播电视非线性编辑的所有仪器和设备都使用索尼，以及小米手机使用的某一零件产自日本，这些都是用隐形冠军的品质来“背书”。

目前出现的中国人“爆买”日本的产品，如人们爱买日本生产的马桶盖、电饭锅等，其实都是表面的现象。更重要的是在这些现象背后隐藏的一个武藏曲线理论。如图 31-2 所示，武藏曲线理论是 2004 年由日本索尼(Sony)中村研究所的所长中村末广所创。该研究所对日本的制造业进行调查，发现制造业的业务流程中，组装、制造阶段的流程有较高的利润，而零件、材料以及销售、服务的利润反而较低。因此，若以利润高低为纵轴，以业务流程的横轴，将上述的调查结果绘成曲线，可以得到一个“左右位低、中间位高”的曲线，即武藏曲线。中村末广之所以将其取名为武藏曲线，来源于日本剑圣宫本武藏开创的名为二刀流的剑术，此曲线一刀掌握了市场的变化确定出最佳的出货量，另外一刀对材料和零部件进行最佳采购，这两刀可以减少库存从而改善收益，就如同二刀流。当此剑术施展时的初始姿势，即是左右手各持一把刀剑，此时两把刀剑所合成的形影就像是一个拱桥，与此曲线相近，所以此曲线就此得名：武藏曲线。以宫本武藏命名的武藏曲线正好和微笑曲线是相反的，是抛物线的形状。

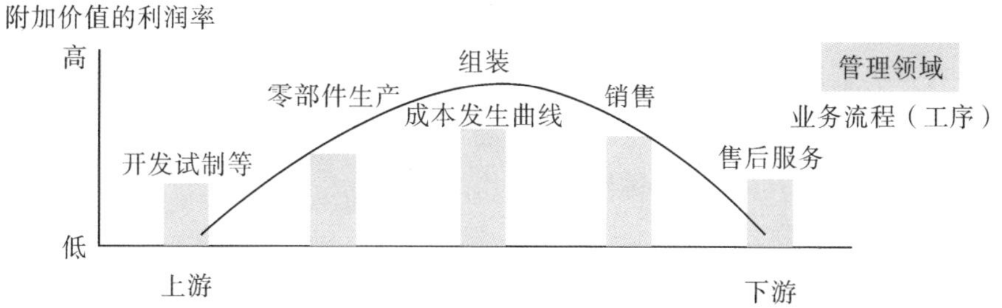

图 31-2　武藏曲线

拱桥的上端是产品的品质，起到支撑作用。如果产品品质这个支撑点、制高点没有占据，那所谓的品牌、用户体验，以及所有的后续服务，都失去了意义和价值。在这点上，中国的企业要改变的是整个品牌的现状，在国际竞争中，要改变我们价廉物次的形象。这最终还是要回归到对产品品质精益求精的研究和开发上。

对比日本所有产业都是在制造环节精益求精，中国的整个商业氛围都太浮躁，很少有人能沉淀下心来花几十年的时间，不断地在某一个产品上精雕细琢、精益求精、做到极致。人们追求的是赚短平快的钱，认为应当创造一种新的商业模式，或者应用一种新的技术来迅速获得收益，快速地通过融资，通过大众创业、万众创新等方式去赚钱。但实际上，我们不能单凭今天互联网环境的冲击认为制造业缺少发展机会，事实上，我们反而要从另一个角度去思考中国制造业的发展。

未来，中国制造业的关键不在于微信，不在于社交软件，不在于粉丝经济，更不在于像淘宝那样在商业的流通环节里做类似革命的事情。企业最终要回归到制造业最核心的中心环节——制造环节上。在制造环节里，除了品质和工艺上的精益化管理的管理模式之外，最重要的一点是要在降低成本的基础上仍然能够保证产品的品质。成本控制与高质量品质并不互相对立。比如美国，其表面是谷歌、Facebook、推特，还有包括微软这样的互联网企业，但在背后隐藏的是更大的制造环节。还有波音，包括德州仪器、杜邦、通用电气 GE 等，这些企业都占据了制造业坚实的支撑点。互联网只是给产品提供了传播、交流和交易的平台，互联网发展得再大也仅仅是一个工具而已，最终要回归到最基本的层面。

二、如何解读工匠精神？

◎ 在 2016 年的全国两会上，李克强总理在政府工作报告中提到了要鼓励企业开展个性化定制、柔性化生产，培育精益求精的工匠精神，那我们要怎么去解读工匠精神的内涵呢？

工匠精神有丰富的内涵，具体来看主要体现在以下六个层面：第一个层面是对工艺的精益求精，这是在产品生产层面对工艺的要求。要做到极致、创新、严谨、一丝不苟、注重细节、耐心、专注以及坚持，要不断提升产品和服务的追求，此外还包括专业和敬业的精神。工艺是最直接体现企业技术与能力的部分，对工艺的精益求精就是要不断通过创新去提升自己的产品品质。

第二个层面是对内在品质持续改进的过程，要求企业以做优品、良品、臻品为目标，以更高的标准去要求自己。最主要的一点是，这并非是单纯地学习日本、德国，以及美国制造业的做法。通常我们会认为工匠精神只是体现在手工层面，是表匠、鞋匠表面的技术。实际上更主要的是其内在的，隐含在整个产品制造环节中的文化精神。这是一种以创新为驱动，以精益求精为理念的最核心的精神气质。企业在做一个产品的时候，淡化对产品的短期回报的追求，产品所展示的内在品质才是其真正的追求，这同时也体现一种抱负和正能量。举一个经典的例子，一种很重要的实现工匠精神的方式是“一切手工艺技皆由口传心授”，这是香奈儿鞋匠讲的一句话，它告诉我们不要以盈利为目的，“短平快”永远是赚快钱，追求“短平快”是不可能沉下心来专注地做一件事情的。

第三个层面，工匠精神还体现在研发、设计、生产、质量、运营、传播等经营管理的各个环节之中。每个环节工匠精神的具体表现也会因为不同环节的目标与运作方式而有所不同，不能一概而论。例如前面所说的前期的开发、生产，到后期的销售与服务，每一个环节对工匠精神的要求都各不相同。前期的开发生产要求对产品品质的不断追求与提升，而后期的销售与服务则是对客户洞察的挖掘与执行，这反映的同样都是工匠精神。

第四个层面，工匠精神是一种心存敬畏、执着专一的价值观，是一种从容独立、脚踏实地的工作态度，一种永不知足、追求卓越的理念。英国有一位航海发明者叫作约翰·哈里森，他是十七世纪的一位航海家。他耗费 40 年时间发明了一款航海钟，也仅仅做出了五台。在 1759 年他完成了哈十四号航海钟，这款钟在航海的 64 天里只慢了 5 秒钟，比国际标准还高出很多。由此可见，工匠投入的是时间成本，对工艺精益求精地改进，而且不以盈利为目的，这就是“口传心授”的概念。

第五个层面，工匠精神代表创新，同时也代表企业的使命感与责任感。

现在很多制造业的企业觉得发展很困难，很多工厂出现倒闭、不开工的现象，那么转型方向在哪里？我接触了一个小企业，这个小企业未来还要生产一大批鞋在淘宝上售卖，但是在淘宝上能卖多少钱？反观德国一个品牌的拖鞋，价格能卖到它的几十倍以上，原因就是德国品牌的拖鞋有品质感。前者所述的小企业以这样的方式持续经营下去利润只会越来越薄，对中国制造和中国自主品牌的发展并没有太大的帮助。这样作为一个商人确实可以得到短期盈利，但是长期来讲，企业持续发展的能力并没有培养出来。

再举一个拉链的例子，日本最好的拉链品牌是YKK。YKK于20世纪30年代在日本创立，至今有七八十年的历史。在拉链行业利润较高的中高端市场上，有80%的份额是被YKK占据的。至2016年，YKK拉链销售的利润率甚至达到了18.55%。YKK之所以能如此成功，与其精湛的工艺密不可分。YKK生产的金属拉链多为精密金属拉链，其材料利润率高、强度高，反观国内企业在生产设备上研发成功的寥寥无几，同时生产的合格率也较低。在整个行业发展过程里，YKK采用的行业标准就与国内不一样，比如对原材料的选购。无论是塑料的原材料还是金属的原材料，YKK的选择标准都是非常高的。例如自1950年，YKK就开始建立全世界网络小组，并透过网络实行优良品质管理系统。到了1997年，YKK还建立了FGQMC（全球夹扣品质管理委员会），以确保其所有的产品在质量上均达到世界水平。其建立的FGQMC还负责研究世界法律和规则，测试和检测产品的质量水平，以对YKK的全球企业合作伙伴作出统一性和产品质量上的保证。可以这样说，YKK标准就等于世界标准。

另一方面是体现在价格上，它卖的是一种价值，是品牌的背书。YKK的价格是目前市场上其他拉链品牌的10倍左右。就算与福建浔兴SBS这样的我国国内十大拉链品牌之首相比，YKK的价格也是远远高于SBS的。之所以价格上两者有如此大的差距，是因为SBS拉链与YKK相比在工艺和个性上相对落后，以及品牌认可度欠缺。除了选材以及它的研发和工艺之外，还有很重要的一点是，YKK一定是和高品质的产品相匹配的。无论是用于服装还是箱包，或者是其他的产品，YKK一定会选择最顶级的品牌与它匹配。如阿姆斯特朗等登月宇航员所穿的太空服上的所有拉链产品，也全都选择由YKK提供。因为它的成本高、品质好，就要保证产品的品质能够和所用的品牌相匹配。

在这个行业里，我们自己的品牌——福建浔兴SBS其实已经是做得非常成功的了，它有24年的拉链制造经验和国际一流的拉链制造技术，产销量位居国内第一。目前福建浔兴在国内排名第一，世界排名第二，还出口至全世界四五十个国家。即使在经济下行压力之下，SBS仍能实现营业收入与净利润的快速增长。SBS同时也是中国拉链国家标准和行业标准制定的组长单位，是中国拉链行业品种、规格最齐全，综合实力最强的生产企业。但是讲到品质感的时候，大家还是会认为YKK可能是行业里最好的品牌。所以从中国自主品牌转型升级的角度来讲，还是要从产品的品质、对产品精益求精的精神出发来建立品牌的一个支点，而且要把这种精神传承到整个品牌的建设和品牌战略的发展中，而不仅仅是表面现象，最终中国制造业还是要回归基本面。

第六个层面是从国家战略层面理解工匠精神，习近平主席提出了三个转变——“推动中国制造向中国创造转变、中国速度向中国质量转变、中国产品向中国品牌转变”。中国制造要实现这一转变，就要求我们的制造企业必须提升品质、不断创新，以及注重无形资产的积累，而工匠精神就是实现这一转变的直接推动力。从这个角度上来说，工匠精神对整个中国制造业的转型发展都具有重要作用。

总的来说，匠心精神是一种尚巧的创造精神，一种精益求精的工作态度，一种持续改进的内在精神气质和精神文化，一种心存敬畏、执着专一的价值观，一种立足长远、追求自主创新、自主品牌的责任和使命。智造，除了智能化和应用新技术的创新能力外，其应有之意还包括个性化定制和柔性化生产，这意味着企业的思维方式的转变，即以市场需求为导向，以用户体验为驱动的观念创新。匠心是内在品质，智造是基于用户和市场的创新，匠心与智造形成了中国品牌的内外驱动力，构成了品牌中国的精神和使命。

因此制造业所需要的工匠精神可以概括为两点，第一，要热爱你所从事的行业，而且要全身心地投入，要抛弃以利益为导向的赚钱观念。我们以前求生存的时候可以以利益为导向，但是今天在面对供给侧改革中品质的提升时，要想实现品牌的长期持续发展，工艺的精益求精就更重要。第二，精益求精，就是要精雕细琢。其实日本的经营管理理念就两个——精和益，做到精细化管理。另一个就是要有高品质的收益和高附加值的收益。这两点，对中国制造业的转型和中国自主品牌的建设非常重要。

* 关键词解读 *

工匠精神

工匠精神是以极致的态度对自己的产品进行精雕细琢，精益求精、追求更完美的精神理念。工匠精神的目标是打造本行业最优质的产品，是一种追求卓越的创造精神、精益求精的品质精神和用户至上的服务精神。

对于想要建设自主品牌的企业来说，工匠精神往往是高质量产品与高附加值收益的奠基石。要想获得工匠精神，需要企业家拥有放弃追求短期利润的勇气与立足长远的眼界，要能够把工作不仅仅当作一种赚钱的工具，而且要树立一种对工作执着、对所做的事情和生产的产品精益求精、精雕细琢的精神。这种精神会变成企业领导人与员工之间共同拥有的一种文化与思想上的价值观，并由此培育出企业的内生动力。

在“商人精神”横行的年代，受大环境影响，个人和企业都面临巨大的生存挑战，而工匠精神就是企业在艰难环境下持久生存的护身符。秉承工匠精神制造出来的产品以品质感与价值为企业品牌做背书，为企业的后续营销、服务环节提供源源不断的动力与支持。

工匠精神要求企业如同一个工匠一样，琢磨自己的产品，精益求精，经得起市场的考验和推敲。工匠精神的核心是企业要追求科技创新、技术进步。如果说企业是国家的经济命脉所在，那么一个以科技创新、技术进步为主体的企业，就是民族振兴的动力源泉，是国家财富增加的源泉所在。

企业要想打造强有力的自主品牌，就要做到以创新为驱动，以品质为导向，不断实现精细化管理，将工匠精神树立为企业所有员工共同的“价值契约”，为品牌的持续发展注入动力。

* 案例 *

丰田：做精做细的工匠

1. 背景

丰田汽车公司(Toyota Motor Corporation)成立于1937年，是一家总部设在日本爱知县丰田市和东京都文京区的日本汽车制造公司。丰田也是全世界排名第一的汽车生产公司，亦是雷克萨斯、斯巴鲁品牌的母公司及富士重工的最大股东。迄今为止，丰田在中国的8个省和直辖市设立了9家独资公司、15家合资公司，旗下共拥有40000余名中国员工。2016年，丰田位居《财富》杂志评选的世界500强第8位，是2016年全球100大最有价值品牌的第5名。

2. 创意

一直以来，丰田都秉持着“通过汽车，创造富裕社会”的企业理念，努力为顾客提供高质量的汽车产品和优质服务。而丰田的成功则与其将各类产品做精、做细、做专和做深的工匠精神密不可分。其中最著名的精益生产就是衍生自丰田生产方式的一种管理哲学，这种生产方式也是丰田能够一直保持汽车制造行业领跑地位的秘诀。

3. 精益生产

精益生产是通过系统结构、人员组织、运行方式和市场供求等方面的变革，使生产系统能很快适应用户需求不断变化，并能使生产过程中一切无用、多余的东西被精简，最终达到包括市场供销在内的生产各方面的最好结果的一种生产管理方式。简单来说，精益生产就是及时制造、消灭故障、消除一切浪费，向零缺陷、零库存进军。与传统的大生产方式不同，精益生产的特色是“多品种”和“小批量”，它综合了大量生产与单件生产方式的优点，力求在大量生产中实现多品种和高质量产品的低成本生产。

在20世纪初，大规模的生产流水线一直是现代工业生产的主要特征。大规模生产方式以标准化、大批量生产降低了企业的生产成本，提高了生产效率。这种方式适应了美国当时的国情，汽车生产流水线的产生使得汽车从少数富翁的奢侈品变成了大众化的交通工具。但是第二次世界大战以后，社会进入了一个市场需求向多样化发展的新阶段，单品种、大批量的流水生产方式的弱点日渐凸显。此时日本丰田汽车公司首创的精益生产，作为多品种、小批量混合生产条件下的高质量、低消耗生产方式在实践中被摸索创造了出来。

1950年，日本的丰田英二考察了美国底特律的福特公司的轿车厂。当时福特公司每个月能生产9000辆轿车，比日本丰田公司一年的产量还要多。但是丰田英二却认为福特的生产体制还有改进的可能。丰田英二和他的伙伴大野耐一在进行了一系列的探索和实验后，根据日本的国情，提出了创新的生产模式。经过30多年的努力，终于形成了完整的丰田生产方式。丰田的精益生产包括四部分：一是拉动式准时化生产(JIT)，二是全面质量管理，三是强调员工参与，四是并行工程。

第一点，拉动式准时化生产就是以卖出去的速度安排生产节奏，以达到生产的稳定与合理化。后道工序拉动前道工序，由后向前传递看板，避免了推动式生产可能造成的库存浪费，并实现小批量多品种生产。这种生产方式以最终用户的需求为起点，强调物流平衡，追求零库存，要求上一道工序加工完的零件可以立即进入下一道工序。

第二点，全面质量管理则强调质量是生产出来而非检验出来的，由生产中的质量管理来保证最终质量。全过程的高质量，要一次做对是丰田精益生产的一项重要原则。与之前福特发明的流水线不同，丰田的生产线一旦出现瑕疵，立马亮红灯示意，工人需要及时处理，不让有瑕疵的产品进入市场。由此才有了“开不烂的丰田”的招牌。丰田这种对质量的管理不仅仅是依赖于对机器的改进，更重要是对员工质量意识的培养，在每一道工序进行时注意质量的检测与控制，保证及时发现质量问题。

第三点是强调员工参与，让员工也能起到决策与辅助决策的作用。2005年丰田共接到员工的60多万条建议，其中99%得到采纳。对于建议被采纳的员工，对每条建议丰田都会奖励建议人500~200000日元。这种全流程的员工参与质量管理，是保证丰田产品每一个环节都能出精品的关键。

第四点是并行工程。丰田在产品的设计开发阶段，会将概念设计、结构设计、工艺设计、最终需求等结合起来，保证以最快的速度按要求的质量完成生产。同时利用现代CIM技术，在产品的研制与开发阶段，辅助项目进程的并行化。

丰田的精益管理总共可以归纳为14大原则：

①管理决策以长期理念为基础，即使因此牺牲短期财务目标也在所不惜。

②建立连续的作业流程以使问题浮现。

③使用拉动式生产方式以避免生产过剩。

④使工作负荷平均(生产均衡化)，避免员工与设备的工作负荷过重，以及生产安排的不均匀。

⑤建立立即暂停以解决问题、从一开始就重视质量控制的文化。

⑥工作的标准化是持续改善与授权员工的基础。

⑦通过可视化管理使问题无所隐藏。

⑧使用可靠且已经充分测试的技术以协助员工及生产流程。

⑨培养深谙公司理念的领袖，从企业内部栽培领导者。

⑩培养与发展信奉公司理念的杰出人才与团队。

⑪重视合作伙伴与供货商，激励并助其改善。

⑫亲临现场，解决问题与改进流程必须追溯源头、亲自观察，然后验证所得数据。

⑬制定决策时要稳健，穷尽所有的选择，并征得一致意见；实施决策时要迅速。

⑭通过不断反思与持续改善来成为一个学习型组织。

4. 结果

丰田凭借着精益化生产模式以及严格的质量管理，成功实现产量与质量的双重突破。至1962年，丰田汽车产量首次突破了百万大关，并成功进军欧洲，开始了面向世界各国的销售之路。经过多年发展，丰田已经发展成为目前全世界排名第一的汽车生产公司，精益生产也成为衍生自丰田生产方式的管理哲学，引发众多学者的研究探讨。

5. 启示

丰田的成功究其根本还在于工匠们对自己产品的精雕细琢、精益求精，以及追求更完美的精神理念。这种理念不仅仅是企业家一人所拥有的，更是整个企业所有员工所共同拥有的。工匠精神不是机械、重复地去做一件事，更不是一味推崇长时间与手工生产。只有将所有的热情都投入到自己的工作中，不断去雕琢自己的产品，不断改善自己的工艺，享受产品在双手中升华的过程，工匠精神才能得到真正的体现。对于当代的制造业来说，更需要将品质内建于设计、流程和制造当中，建立一个不会出错的品质保障系统，才能够为自己的品牌打造一个强有力的后盾。

Dialogue on Branding

32

第 32 期

洗发水品牌做饮料为什么卖不动

Dialogue on Branding ▶▶▶▶▶▶▶▶

第32期
洗发水品牌做饮料为什么卖不动

【本期节目概述】

当品牌做大后，扩大产品种类是许多企业的选择，但是既卖洗发水，又卖饮料，这种国产品牌常有的跨界为什么屡屡受挫？本期节目中，主持人晨辰与段淳林教授将用案例来解读专注产品品质的重要性。

一、专注一件事

◎ 上期节目我们谈到了产品品牌的重要性，其实国产品牌也一直在努力，但却总有种力不知该往何处使的感觉，是因为努力的方向有问题吗？

其实企业在选择专业化还是多元化的战略时往往不谈对错只谈适合，特别是在中国前三十年的发展中。但在如今的市场环境下，我们必须开始重视工匠精神，重视精益求精，重视对极致的追求，这就要提倡一种“专注”和“专业”。比如之前提到的制造轴承的日本企业，它在100多年里就专注于轴承制造，它认为轴承虽小，但能够不断地去创新，将产品做到极致就是最了不起的事。所以就算是产品创新，它们也是在以轴承为核心的相关领域里延伸，并不会盲目地去做产品延伸。如果今天卖洗发水，明天就去开发饮料，这种做法会对品牌本身造成“稀释”，甚至会产生致命的影响。我们可以发现西方发达国家成功的品牌，都是多年专注于一件事情，积累产生口碑、信誉。

我国也有成功案例，比如华为。如今的华为已是年收入5200亿元的巨鳄，超过互联网三大巨头BAT（百度、腾讯、阿里巴巴）的总和，华为仅消费者终端业务就做到了1780亿元。华为之所以能受到大家的尊敬，很重要的一点就是因为它30年来一直专注于某一项技术、某一款产品，它的用户体验越来越好。这点也反映在其对自身产品质量的不断提升上。1999年，华为制造部就与德国FhG在厂房布局和自动化设计方面进行合作；2002年起，华为在西门子管理学院的指导下推行六西格玛全面质量管理；2006年，华为聘请丰田退休董事担任精益生产顾问；2012年，华为又引入杜邦的安全生产先进实践。经过持续努力，产品直通率达到了97.89%。在最开始的一代二代产品问世的时候，大家会认为华为的技术比较落后，用户体验不是太好，但经过华为对技术的改进，现在人们对华为的评价就有了很大的转变，对中国自主品牌的信心也越来越足。

◎ 当制造业的某些品牌已经有了一些产品时，有无必要再投入很多的时间、精力在某一项上？

在保障生存的基本前提下，品牌是要适当升级的，并且要向高端升级，比如个性化定制等。换句话说，品牌要形成品牌系统的金字塔。企业要能够在整个品牌战略里找到最适合突破的某一个点，在这个点上做到极致，这样才能为品牌带来更大的升值空间。

二、追求重于逐利

◎ 怎么才能让有工匠精神的人获得应有的商业价值，或者说我们的社会环境怎样才能给这些手艺人空间让他们去成长？

这是人才培养的问题。从工匠精神延伸到技能的角度来说，建立某种技能的培养体系很重要。当技能已经具备的时候，最重要的不是物质上的追求，而是要给有兴趣爱好的人能够全身心投入进行创造的空间。比如意大利人制造皮带可以做一辈子，而在中国却可能会因为担心生存问题而放弃。对待技能不能只带有功利目的，而应该将之看成一种追求。真正有品质感的品牌，不是在卖产品，而是在卖一种品质、使命和追求，这是对更高级的价值观的认同。在这个层面上，一个企业不仅要提倡工匠精神，更要重视对将工作视为兴趣爱好的人才的培养。

◎ 很多产品是在我国代工，但是同一个产品在国外购买到的和国内买到的还是不一样，这又是为什么？

这是行业标准与产品标准的问题。我们的生产、管理、产品的品质、工艺流程等虽然都已经达到了一定的水平，但是外国比如日本、德国的产品标准比我国的标准更高，而出口就必须按照它们的标准来做。出口到高标准国家的产品费时很长，工艺又很精细，这对国内企业来说成本就会很高，国内很多公司不愿意花费这样的成本。但同样一个东西在国内出售，企业就可以选择短平快的生产模式和材料，比如脚手架，我们允许使用竹竿来搭建脚手架，实际上这在国外看来是一件不可思议的事情，因为他们首先会考虑工人的安全问题，并选用质量好、价格昂贵的钢管。我曾接触过阳江的一个钢管制造商，他们告诉我他们出口给德国的钢管成本高昂得在国内不会有建筑商能接受。这从另一个角度就说明我们中国的大环境和企业的发展同欧美一些发达国家相比还是有一定的差异。虽然我们现在已经是一个巨大的经济体，但在考虑一些问题时的出发点还是会不同。国外企业更多考虑人的问题，考虑使命和责任以及价值观的传播和传承，而我们可能还仅仅停留在能否赚钱、能否快速赚钱和解决生存的问题上。

虽然我们中国制造的产品品质可能在很多领域已经超过了欧美，但由于市场环境的需求不一样，迫使他们必须要适应这个环境。但是未来一定是拥有高品质、高成本和高价值的品牌才会有持续发展的空间。

在未来，只生产廉价的、没有品质的产品的品牌空间会越来越窄，消费者会率先抛弃你。国人为什么要跑到国外去买东西，那就是因为国内的产品不能满足需求。例如纸尿裤，我认识一位女创客，她认为纸尿裤或多或少都会伤害小孩的皮肤，于是一直致力于研发一种布质的一次性纸尿裤，但成本自然很高。有记者问她这样是否能赚钱，她认为赚钱不是最重要的，让人们用上一种更优质的产品才是她的目标。实际上这也是一种工匠精神，先放下逐利心，才能有利益的回报。做好产品是最基本的事情，之后再谈品牌。

＊关键词解读＊

产品延伸

产品延伸是指企业全部或部分地改变原有产品的市场定位，将企业现有产品大类进行延长的一种行为。对于企业来说，进行适当的产品延伸能够给企业带来以下四类好处：

(1)满足更多的消费者需求：合理的产品延伸能够满足更多消费者的需求，这是一种以低成本和低风险获得更多消费者、扩大市场份额的方法。

(2)迎合顾客求异求变的心理：市场上多数的消费者都具有更换品牌的行为，与以前相比，现在的消费者也表现出更愿意去尝试他们从没使用过的产品的倾向。因此进行适当的产品延伸，能够满足这些消费者想要一些“不一样的东西”的愿望。

(3)减少开发新产品的风险：依托于原有产品所累积的技术优势与成本优势，进行产品延伸的产品所需的开发时间和成本比创造新品牌所需的时间和成本要更容易预测，此外不同职能部门之间需要进行的协调工作也更少。因此，产品延伸也是迅速、经济地提高销售额的最有效和最现实的方法。

(4)适应不同价格层次的需要。进入不同档次的产品延伸能够帮助企业扩大这一大类商品的总需求，满足不同价格层次需要的消费者，对于面对激烈竞争的企业来说，产品延伸是一种非常有效的短期竞争工具。

第 32 期

洗发水品牌做饮料为什么卖不动

1. 产品延伸的方式

向上延伸策略：指企业以中低档产品的品牌向高档产品延伸，进入高档产品市场。一般来讲，向上延伸可以有效地提升品牌资产价值，改善品牌形象。

向下延伸策略：指企业以高档品牌推出中低档产品，通过品牌向下延伸策略企业可以扩大市场占有率。

双向延伸策略：指原定位于中档产品市场的企业掌握了市场优势以后，决定向产品大类的上下两个方向延伸，一方面增加高档产品，另一方面增加低档产品，扩大市场阵地。

2. 产品延伸的风险

适当的产品延伸能够帮助企业增加品牌资产，扩大市场份额，实现利润与形象的双赢。然而，盲目的产品延伸却也可能给企业带来负面影响，其风险也不容小觑：

(1) 品牌形象弱化：无约束、无策略的产品延伸会导致品牌在消费者心目中构建出的形象变得模糊，同时，消费者基于这种品牌忠诚度形成的消费模式和习惯也会被破坏。消费者很可能会重新作出购买决定，这种促使消费者去寻求变化的行为，也间接地鼓励了品牌更换。其后果必然是消耗了企业辛苦建立起来的品牌形象。

(2) 稀释品牌资产：品牌资产很大程度上是建立在它的形象和对它的价值判断上的，然而不合理的产品延伸很容易破坏这些特征，造成品牌资产的稀释。

(3) 增加成本：和不进行产品延伸相比，如果企业想要进行产品延伸，就必须要面对如市场调研、产品开发、市场推广等的显性成本，以及整体营销的分散、更短的生产运转时间和更频繁的产品线变更导致生产的复杂性增加等隐性成本的增加。

* 案例 *

多芬：坚守“滋润”诉求

1. 背景

多芬(Dove)是联合利华旗下最有价值的品牌之一，也是全球著名的女性品牌，自1957年诞生以来有60多年的历史。多芬旗下的产品种类众多，包括洗面奶、洗发露、沐浴乳等，产品广销全球80多个国家，年销售额超过25亿欧元。多芬在世界品牌实验室(World Brand Lab)编制的2006年度《世界品牌500强》排行榜中名列第422名，在2014年国家统计信息服务中心(CSISC)联合新华网、中国质量新闻网发布的《2014年二季度沐浴露品牌口碑研究报告》中，多项指数名列前茅，口碑总指数位列第一。

2. 创意

60多年来，多芬坚持以“简约而真实的美丽理念”带给消费者真实可信的承诺，并始终如一地履行这个承诺。多芬相信美丽的定义不应当局限于狭隘的标准，每个女性都是充满个性的特殊存在，不同的外形、身材、年龄和肤色都有着真正的美丽。正如其英文名字“Dove”一样，这是一个象征着希望、快乐、和平以及所有积极事物的品牌。

多芬的品牌诉求表现在产品方面则是坚持“滋润”。从1957年Dove美容香块在美国市场露面时，它就向女性承诺，不会像普通香皂那样使她们的皮肤干燥。而多芬之后推出的其他产品，也一贯秉承了“坚守滋润”的诉求。

3. 执行

1957年，多芬香皂采用中性洁肤成分并含有滋润乳液，1979年一个独立的临床研究显示，Dove香块的温和性比其他17种香皂都高。多芬香皂彻底改变了人们对香皂的认识。

第32期
洗发水品牌做饮料为什么卖不动

1995年，多芬沿袭了香块蕴含滋润乳液以及滋润的产品特性，向市场投放乳霜沐浴乳，成功加入新的产品品类。

2000年，针对市场上护发产品无法实现保湿滋润的功能缺陷，多芬依靠固有优势延伸至护发品类。

之后，多芬相继推出洗面奶、身体喷雾以及多芬男士系列产品。多芬旗下产品共分为四大系列：

（1）多芬柔肤乳霜系列：蕴含1/4的滋润乳液，细致滋润每寸肌肤，带来柔嫩触感，滋养肌肤。

（2）多芬活肤乳霜系列：蕴含独特的超微按摩柔珠和1/4的滋润乳液，能轻柔去除暗哑老化角质，同时滋养娇嫩肌肤。

（3）多芬紧肤乳霜系列：温和洁净，含有1/4的滋润乳液，细致滋润肌肤，补充水分；蕴含独特的锁水配方，帮助保留紧致肌肤所需的水分，带来丝般柔滑触感。

（4）多芬清透盈润系列：全新轻盈水润配方，蕴含清新黄瓜和天然绿茶的独特香氛，能在有效清洁的同时，带给肌肤清透水嫩的触感。

多芬旗下的所有产品线在具体的功效与产品类别上各有不同，但是都离不开“滋养”这一主旋律。

4. 效果

至今为止，多芬已经成功进入包括洗面奶、沐浴乳及香皂、男士洗护、洗发乳以及润肤乳等在内的多个产品领域，形成围绕“滋润”构建的多元产品体系。同时，“滋润专家”也已经成为多芬特有的标签，在消费者心中成功占据了独特的形象地位。

5. 启示

多芬60多年来在产品延伸方面无疑是成功的，这种成功正是建立在坚持其核心诉求——卓越的“滋润”功能之上的。即使进入新的品类，多芬也始终保持着“滋润”的形象。“滋润”这个诉求点就像是多芬产品金字塔的钢架，将多芬所有的产品紧紧联系起来，让其能构成一个整体，避免了因为不同产品形象冲突造成消费者认知降低的风险。

不可否认的是，成功的产品延伸确实能够帮助企业扩大产品销量，获得更多的市场份额，为品牌资产添砖加瓦。但是这需要以品牌的核心资产(技术层面或者价值层面)作为出发点，而获得这种核心资产则需要企业具有工匠精神，没有高品质的产品，一切的产品延伸都是空谈。

当然，这并不代表企业在进行产品延伸时就一定不能涉及与核心资产无关的产品领域。但是这种跨界能否成功则取决于品牌资产的包容能力，否则企业只会陷入品牌稀释的陷阱当中。

Dialogue on Branding 33

第 33 期

打造百年品牌竞争力实战指南之一——产品力与创新力

Dialogue on Branding ▶▶▶▶▶▶▶▶

第33期
打造百年品牌竞争力实战指南之一——产品力与创新力

【本期节目概述】

经过历史沉淀的品牌将成为一个企业最有价值的资产，然而形象古老的品牌却也可能会成为阻碍企业拥抱年轻消费群体的障碍。本期节目主持人晨辰和段淳林教授将一起探讨一个百年品牌如何历久弥新、一个新生品牌又如何能延续百年的话题。

一、产品力，打造百年品质

◎ 最近加多宝停工停产的传闻在朋友圈里大肆传播，虽事后被证实是无稽之谈，却也不免让人联想到其与王老吉的一系列纷争。从品牌的角度，加多宝创造了一个百年品牌的辉煌，而像这种百年品牌，怎么样才能让品牌健康发展，百年老店应该怎样维系自己的品牌？

从品牌建设的角度，加多宝在营销方面有它的一些优势，比如它从2012年开始赞助《中国好声音》，从12年的6000万元到2亿元、2.5亿元、再到3亿元，虽然今年撤掉了对《中国好声音》的赞助；再如和《愤怒的小鸟》合作的限量金罐凉茶；2017年，还推出了受年轻消费者喜欢的“开盖扫码抢红包”活动以及对各种热门电影、网剧、游戏及综艺节目进行了植入。我们都知道加多宝的营销团队非常厉害，但是如果没有王老吉的产品品质和百年基业，就不会有加多宝的营销效果。这涉及两个问题：一是产品需要好的品质；二是在营销传播上也需要很强的实力。不论停产传闻是真是假，一个品牌要实现持续的发展，不是看一时的爆发力，更重要的是一个品牌如何拥有持续的竞争力，持续竞争力的核心是什么，以及如何建立品牌竞争力？

王老吉与加多宝既是竞争的关系，是对手，同时也是伙伴，类似于百事可乐和可口可乐、肯德基和麦当劳、耐克和阿迪达斯，他们都是在竞争中不断促进各自自身的成长。其实任何一个成功的品牌，都有它最具竞争力的地方，那么就要在相互竞争的过程中取长补短，看到对方的实力。我们今天沿着这样一个话题，讲一讲品牌如何才能不只拥有一时的爆发力，而是提高综合竞争力、拥有持续生命力的问题。

之前说百年老店时也提过这样一种理念——打造品牌不忘初心。比如说香奈儿，时尚更迭的速度很快，但是香奈儿秉承的一些风格却永远不会变，包括基本的设计元素——双C标志、康朋街31号、山茶花和香奈儿女士所钟爱的数字(尤其是数字5)等经典元素，设计理念——实用的华丽，以及风格——时尚简约、简单舒适、纯正风范，正是这些让消费者一看就能知道哪些是香奈儿的产品。

还有一个我们一直讨论的话题——回归产品品质。一个品牌在持续发展和提升竞争力的过程中，最重要的是它的产品力。产品力就是生产能力，包括服务能力、品质控制能力、工艺、生产基础、生产基地、生产效率、产品检验，以及最重要的基础资源、原材料的选购，等等。

从品质角度，我们延伸到品牌的专一性。比如法拉利，谈到跑车，法拉利是一个很有代表性的品牌，有上百年的历史。法拉利并不认为制造跑车是一件简单的事，而是把跑车当作艺术品来生产。法拉利汽车大部分采用手工制造，因而产量很低，年产量只有约6000辆。法拉利跑车最性感的部分，就是发动机油门的声音。它的每一个发动机都是人工打造的，几乎每一款发动机都是个性化的，而且法拉利发动机装配车间更是要求一尘不染，因为不良的清洁度会影响装配精密零部件的选配精度。这秉承的就是将所有工艺都做到极致的理念。

另外就是原材料的选购，爱马仕的一个鳄鱼包，从原材料的基础上就开始严格挑选。最优先的选择权，最上乘的皮质，最高的价位，这是爱马仕选材的三项基本原则。爱马仕的包从检查每一张皮质原材料是否有瑕疵，是否上色开始，到琢磨打量每一块皮革适合摆放的位置，裁割，以双骑马钉的祖传缝制针法进行缝合拼接，再到压平、粘合、钉扣，并捶捶打打。每一步都要经过反反复复的检查，最后才会印上工匠的印记。一个 5 万美元的鳄鱼包，其价值从养鳄鱼时就开始了，对于爱马仕来说，并非所有的鳄鱼原材料都可以做鳄鱼包。

大企业对品质控制的要求很严格，但为什么依然会出现某一批产品要召回的情况，其实就是在品质控制或是其他环节上出了一些问题，任何一个品牌在发展过程中都不可能是一帆风顺的。

二、创新力，持续提升竞争力的关键

◎ 让品牌成为百年老店，产品力是一个因素，那么除了产品力之外，还有哪些关键点？

品牌要做成百年老店，还有很重要的一点就是创新力。这种创新并不是远离原来的雏形，而是沿着这个雏形，添加进新的想法和理念。同样以香奈儿为例，“香奈尔五号”是第一款用数字来表达产品理念的混合型香水，也是第一个采用简洁的香水瓶设计、第一个用男性模特做女性香水代言人的品牌，这些都是香奈儿的创新，但是它依旧保留了香奈儿特有的风格。因此最重要的就是产品创新和研发创新这两个方面。

产品创新包括产品功能的创新和产品品质的创新。产品功能的创新就是功能上有新的延伸，比如以前的手机只能接听电话，之后不断有照相、微信等新功能出现，再到现在的智能手机对各种功能进行整合。而产品品质方面的创新，比如上文说的爱马仕，就是基于所有国家最精品的原材料进行选购，还包括我们之前谈到的“上下”，就是用中国内蒙古的原材料去做产品，包括红木等。

此外，还有几个方面的创新，第一个是产品理念的创新。比如说时尚产品，是传播西方的理念还是中国的理念？我们经常说要用国际的语言来表达中国传统文化的价值观和理念，以之前谈到的艺之卉为例，用新东方主义、国际的元素和语言来解读中国文化理念和价值观，并注入到它的品牌里面，其实这也是一种产品理念的创新。

第二个是产品设计的创新。在“临门一脚”的产品设计层面，我们还有很长的路要走。中国很多产品都是品质好、功能好、技术也好，但就是设计不够好。比如我最近接触的一个空气净化器品牌，它的产品功能很好，但是消费者一看它的产品就没有购买的欲望。与同类型产品相比较，如飞利浦和索尼，且不说功能上的一些区别，单从外形设计上，后者就更容易被消费者所喜爱。先不提产品某些特别的功能，姑且设想如果摆在家里的家电漂亮得像是工艺品，且外形上更有品质感，自然更让人喜爱。工业设计是中国企业需要持续创新、不断提升的方面。

第三个是包装的创新。像我们喝的各种饮料的包装创新就有很多。如一开始提及的加多宝，有人说加多宝的包装俗到了极点，用的是金黄色，但对于大部分的消费者来说这是非常容易接受的。也有很多品牌对自己的包装不断进行提升，比如可口可乐、百事可乐，还有我们今天看到的各种矿泉水。令人印象比较深的是屈臣氏、恒大冰泉、昆仑山等。但需要注意的是，包装也要体现品牌理念，不能纯粹为了包装而进行包装创新和设计。

第四个是服务的创新。加多宝这次引发的停产议论，不论是真是假，但在渠道的营销服务上就尚有欠缺。很多人说原来加多宝的营销活动在超市里面一周能见三四次，但现在一周都见不到一次。售后服务就更不用说，其实人们的生活水平提升了，对服务自然就有更高的要求。

说服务肯定要说到海底捞，海底捞将人性关怀做到了极致，比如海底捞的员工从不会等客人上前来问，而是主动去询问客人的需求；在等候区提供诸如美甲、擦鞋等服务；客人落座后根据客人的构成情况进行主动的服务等。但是也有人吐槽海底捞的服务“太过”，侵犯了他们的隐私。其实服务层面还是要从规范化的角度去做，虽然人性表达是一方面，但是服务的创新理念是要让大家不断地去接受你，而不要产生反感的情绪。

我们说品牌持续竞争力的提升，除了产品、服务和营销的不断创新之外，更重要的是研发创新，特别是对于一些技术型公司来说。

研发创新一共有5种类型：

(1)引入新的产品，或者提供产品新的要素；

(2)采取新的工艺方法；

(3)开辟新的市场，即蓝海，当然也有人说所谓的竞争力优势、竞争力战略、蓝海战略都过时了，现在只有平台化战略，但其实平台化战略也属于创新的一种；

(4)获得一种原料、半成品的新的供给；

(5)采取新的企业组织方式，比如原来是科层制，或者是U型、M型、扁平化的，后续我们可以选择资源平台型。从研发创新的层面上，就是要形成一种有利于创新的生态系统。研发创新的投入，我们要看一个品牌的专利申请数量和授权数量在企业里面有何优势。

总体概括，品牌在竞争力形成的过程中，产品力的创新和研发创新机制的形成，是其是否有持续竞争力的重要方面。简单来讲，就是企业有没有持续发展的学习能力和创新能力，来支撑品牌自身的生命。

* 关键词解读 *

品牌竞争力

品牌竞争力是企业核心竞争力的外在表现，是企业长期积淀下来的能力，它深深地扎根于企业之中。对于企业来说，品牌竞争力是一种不可替代的差异化能力，它是不容易甚至是无法被竞争对手模仿的，能为企业构建起竞争壁垒，并能帮助企业持续赢利、获取超额利润。品牌竞争力包含了企业在资源、能力、技术、管理、营销、人力资源等方面的综合优势，是保持企业可持续增长的动力源泉。

特征

(1)品牌竞争力具有能力比较性：

品牌竞争力是在品牌竞争过程中表现出来的比较能力，如产品的质量、价格、市场占有率等。

(2)品牌竞争力具有目的利益性：

品牌竞争最直接的目的是获得更多的顾客，占有更大的市场份额，以实现再生产的高效循环，因此最根本的目的是利润的获取。

(3)品牌竞争力具有竞争动态性：

品牌竞争力会随着市场结构和竞争行为的变化而变化，其强弱不是绝对的、持久的。

(4)品牌竞争力具有形成过程性：

品牌竞争力的培育和建立以及竞争能力的消长是需要一定的形成过程的。

(5)品牌竞争力具有资源整合性：

品牌竞争力是企业资源配置的产物，也是企业运作系统和品牌管理系统整合的产物，缺少任何一种必要的资源或者系统中某一环节整合不佳，都会影响品牌竞争力的培育和建立。

品牌竞争力并非一种单一的能力，而是一种由产品、企业以及企业外部环境共同构成的不同能力的集合。在表现方面，它能够体现为相对优势的市场份额以及一定的溢价能力。品牌竞争力的根源在于品牌企业的差异化优势及由此带来的顾客价值优势；品牌竞争力是企业有效资源配置的结果，同时，其自身也构成企业发展的一项重要资源。①

---

① 吕艳玲、王兴元：《品牌竞争力形成的动态机理模型及其提升对策》，载《经济问题探索》2012年第8期。

第33期
打造百年品牌竞争力实战指南之一——产品力与创新力

* 案例 *

雀巢脆脆鲨：包装里的黑科技

1. 背景

雀巢公司由亨利·雀巢(Henri Nestle)于1867年创办，目前是世界上最大的食品制造商。公司起源于瑞士，最初是以生产婴儿食品起家，以生产巧克力棒和速溶咖啡闻名遐迩。其总部设在瑞士日内瓦湖畔的沃韦(Vevey)，现在在全球拥有500多家工厂。雀巢脆脆鲨则是雀巢旗下威化巧克力系列中的一个品牌。

2. 问题

雀巢脆脆鲨进入中国市场已有近20年的历史，但是在大多数消费者心中，雀巢脆脆鲨却是"小时候最喜欢的零食"。然而随着最初的一群消费者的成长，"幼儿零食"形象则阻碍了雀巢脆脆鲨进入年轻群体的脚步。作为一个为人所熟知的休闲零食品牌，如何摆脱旧有形象的束缚，重新赢得当下年轻人的喜欢，成为脆脆鲨品牌形象转型的核心问题。

3. 创意

新鲜技术与定制化两大元素是脆脆鲨此次实现品牌形象转型的关键。通过洞察当下年轻消费者的消费行为与兴趣爱好，脆脆鲨发现AR互动与定制感恰能满足当下年轻消费群体对趣味性与个性化的需求，于是从包装升级入手，将先进的互动技术和个性定制与产品包装结合起来，让消费者能够在品尝产品的同时获得更加丰富有趣的互动体验，从而得以成功摆脱以往传统的"幼儿零食"的形象，重新吸引了年轻群体的目光。

4. 执行

为了实现品牌形象的转变，脆脆鲨利用了最近大热的黑科技——AR技术来实现营销升级。在2017年年初脆脆鲨新上市的“环球探味”系列限量版产品中，AR技术被融合在新产品外包装中，成功吸引了众多年轻人的目光。

结合“环球探味”的产品主题，脆脆鲨提出了“雀巢脆脆鲨带你三分钟环游世界”的口号。抓住年轻人热爱旅行以及消费者对新技术敏感这两点，脆脆鲨尝试用AR技术将消费者带入身临其境的环球探索。购买了新产品的消费者只需要用手机扫描产品包装，产品包装上就会出现相应的三维立体景色。同时产品口味不同，被扫描地区的交互景色及交互体验也会发生相应变化。这种灵活多变的交互形式让整个产品变得更加生动有趣，给消费者带来一次“边吃边玩”的味觉和视觉的双重新体验。

除了包装有AR黑科技之外，脆脆鲨这次还一并打造了“定制化礼盒”的概念，不但准备了精心设计的旅行礼盒，还提供了定制化服务。脆脆鲨将收集到的消费者照片制作成专属明信片，与带着世界风景的环球探味产品一并送到消费者手中。

5. 结果

此次脆脆鲨的新产品一经推出就获得众多年轻群体的关注，“环球探味”话题引起众多年轻微博用户的讨论，脆脆鲨凭借“环球探味”系列限量版产品成功实现了品牌形象的转变。

6. 启示

很多企业不知道如何去创新，认为有颠覆性的产品变化才叫创新。但实际上，除了产品本身功能性的创新之外，理念、设计、包装、服务等方面都是可以进行创新的立面。此次脆脆鲨正是以包装创新为突破口，借助年轻人喜欢的“黑科技威化”，大大提升了产品附加价值，在激烈的零食产品竞争中脱颖而出，成功实现了品牌形象的转变。由此可见，创新力是企业增强品牌竞争力不可或缺的一样特质，对于任何一个希望打造百年品牌的企业来说，创新力都是必须具备的一种能力。

Dialogue on Branding 34

第 34 期

打造百年品牌竞争力实战指南之二——定位力

Dialogue on Branding ▶▶▶▶▶▶▶▶

第34期
打造百年品牌竞争力实战指南之二——定位力

【本期节目概述】

企业要想成就百年品牌，从内部来看，强有力的产品力与不断的创新力是根基。然而任何一个品牌的成功也都与其外部环境密不可分。本期节目主持人晨辰和段淳林教授将一起探讨“打造百年品牌竞争力”第二集——定位力。

一、定位力，不可或缺的市场能力

◎ 上次谈到产品力、产品创新机制——内部协同和外部协同等问题，除了上述要点之外，要想维系百年老店品牌还有哪些值得注意的问题？

除了产品这个核心竞争力之外，市场力也非常重要。市场力最核心的两个方面：一个是市场的定位能力，即定位力；另一个是对市场的研究能力，即研究力。市场的定位能力包括一个企业和品牌对市场的分析能力，对目标顾客的选择和定位能力，在消费者心目中建立差异的能力。企业需要不断地加深消费者对品牌的认知，以此来凸显品牌形象。

在市场的定位能力领域，最著名的是特劳特·里斯的定位理论，定位包括产品定位、市场定位和营销定位。定位力最重要的一点是市场细分，占据所有人的需求点是不可能实现的；另一点就是目标市场，市场细分后，你的产品或者服务需要在一个或者几个市场上打开，选择区域市场或是全球市场都需要有一个定位。此外，还要能够根据产品竞争状况的不同，针对产品的特性进行定位。例如王老吉的成功其实就是定位的成功。王老吉通过“怕上火喝王老吉”的广告语将自己成功定位为“预防上火的饮料”，一扫药饮的消费群局限。以中国传统的“预防上火”的功能概念为切入口，成功与市场上其他的饮料产品区别开来。虽然由于法院判决加多宝和王老吉都不可以使用原先的广告语，现在这句广告语换成了“怕上火认准正宗王老吉”，但是王老吉在定位上的成功是无可非议的。每一个企业都要有自己的定位，定位最重要的是能够聚焦在自己的目标市场上，让消费者能够对品牌有一个很清晰的认知。

要选定产品的市场范围，除了要知道顾客的需求，还要能够分析潜在顾客未来会有哪些不同的需要。从这几年艾菲奖的获奖作品来看，我们可以看到几个特点：一是有使命感，二是有数字营销或者引进移动互联网新技术。比如 2016 年大中华区艾菲奖全场大奖品牌“小茗同学”。“小茗同学”以“95 后”消费者为目标人群。其品牌理念有“致青春”的情怀在里面，这正符合了这部分年轻群体当下的性格特点与未来追求。而在表达方式上，“小茗同学”引入动漫的创意元素，传播中使用的语言也是“溜溜哒”这类“95 后”社交语言。可以看出这些获奖企业对消费情况的洞察能力和市场研究能力都非常强。

有人疑惑为何这些企业就能如此准确地找到创意点进行传播？这就是考验企业研究市场的能力了。很多时候这些实战作品大多是由为该企业提供服务的代理机构或者广告公司提出并执行的，它们帮助企业对市场进行深入研究，例如强生药业的“背奶妈妈”。在 2012 年中国艾菲实效节上，强生婴儿的“小小空间　大大的爱——为背奶妈妈创造空间”斩获艾菲奖全场大奖。“背奶妈妈”是指 0~6 个月新生儿的妈妈，通常挑选婴儿护理产品的黄金期也在这个时段，强生品牌最重要的目标人群也是“背奶妈妈”。在注意到大多数“背奶妈妈”都面临着无处取奶的困境后，强生品牌代理公司 BBDO 便提出“和妈妈一起追求更好”的推广主题，由网迈广告策划执行。在“背奶妈妈”活动推广阶段，共有 1032977 人访问了“背奶妈妈”专题页面，1500 人成功申领了哺乳贴，数万人分享了“背奶妈妈”的活动信息，整个“背奶行动”在社会化媒体上的影响力非常大。“背奶妈妈”视频总共得到了

1832708 次观看，新浪微博“背奶妈妈”话题新增 200 多万条内容，地图分享的哺乳室增加至 2000 余间。由此可以看出，一个企业的市场能力，不仅体现在在公众心目中建立清晰的定位、聚焦的形象的能力，还体现在研究市场的能力上。

一个企业研究市场的能力可以体现在其是否有用于研究市场的专项费用。市场状况、趋势以及竞争环境的变化很快，比如加多宝在国内饮料快消品市场上的占比从前两年的 62%以上降到了 2016 年的 52%左右，这就是这一竞争市场快速变化的体现。王老吉在了解这些情况之后所安排的相应对策并不是随便制定的，而一定是经过专门人员的研究得出的。这个研究里面另一个很重要的点就是要对数据的来源、资料的搜集、竞争对手、用户习惯特征等方面进行深入研究。

关于市场研究能力，实际上我们国内大部分企业都比较缺乏，例如企业是否有专门的团队长期进行市场研究？短平快的市场研究，一般的企业都会有；但是整体的品牌形象传播却是我们急需提升的方面。这包括要能够清晰地知道目标受众的洞察点，以这个洞察为主线，进行与品牌价值理念密切相关的整合传播，同时还要有清晰的计划。企业要很清晰地知道数据来源——市场占有率、利润率、竞争对手的情况、在行业的位置、要在哪些层面有所提升，等等。

◎ 在创业者中经常能听到的一句话是：“千千万万的消费者当中，每个人每年用一次我的产品，我就发了。”但在创业过程中，并没有特别多人去选择这个产品，很多人只是想当然地认为自己这个产品会有市场。这种理想与现实的误差该怎么理解？

“你所想的”和“市场实际需求”完全是两回事。市场并不是想象出来的，而是在不断的传播、运营、推进过程中做出来的。除了数据支撑之外，市场研究能力中非常重要的一点是要有对市场动态的预测能力。动态的预测能力是指趋势性的预测能力，今天大数据能够提供给我们一个动态预测的通道，包括市场趋势、未来走向、可能存在的风险，等等。传统意义上的动态洞察，更多的是一种结构化的数据分析，而现在大数据的工具，则能让我们更好地预测市场动态化的发展。这当然也需要有专门的机构来做这项工作，但即便是有专门的行业研究报告可供参考，一个品牌的市场部门仍要不断地提升自身的动态洞察能力。

还有就是对消费者需求的敏感程度。正如华为创始人任正非所说，要有像狼一样的嗅觉。这种嗅觉就是对消费者敏感的洞察。一种产品如果已经过时而被消费者抛弃，那么继续拼命研发就显得不合时宜。我曾接触过一个做空气清新器的品牌，市场上有几千家企业都在做相同的产品，这时企业如何才能脱颖而出？这就要看企业对市场是否做过调查，企业的定位能否被市场接受。很令人担忧的一种情况是“技术人员做营销”。虽然技术人员有自己的优势，比如纯技术型公司做产品开发和技术创新就很有优势。但如果让技术人员去做市场，用技术人员的思维去做营销就很难成功。比尔·盖茨也是请了一个专门做营销和公关的副总裁，做了品牌整体形象的输出之后，才有了微软今天的品牌形象。

这方面乔布斯就是一个既懂技术又懂营销的人才。反观我国本土很多中小企业，虽然有技术比较好的产品，但很可惜的是企业对品牌、消费者认知和市场情况却并不熟悉。例如我最近接触的一个做消毒水的品牌，它的产品包括两部分：一是针对医用的消毒水，是 B2B；另一种是针对普通消费者的消毒水，是 B2C，这两个部分都要进行消毒水的包装和传播。这时就要询问你的品类是什么？这个品类是否聚焦？消毒水是一个品类，但是你的消毒水的特殊性在哪里？消毒水的市场很大，你的品牌差异性在哪？该消毒水品牌 logo 上突出的是科技集团，但“科技”并不是消费者需求的东西。消费者需要的是“我用了这个产品之后，我觉得很神奇”。由此可见，该企业对消费者的洞察能力在整个营销层面都比较弱。并非有好的产品就有好的市场，这是两个完全不同的概念。

做市场研究，就是要有高度的消费市场敏感度、对消费者需求的敏感度，抓住消费者痛点，站在消费者角度，问自己做过多少调研，对自己的产品有多么深刻的体验。

二、市场研究洞察力也同样重要

◎ 是否可以下这样一个结论：做产品之前定位要先行？

定位并非要先行，但了解市场的现实状况是基础。比如做空气净化器的企业有几千家，要想脱颖而出就要去考虑你的优势，考虑如何在营销和传播上实现突破。当然，定位非常重要，对市场有一个了解和判断是最基本的。这方面也有很多相关的工具和理论可以参考利用。

对市场研究能力来说，另一个很重要的方面是对数据的分析和处理能力。尤其是在移动互联网非常发达的今天，数据已经成为一个企业非常重要的竞争力。在未来，一个企业要想保持持续的竞争力，就需要对“90 后”“00 后”这些新生代用户的消费习惯进行数据分析，找到他们的消费需求点。

◎ 刚才说的先做大量的市场调研之后，再去做符合市场需求的产品是一种比较理想的状态。很多情况下是已经有了一款产品，这个时候企业该如何去找到它的定位？

最好就是让专业的人做专业的事。不是说完全依赖调研就可以做到任何事情，也存在极个别的反面案例，例如通过调研得到的答案是能够做某个产品，现实却是并不能做。但知彼知己是一个很重要的策略，一个企业最起码要了解这个市场，产品在前期的投入上要让专业人士来做专业的事情，这样才能快速地打开市场。

像王老吉这样一个百年品牌，它的产品只有凉茶。可以说没有加多宝的加入，也就没有王老吉的今天。不管它们的官司情况如何，最起码它们二者在营销上，在定位上，在对市场的敏感度上，在市场渠道的铺设上，都是非常强的，能成功地找到消费者的痛点，洞察市场的需求。

◎ 恒大冰泉一开始想要打通高端市场，卖的价格也很贵，但现在没有成功，这是判断的失误还是什么其他原因？

高端的市场和高端的品质、高端的渠道以及高端的运营方式都要匹配。如果定位很高，那是否像依云一样只在五星级酒店里卖？有一个高端的定位，但又想在大众市场上让大众接受，这是不可能的。例如同仁堂想做高端凉茶，这不是不可以做，但是需要一整套策略；再如哈根达斯作为一个冰淇凌品牌，价格也可以很高。除了产品定位和用户洞察这些因素，强大的渠道必不可少。如果产品定位高高在上，但渠道不匹配(比如不能在五星级酒店里卖)，又没有市场的区隔和壁垒，那注定会失败。现在在新的技术型企业里面，技术壁垒和品类突破仍然是非常重要的两个策略。

＊关键词解读＊

市场定位

市场定位的概念早在20世纪70年代就已经由美国营销学家艾尔·里斯和杰克特劳特提出。其含义是指企业根据竞争者现有产品在市场上所处的位置，针对顾客对该类产品某些特征或属性的重视程度，为本企业产品塑造与众不同、印象鲜明的形象，并将这种形象生动地传递给顾客，从而使该产品在市场上确定适当的位置。

市场定位可分为对现有产品的再定位和对潜在产品的预定位。对现有产品的再定位可能导致产品名称、价格和包装的改变，但是这些外表变化的目的是保证产品在潜在消费者心目中留下值得购买的形象。对潜在产品的预定位就要求产品特色确实符合所选择的目标市场。企业在进行市场定位时，一方面要了解市场环境，例如竞争对手的产品具有何种特色之类；另一方面要重视对消费者的研究，例如消费者对产品不同属性的重视程度。这两方面是选定企业产品特色和独特形象的重要前提。

1. 市场定位形式

(1)产品差别化战略。

从产品质量、产品款式等方面实现差别化。寻求产品特征是产品差别化战略经常使用的手段。

(2)服务差别化战略。

向目标市场提供与竞争者不同的优异服务。企业的竞争力越好地体现在对顾客的服务上，市场差别化就越容易实现。

(3)人员差别化战略。

即通过聘用和培训比竞争者拥有的更为优秀的人员以获取差别优势。

(4)形象差异化战略。

在产品的核心部分与竞争者雷同的情况下通过塑造不同的产品形象以获取差别优势。

2. 市场定位原则

(1)根据具体的产品特点定位。

构成产品内在特色的许多因素都可以作为市场定位所依据的原则。比如所含成分、材料、质量、价格等。依据产品特点进行的市场定位需要企业直接点明产品的独特之处，以便能在消费者心中留下清晰而独特的印象。

(2)根据特定的使用场合及用途定位。

为老产品找到一种新用途，也是为该产品创造新的市场定位的一种方法。这种定位方式可以通过观察消费者的产品使用行为来获得。例如某家生产曲奇饼干的厂家最初将其产品定位为家庭休闲食品，后来发现不少顾客购买是为了馈赠，就将产品重新定位为礼品。

(3)根据顾客得到的利益定位。

产品提供给顾客的利益是顾客最能切实体验到的，也是可以用作定位的依据。

(4)根据使用者类型定位。

企业常常试图将其产品指向某一类特定的使用者，以便根据这些顾客的看法塑造恰当的形象。

实际上，在现实中，企业进行市场定位依据的原则可以不止一个，但是市场定位必须是多维度的、多侧面的。企业要能够识别出潜在的竞争优势以及自身的核心竞争优势，综合考虑内外环境来决定自己的市场定位。

* 案例 *

陌陌：用视频，认识我

1. 背景

陌陌(MOMO)是陌陌科技公司开发的首个基于 iPhone 和 Android、Windows Phone 系统的手机应用，是一款基于地理位置的移动社交工具。陌陌的用户可以通过陌陌发现身边任意距离内的陌生人或者朋友，并免费发送语音、信息、图片、地图位置，创建或加入附近各种好玩的群组，还可绑定第三方应用(新浪微博、人人网、豆瓣)。陌陌于 2011 年 8 月 3 日正式上线，至 2014 年 2 月 7 日，注册用户就已突破 1 亿，月活跃用户 4000 万，付费会员达 100 万。2015 年陌陌在“2014 腾讯应用宝星 APP 榜”中获得“最具突破交友 APP”奖项。

2017 年 4 月 14 日，陌陌正式发布了“用视频，认识我”系列品牌广告，并在北京、上海、广州等城市的地铁站、公交站及出租车等场所进行了大规模投放。陌陌此次利用鲜明的品牌主张、创意的表达手法，再次成功地进军年轻用户领域，在竞争激烈的社交APP中打出漂亮的一仗。

2. 创意

“用视频，认识我”，短短的6个字精准地点出陌陌社交APP的属性，同时也从用户的角度出发阐释了“视频直播”APP的新品牌定位。短视频因为其不拘泥于文字和图片、全面生动的展示方式正愈益成为备受当下年轻人推崇的潮流，而陌陌此次提出“视频直播”的定位正契合了这种年轻用户的习惯。此外，“用视频，认识我”传递了陌陌提倡的一种全新的社交行为理念——用户将用更加直接、更加生动的方式去展示自我，社交将不止于文字与图片。陌陌用简单的6个字，成功地传达出独特鲜明的品牌主张，成功地将自己的产品与市场上其他社交APP区别开来。

3. 执行

陌陌此次推出的系列广告共包括4支电视广告(TVC)以及52组平面广告。其中4支TVC取材于用户通过视频真实记录、分享的生活片段：享受舞池喧嚣的女孩，与朋友打赌跳下海的男子，挑战烹饪帝王蟹的女孩，三个逛街时做鬼脸的少女。通过一系列生活化又不失趣味性的片段，让很多用户看后会心一笑，联想到自己生活的点滴。4支TVC用真实的案例作为视频广告的内容，通过对真实案例的挖掘，来洞察用户特征，直观地展现了陌陌“视频社交”的全新互动效果，吸引了用户的兴趣。

而52组平面广告则采用简洁明快的漫画风，每支平面广告的右边都是一只手拿着手机，手机上是陌陌的logo以及标语“视频社交，就在陌陌”。而广告的主体则是由“周一早上，刷牙都很有使命感”“今天的我被播放了26.2万次”“我吃薯条是要蘸冰淇淋的”等风趣幽默的口语化文字组成，并且每个标语的下方都会点明“用视频，认识我”的主题。这52组平面广告被大规模地投放在北京、上海、广州等城市的地铁站、公交站及出租车等场所。趣味而富有冲击性的文字与色彩结合生活化的营销场景，传递出陌陌是年轻人的视频社交软件这一产品属性。

4. 结果

在陌陌开启初探视频社交的战略之后，平台的用户规模和活跃度得到了进一步提升。数据显示，陌陌2016年第四季度(Q4)日活跃用户平均使用时长同比增长超过10%，平台关系达成量同比增长48%，月活跃用户达到8110万，创下了历史新高。而陌陌平台内用户对于视频内容的接受度、通过视频展现自我、分享生活的新型社交方式接受度也进一步提高，2016年Q4陌陌短视频日均观看次数翻了8番，直播用户占日活跃用户的比例达到23%。

5. 启示

陌陌本次营销从消费者角度出发，通过“用视频，认识我”这一鲜明的定位口号，成功地抓住了年轻消费者需要视频社交这一痛点。因为有这种对消费者需求的敏感，陌陌才能够在发现消费者社交方式正在发生转变时，及时调整市场定位并进行有效的传播。可以发现，在此次的整个传播过程中，陌陌的产品与表达方式与品牌价值理念都是密切相关的，而对“展现自我，分享生活”理念的差异化则是通过创新的视频展示方式来凸显的。正是由于此次在定位上的鲜明独特，陌陌得以抢先占据“视频社交”这一细分市场，成功地在消费者心中树立起其与市场上大多数社交APP相区别的特殊形象。

Dialogue on Branding 35

第 35 期

打造百年品牌竞争力实战指南之三——渠道力（上）

Dialogue on Branding ▶▶▶▶▶▶▶▶

第35期
打造百年品牌竞争力实战指南之三——渠道力(上)

【本期节目概述】

近年来我国电子商务迅速崛起，消费者的消费行为也因此发生了颠覆性的改变，线上购物甚至已经成为消费者的首选。面对电商的快速增长，实体店是否还有机会？本期节目主持人晨辰和段淳林教授将一起探讨“打造百年品牌竞争力”第三集——渠道力(上)。

一、全渠道变革拯救实体店

◎ 据阿里巴巴公布，2016年“双11”当天成交额为1207亿元，移动端用户已超过80%，而实体店则越来越萧条。该如何看待这种现象？

从纵向、横向两个方面来说，渠道力都非常重要。对于一个企业来说，就算产品技术很好，但如果渠道铺设不到消费者想要购买的地方，一切都是空谈。渠道是构建品牌与消费者之间通路的桥梁。从横向来看，渠道力就是铺市，一个品牌在铺市的过程中会在重点城市开设旗舰店、形象店，开设形象高端大气的商店的目的在于塑造形象；品牌店则开设在二级市场；除此之外还有社区店与专柜，这就是横向铺市能力。从纵向来看，渠道力即是从区域市场到全国市场、国际市场的纵向发展能力。对于任何一个品牌，渠道都代表着企业与消费者之间的沟通质量。

由于电商的发展，许多实体店尤其是百货业临近冰点，而渠道力很多时候就是破冰的关键。以梅西百货为例，2013年，梅西百货里面全是中国消费者，若没有中国游客购物，梅西百货就很难支撑下去。2013年后，梅西百货进行了全渠道营销策略变革，在去年第三季度报表中，销售额达到61.95亿美元，其中由于渠道变革带来的净利润增长就有22.6%。正是通过全渠道变革计划，梅西百货达到了良好的营销效果。

随着社会化媒体的发展与手机的普及应用，品牌主与消费者之间信息不对称的格局被打破，同时价格信息也越来越透明化。梅西百货观察到美国有59%的智能用户在意移动APP的优惠购物价格，而移动购物用户则高达69%。为了应对这种改变，梅西百货选择了全渠道变革。梅西百货的全渠道变革计划改变了传统以企业和品牌为中心的思路，转向以消费者为中心。利用所有消费者都能接触到的销售渠道，包括实体店、电商、呼叫中心，等等，使消费者能够最大化地接触到品牌产品。

在梅西百货全渠道策略中，有一个非常明确的主题——让购物体验简单而周到。为了让消费者在获得产品的同时不牺牲便利性，使消费者能在最方便的地方获得产品，梅西百货进行了一系列改革：包括已在梅西百货全网店实行的线上购买、线下取货的模式；对实体店销售终端进行技术创新，通过多屏互动展示品牌信息与消费者互动；加强手机APP应用，在iOS与安卓客户端上线梅西百货APP；提供梅西图像全方位搜索功能，消费者在日常生活中只需拍摄商品上传至梅西网站，网站检索就会立即将最接近的商品反馈给消费者；开设智能试衣间，一键呼叫店员帮助，并能在线虚拟试衣。梅西百货的全渠道变革策略还有两点非常值得学习：一是数字出版服务，系统会推出夏秋季时尚购物目录，消费者可以通过图片与视频在网上全方位了解产品；二是桌面搭配服务，系统能帮助消费者搭配餐桌的盘子、玻璃等器皿，提供家居摆设服务。梅西百货的桌面搭配服务突破了消费者对传统百货业只能依靠想象来完成搭配的印象，使用户参与度得到极大的提高。

二、技术助力商业转型

◎ 淘宝网与梅西百货合作推出VR购物，虽是以体验为主，是否也反映出梅西百货是一个创新的公司？

梅西百货突破传统百货业的观念非常值得借鉴，其理念——让购物简单而周到能给我们非常多的启发，特别是对新技术的采用非常值得学习。淘宝“Buy+”是2016年4月淘宝推出的全新购物方式，号称让消费者在家就能身临其境地去全世界“买买买”。“Buy+”使用VR技术，利用计算机图形系统和辅助传感器，生成可交互的三维购物环境，通过快速建模，让消费者实现在家试衣。淘宝的“Buy+”与梅西百货对接，难点是个人数据的构建与百货产品数据库的构建。因此需要将梅西百货所有的商品信息放到梅西百货的数据库中，同时梅西百货的虚拟空间还要能够通过VR展示出来，消费者只要戴上VR头盔，便能体验梅西百货所有的在售商品。这种新技术对百货业的冲击也是值得思考的。

◎ 百货业的线上体验也有很多商家在做，但是并不成功，这是什么原因导致的？是技术不够还是思想的局限？

线上技术创新的应用是逐渐成熟的过程，并且要数据来驱动。以VR购物体验为例，如果数据与算法模型不够精准，离达到与实体店一样的购物体验还是有差距。有的人去线上体验仅仅是出于好玩的心理，去实体店才有真正的体验感。尽管有VR这类沉浸式体验的工具，但是依然不如实体空间的体验感受。人们还是会认为是虚拟的东西，有虚拟的距离。

◎ 很多时候实体店体验很好但是价格更高，这是百货业需要改变的地方吗？还是说百货业就需要走这种更高端的路线？

一方面，百货业需要进行调整来改善这种差异。以梅西百货为例，它是在线上比价之后，线下送货，保持线上线下同步。另一方面，电商也在转变，向线上线下同步的新零售方式发展，而不仅仅是依靠价格的优势。

传统的渠道与电商渠道如何整合创新？这是双方都要思考的问题，不能因为电商发展得好，就舍弃传统的渠道。

* 关键词解读 *

销售渠道

销售渠道是产品从生产者向消费者转移所经过的通道或途径。它是由一系列相互依赖的组织机构组成的商业机构，即产品由生产者到用户的流通过程中所经历的各个环节连接起来形成的通道。销售渠道的起点是生产者，终点是用户，中间环节包括各种批发商、零售商、商业服务机构(如经纪人、交易市场等)。

正确运用销售渠道，能够为企业迅速及时地将产品转移到消费者手中提供保障，而在销售渠道上占有优势的企业可以树立起竞争壁垒，从消费终端获取更多的消费者，从而扩大市场份额，提高产品销售，最终实现利润增长。选择销售渠道的内容包含两个方面：一是选择销售渠道的类型，二是选择具体的中间商。

企业在决定自己的销售渠道时需要考虑自己的产品与渠道的匹配问题，而不同渠道的特点与优缺点也各不相同，匹配的渠道能够帮助企业节约成本、扩大销售，而不匹配的渠道则会导致资源浪费甚至是企业的失败。总体来说，企业在考虑渠道结构时需要注意以下三个方面：

(1)长度结构(层级结构)。即指包含的渠道中间商(购销环节)数量，一般分为零级、一级、二级和三级渠道等。零级渠道，又称为直接渠道，是指没有渠道中间商参与的一种渠道结构。在零级渠道中，产品或服务直接由生产者销售给消费者。零级渠道多适用于大型或贵重产品以及技术复杂、需要提供专门服务的产品。一级渠道指只包括一个渠道中间商，这个中间商可以是代理商、佣金商或是经销商，也可以是零售商。二级渠道包括两个渠道中间商。三级渠道则包括三个渠道中间商，但这类渠道主要出现在消费面较宽的日用品中。

(2)宽度结构。即指每一层级渠道中间商的数量。渠道的宽度结构受产品的性质、市场特征、用户分布以及企业分销战略等因素的影响。主要分为密集型分销渠道(选用尽可能多的渠道中间商)、选择性分销渠道(选择少量的渠道中间商)和独家分销渠道(选用唯一的一家渠道中间商)

(3)广度结构。广度结构实际上是渠道的一种多元化选择，这种方法通常是企业针对不同类型的客户或者是产品采用的一种混合型渠道模式。

渠道的选择非常关键，同样，对渠道的控制也是企业应当重视的问题。层级过少、宽度过窄的结构虽然会使企业拥有非常强大的渠道控制力，在与中间商的谈判当中处于优势地位，但是这可能会阻碍企业销售规模的扩大。如果层级过多，太过于扁平化的渠道结构却也可能导致企业渠道控制力过弱，与中间商讨价还价的能力不足，使得成本增加。因此，要确保企业分销目标的顺利完成，就必须对建立起来的渠道系统进行适时的渠道控制，包括对渠道系统的考核、激励以及渠道冲突的解决等。

* 案例 *

美特斯·邦威：渠道变革也不走寻常路

“美特斯·邦威”是上海美特斯邦威服饰股份有限公司于1995年自主创立的本土休闲服品牌。其目标消费者是16~25岁活力和时尚的年轻人群。品牌致力于打造“一个年轻活力的领导品牌，流行时尚的产品，大众化的价格”，“不走寻常路”就是美特斯邦威的品牌口号。2004年、2005年，美特斯·邦威连续两年被评为“中国青年最喜爱的服装品牌”。2012年“中国最有价值品牌100强”榜单中美特斯·邦威以61.69亿元居第52位。

1. 背景

美特斯·邦威最初的成功与其在中国服装行业率先采取“虚拟经营”模式密不可分。所谓“虚拟经营”即生产虚拟化与销售虚拟化。生产方面，美特斯·邦威实际上并没有一间属于自己的服装生产厂房，也没有自己的设备以及生产工人。美特斯·邦威自己掌握品牌与设计的技术，而生产制造则是通过与广东、江苏等地的20多家服装生产企业建立长期合作关系，通过外包的方式降低成本。销售方面，美特斯·邦威主要采取特许经营模式。在美特斯·邦威拥有的众多专卖店中，大部分是特许连锁专卖店，而直营店只占少数。

1995年建成的美特斯·邦威依靠“轻资产模式”开创出一个庞大的服装王国，然而在2015年上半年，美特斯·邦威服饰却出现了上市7年来的首次亏损：归属母公司股东的净利润为-9476万元，同比下跌152.9%。实际上从2013年开始，美特斯·邦威就一直处于亏损状态，2013年营业利润为5.1亿元，较2012年下降42%；2014年营业收入为66.20亿元，较2013年下降16.08%；2015年第一季度营业收入为17.53亿元，较上年同期的18.41亿元下降4.75%。“连续三年亏损”成为美特斯·邦威头顶上的紧箍咒，甚至关闭了千店有余。

美特斯·邦威的亏损危机实际上并不是无缘无故出现的。究其原因，一方面在于产品，美特斯·邦威旗下的多个品牌并无太多创新，难以更好地吸引消费者，特别是在ZRAR等国际“快时尚”品牌的冲击之下，难免会出现市场份额下滑、消费者被分流的现象；另一方面在于渠道，美特斯·邦威原有的加盟代理体系决定了其无法从根本上走入“快时尚”，加盟商因为要承担风险，更希望获得“爆款”，而“爆款”就注定是数量极多的“街服”，缺少个性化元素。虽然美特斯·邦威开始不惜以高出加盟店5倍的代价大力推动直营店，但是同样也加剧了加盟店和直营店的矛盾，结果造成了更多的库存堆积与更加严重的损失。

2. 创意

产品与渠道的落后，特别是观念上的落后都是美特斯·邦威出现经营危机的根本原因。面对市场的新变化，寻求突围的美特斯·邦威重新调整了自己的品牌体系，将主要精力回归自己的核心业务，从产品上重新挖掘自己的优势。渠道方面则向新兴商圈转移，以迎合消费者的差异化需求。而对于直营与加盟两种渠道之间的矛盾则通过强化管理来缓解。这些举措都表明美特斯·邦威正在从产品导向向消费者导向转变，满足消费者需求才是当下服装产业生存发展的必走之路。

3. 执行

意识到品质消费时代的来临，也为了走出亏损的困境，美特斯·邦威开始了转型之路。产品方面，积极推进品牌和产品创新，重新聚焦美特斯·邦威品牌及其风格化品类等核心品牌业务；为了满足年轻消费者日益细分和体验升级的需求，美特斯·邦威品牌从原来传统单一的休闲风格转型裂变为多元化生活方式品牌。除此以外，美特斯·邦威集中资源发展ME&CITY、Moomoo、ME&CITY KIDS等高潜力品牌业务，对各自品牌的内涵与价值进行深度挖掘和再定义，聚焦核心目标消费群体，围绕不同生活态度或生活场景，持续优化品牌定位、产品策略、产品设计和产品质量。

渠道方面，传统商圈因为布局模式单一，其影响力正逐渐衰退，而随着城区功能转变，城市空间快速扩张，新兴商圈应运而生，尤其是购物中心。美特斯·邦威不仅顺应趋势，关闭低效门店，同时采取主动策略，将大店战略调整为向购物中心这一优质载体转移，通过持续加强与购物中心及其他新兴购物渠道的合作，以全新的店铺形象升级打造一站式购物体验店，为消费者带来焕然一新的多元生活方式和一站式品牌购物体验。此外，美特斯·邦威还以深度满足消费者差异化的需求为导向，区分不同类型和风格的渠道店铺，对组织体系进行了进一步的梳理和优化。

美特斯·邦威的经营危机来源之一便是加盟渠道经营调整滞后于直营渠道，为此美特斯·邦威强化了总部加盟管理团队，加强对加盟商的货品、陈列、营销以及人员培训等运营领域的直接管理支持输出，以提升加盟商的经营管理水平和区域市场的品牌竞争力。

4. 结果

美特斯·邦威的统计资料显示，2016年前三季度，直营、加盟的店铺数量开始由减转增。前三季度新开店铺886家，关闭调整店铺651家，总店铺数为3961家，较2015年末增加235家。业绩快报显示，美特斯·邦威服饰2016年利润总额为1.63亿元，与上年同期相比增长223.62%，归属于上市公司股东的净利润为3647.97万元，与上年同期相比增长108.45%。经过渠道变革，美特斯·邦威成功实现了扭亏为盈。

5. 启示

美特斯·邦威的连续亏损实际上可以说是“成也渠道，败也渠道”。在十几年前“渠道为王”的年代，服装企业花钱砸渠道，四处开门店，通过代理商降低成本确实可以收获成功。而现在的市场环境却决定了这是一个“用户为王”的年代，无论是从产品还是渠道都可以看出，美特斯·邦威最初实际上仍停留在“我认为用户需要什么”的观念上。庆幸的是经过三年的时间，美特斯·邦威终于意识到自己的问题所在，“用户需要什么我提供什么”这种客户导向观念才应当是当下企业进行产品创新与渠道选择的基准。

美特斯·邦威的渠道升级过程也表明渠道与产品的匹配不是一个静态的过程，曾经合适的渠道也可能因为消费者和市场的改变而变得不再合适。企业需要保持一种对市场的敏锐度，及时根据市场环境对自己的产品不断进行创新，同时对销售渠道中表现出来的矛盾与冲突也要及时解决，这样才能获得消费者的认可。

Dialogue on Branding 36

第 36 期

打造百年品牌竞争力实战指南之三——渠道力（下）

Dialogue on Branding ▶▶▶▶▶▶▶▶

第 36 期

打造百年品牌竞争力实战指南之三——渠道力(下)

【本期节目概述】

当下，电商发展势头越来越猛，“双十一”的销售额又创下新高。但是当人们追逐电商的时候，马云又决定要去电商化。有人说，电商这个概念已经被抛弃了。时代发展得如此迅速，我们应不应该完全追逐线上的发展?线下的门店怎么办?是完全转型或抛弃它，还是有更新的模式等待我们去探索?本期节目中，主持人晨辰和段淳林教授将会围绕这些问题，进一步和大家探讨如何打造品牌竞争力。

一、电商发展的三大阶段

◎ 当人们追逐电商的时候，马云说他要去电商化。所以有人说，电商这个概念已经被抛弃了。时代发展得如此迅速，我们应不应该完全追逐线上的发展?线下的门店怎么办?是完全转型或抛弃，还是有更新的模式等我们去探索?

电商发展到了今天，马云提出了“新零售”的概念，这个概念的提出具有里程碑式的标志性意义。几年前，电商的发展实际上属于电商在线上发展的初级阶段，主要的发展策略是打价格战。提出“新零售”的概念，是让我们从便利和快捷的角度，带给消费者一种新的购物体验。当消费者的消费习惯改变，特别是 80%的消费者都在以手机和网络的方式去购物时，电商提供给人们的会是一种更加便利的购物方式。因此电商要想获得更好的后续发展，就要在品质和品牌的打造上下功夫，要改变大家对电商价廉质次的形象，为此我们要把品牌和品质在新零售的平台上展现出来。

◎ 品牌发展有哪三个阶段？

有人说，由于电商直接和销售者对接，所以它的成本是可以下降的，因此电商具有价格优势。价格低相对于实体店是有优势的，包括实体渠道，因为加盟实体渠道要支付成本，而多出的40%的渠道成本，基本上要转嫁到消费者身上。电商在保证线上和线下产品同质的前提下，有新的品牌形象和具有品质感的品牌，还具有价格优势。但也有人认为，线上只是一种新的渠道、新的零售空间，很多企业在线上线下同价领域里并没有很大差距，很多消费者觉得线上只是给他们提供了便利的消费方式。当然，也有一些品牌在线上就是为了售卖价格相对低廉的东西，比如很多奢侈品在网络销售的是过季的或者稍微和线下有点差异的产品，甚至是只售卖专门为线上做的产品。还是同样的品牌，但是它做到了成本控制，也保证了线下的实体店的品牌品质和人们对它的好评不会受线上产品的影响，这种方式值得品牌去探究。

从更长远的角度来讲，线上和线下同价应该是一种趋势，在这个过程中，第一个阶段是打价格战，第二个阶段是电商渠道中提升品质感，第三个阶段是塑造品牌的形象。

◎ “双十一”的时候有人在反思，认为低价其实并没有给品牌带来利润，只是给品牌带来了流量和知名度，这种形式长期维持下去是否对品牌并没有什么好处？

品牌最重要的不是价格，而是价值。品牌的价值中，最重要的是通过品牌的影响力给产品带来高附加值，其高附加值是通过品牌忠诚度，以及它的发展和品牌历史的积累传播才具有的议价能力。这样的高附加值对于企业来讲才有生命力和持续性。价格随时都可以被代替，因此价格不是核心竞争力，只有沉淀的价值，才是核心竞争力。所以电商的发展过程应该是从打价格战，到注重精品战略，再到增加品牌附加值的过程。电商经过这样的发展后，拥有线下实体店的企业，更要注重通过渠道插上翅膀。由于人们的消费习惯改变了，因此品牌不能忽视电商这个渠道，同时品牌要重点考虑如何在传统的渠道上插上电商的翅膀，如何进行双渠道整合，或者如何创新多渠道整合应用。

二、线上线下双渠道整合

◎ 品牌在线下如何发展？在双渠道整合上有没有什么品牌值得学习借鉴？

艺之卉时尚集团，是一家以服饰产业、现代传媒产业以及创意产业三大产业为支柱的大型国际化时尚集团。集团秉承“用设计改变生活”的企业理念，以创造多层次的时尚生活方式为宗旨，集设计、生产、营销于一体，涉及服装服饰、现代艺术品、家居用品、文化生活用品、现代传媒、创意产业等多个产业，旗下拥有著名原创设计师女装品牌 EACHWAY、高端设计师女装品牌 HUI 以及时尚艺术生活方式类品牌 SOFA。

在电商方面，它除了有 SOFA 这样年轻化的自品牌之外，也拥有其他的形象产品。与此同时，它的实体店铺设速度非常快。在成都、武汉、宜昌，甚至是西安等地都开了实体店。在铺设实体店的同时，它也加速了高端消费人群的凝聚和黏合，其品牌不单纯打价格战，价格战对它的品牌形象没有任何帮助，只会稀释它的品牌价值。在提升品牌价值方面，今年艺之卉在深圳的欢乐海岸开设了高端的体验店和生活方式馆——十等于十(+等于+)，专门用来展示艺之卉品牌的形象。这个创意来自于品牌创始人赵卉洲的“卉”字。“十=十”是花卉的“卉”的拆解，“十”也可以看成加号，延伸出家的感觉，它体现的是“设计、生活、家”的概念。艺之卉希望通过这个平台跟用户有一个深度的沟通。在整个沟通过程里，它的主要目的还是提升自身的品牌价值。它设立了青少年公益基金，举办了各种定制的生活 party、生日会、交流会等活动，以及开设了时尚课程沙龙。

◎ 品牌如何与消费者共创品牌价值？

艺之卉时尚集团开辟了儿童玩乐的空间，让小孩子自己动手做时尚设计。任何一个品牌都有老化的过程，因此品牌不能到品牌老化时才考虑少年儿童喜欢什么样的产品和品牌。日本的很多品牌，都开始用儿童来做形象代言人。艺之卉关注孩子，特别是鼓励小女生做时尚设计，让她们参与公益以及参加小设计师比赛，或者让孩子成为他们自己的形象代言人；时尚发布会不让一般模特走秀，而是让孩子们穿上自己设计的服装参与走秀，甚至其家人也可以参与到走秀活动中。这些方式让消费者获得一种新的高端的生活方式体验，能让消费者对品牌有更多的认知认同，并对品牌的理念产生共鸣。在这个意义上，消费者如果能深入地参与到某个品牌的活动或者体验里，就会产生品牌价值共创。品牌在发展方向，或者发展风格上，都会采纳消费者的建议，同消费者共同提升和打造品牌的文化价值及品牌附加值。

◎ 对于线上本来就很成功的企业，最初可能是没有线下实体店的，但是在这种大趋势下，他们有没有必要做线下的店呢？

品牌从线上打价格战到线上和线下产品同价，再到注重品质和品牌是一个过程。只拥有线上店的品牌，在进入到电商领域的初级阶段，会带给消费者一种价格低廉的思维定势。很多纯粹的电商企业，由于利润薄、品牌价值低，品牌的持续发展受到了挑战，在这种情况下，纯线上电商品牌就要考虑去线下做形象店，以提升品牌的品质。但线下投入大、成本高、运营难、回报少等也是需要考虑的因素。

对于如何在电商空间越来越少时让品牌能够发展的问题，一方面要继续保持品牌线上的稳定，另一方面是试水实体店。线上要向线下走，线下的实体店也要到线上去，发展两个方向就能多一个渠道。

三、如何选择合适的渠道进行建设

◎ 从渠道建设来看，品牌的建设有哪些渠道？

一种是特许经营，从形式上说，渠道的特许经营，如麦当劳，就是品牌授权的经营，商家在达到品牌要求后才能获权经营。另一种是管理式渠道体系，依靠某一个企业本身的市场声誉和产品的创新能力以及其他力量，将渠道中不同的品牌联合在一起，成为一个体系。现在这种管理式的体系，多为大卖场采用，如国美、苏宁。但无论是国美还是苏宁，它们都有了自己的电商店铺，如苏宁的电商苏宁易购。另外还有自建渠道，如旗舰店，有些企业拥有自建渠道的实体店，整个销售网络在全国甚至全球进行铺设。这种自建渠道的好处就是不受制于流通领域的大企业如国美和苏宁的制约，这关系到控制权和话语权的问题。此外还有品牌加连锁的方式，比如真功夫采用的就是品牌加连锁的方式。还有所有权体系，所谓的所有权体系就是让经销商以入股的方式控制联合经营销售渠道，给它一定的股份，使其成为专门的营销公司。对于一个企业来说，既要看到不同的方式，选取适合自己的方式，又不能忽视全渠道、全方位营销的理念，尤其是这种新的渠道态势的发展，即使是手机电商也还有很多智能化营销的平台。

四、消费习惯引导渠道融合新方向

◎ 现在线上和线下的比例，会不会已经达到了一个平衡点？

总体而言，如今的市场外部环境是艰难的。市场集中度越来越高，有些实体店的企业在寻求到线上去尝试。新零售的方式也在往线下走，并进行对接。

亚马逊早在美国第五大道开设了旗舰店，所以线上和线下的融合是一个必然的趋势，但是这种方式能不能达到平衡点，甚至哪一个在博弈中更突出一些，现在还很难预测。这关系到消费人群的走向问题，如果未来“90后”甚至“00后”成为消费主体，那么除非品牌有足够的吸引力，否则很难让他们去实体店进行体验。同时中国又正步入老龄化社会，年龄大的消费者群体的消费习惯仍然是在实体店里消费，所以随着消费人群的变化，整个商业业态也会再调整。

＊关键词解读＊

线上线下整合

媒介技术的发展催生了各种新的媒体类型，归根结底，可以从两个方面进行说明。一方面，随着智能终端设备和移动互联网的推广，线上媒体迅猛发展，不断地由一线城市深入二、三线城市，并逐步深入农村，呈病毒式扩散，因此对现代人的生产和生活产生深刻的影响。其中线上传播又称为网络传播，主要是立足于各种线上媒体，以计算机通信网络为基础，进行信息传递、交流和利用，从而达到其社会文化传播目的的传播形式。另一方面，线下媒体主要是指除电视、报刊和广播等传统媒体以及户外广告牌、流动广告、POP广告等常见类型之外，基于创新性的品牌接触点和活跃的传播创意形成的新型线下传播载体。由此，线上与线下给企业组织开展品牌传播带来了众多选择性和可能性，但同时给企业组织带来了难题：如何有效利用线上传播和线下传播才能达到最佳的品牌传播效果？

企业组织应以品牌核心价值为中心，利用互联网进行线上与线下跨媒体整合。Web 2.0时代之后，消费者互动参与逐渐成为整合品牌传播过程的核心。在社会化媒体平台上，消费者不仅是消费主体，也是具有独立思想、心灵和精神的个体，其以自身为媒体，自主创作内容进行自我表达，促使品牌沟通从传统的单向 B2C 模式转变为 B2C2C 模式以及 C2B 模式。这导致消费者的任何社会化表达行为都影响着其他的消费者，也形成品牌价值能够超越经济价值上升到社会价值的基础。同时，在整合品牌传播的范畴下，消费者的所有用户自创内容 UGC 都成为品牌传播的媒介，品牌接触点的内涵得到扩大。从以单向传播为主的 Web 1.0，到以互动沟通为主的 Web 2.0，再到现今以价值共享为主的 Web 3.0，品牌传播的流量呈指数式增长和多元化流动，在众多品牌接触点的协作下达到裂变式扩散传播。在这种环境下，企业组织开展品牌传播面临的不仅是良好的机遇，而且还是巨大的风险和挑战，极小的一点过失都容易经由消费者主导的传播过程得到无限放大。利用网络媒体进行的跨媒体整合，一方面是对不同线上媒体营造的虚拟空间的整合，另一方面是对由电视、报刊和广播，以及户外广告牌、流动广告、POP 广告等形式营造的线下现实空间的整合，虚拟与现实相互融合形成虚实合一的 O2O 传播模式，促使品牌传播成为消费者生活方式的一部分。同时也要通过对消费者的数据化分析，洞察消费者的行为，以品牌核心价值为中心对消费者的各种品牌接触点进行整合，实现线上与线下的协调以及品牌信息的引导，统一输出品牌核心价值。

* 案例 *

Marc Jacobs：让线上和线下活动共同为品牌增色

1. 背景

Marc Jacobs 曾说过：“我不想兜售生活方式，我只想做点衣服”。如今处于天命之年的他早已被当作时尚的标杆，他不仅将自己桀骜不羁的个性与“浪人时尚”的设计哲学完美结合，他的营销团队也用灵活大胆的营销风格为品牌留住了口碑，赚足了人气。

Marc Jacobs 的营销团队一贯注重线上线下的双向互动，通过线上的影响力来带动线下的活动和销售，这使得 Marc Jacobs 品牌从一众时尚大牌中脱颖而出，成为颇受年轻人膜拜的奢侈品牌。

2. 执行

(1)抢得先机，充分借势话题。

索契冬奥会开幕式的失误在仅仅几个小时之后就被电商网站 ZAZZLE 制作成“冬奥会故障”T 恤，其商业眼光和执行速度为大家所津津乐道。数字时代无疆域、无时差的信息传播让商家的反应速度成为制胜关键。2012 年 5 月，素来喜欢作弄精品品牌的法国街头涂鸦艺术家 Kidult 在 Marc Jacobs 纽约门店的门口用桃红色油漆喷上大大的英文单词“ART”。当 Kidult 得意洋洋地看着 Marc Jacobs 门店的工作人员清理现场，并傲慢地在自己的 Twitter 上贴图宣示“I did some ART”时，他还没意识到，Marc Jacobs 早已抢得先机。Marc Jacobs 似乎非常乐于接受这份“从天而降”的大礼，抢在 Kidult 之前就在官方 Twitter 上发布了这幅照片，像是孩子在炫耀刚到手的礼物。他们将这幅大作命名为“Art by Art Jacobs”，并火速将这幅照片印制成限量版 T 恤，以 689 美元的天价发售。

2013 年 6 月，Kidult 二度出山，在 Marc Jacobs 巴黎门店喷上荧光绿的“＄686”字样，并用 Twitter 向 Marc Jacobs 隔空宣战：“680？689？686？这次看你要卖多少钱？”Marc Jacobs 似乎很愿意和调皮的 Kidult 一玩到底，他再一次将“灾难现场”的照片印制成 T 恤，售价 686 美元，似乎顺从地接受了 Kidult 对这款新 T 恤的定价。Kidult 这个鬼马艺术家遇上这样的营销高手也只能甘拜下风。在追求速度的同时，Marc Jacobs 也牢牢抓住了消费者的心理，对于高端品牌，越是限量发售，定价越高，越能让消费者趋之若鹜，这就如同数量稀少的错版邮票在市场上被集邮者疯炒价格却还是有人愿意一掷千金一样。

第36期
打造百年品牌竞争力实战指南之三——渠道力(下)

(2)践行企业社会责任，提升品牌形象。

研究发现，消费者在作出购买决定时，除了考虑产品的品质、商家的服务和结合自身的购物经验外，企业的社会责任也是消费者考虑的重要因素之一。Marc Jacobs 也深谙这个道理，除了最大程度地挖掘 T 恤的商业价值，Marc Jacobs 也将企业社会责任(Corporate Social Responsibility，CSR)和 T 恤结合，提升品牌形象，增加消费者的信任与好感。制作“Protect the Skin You're in”明星裸体 T 恤是 Marc Jacobs 从 2006 年以来与纽约大学皮肤癌症研究所合作，通过销售 T 恤来筹集资金的慈善项目。当时 Marc Jacobs 的长期商业伙伴兼密友 Robert Duffy 被诊断为皮肤癌，为了鼓励好友战胜病魔、早日康复，同时唤起公众对皮肤癌的关注，Marc Jacobs 邀请了如 Victoria Beckham、Miley Cyrus、Naomi Campbell 以及中国超模秦舒培等明星为公益裸身出镜，由著名摄影师 Brian Bowen Smith 操刀拍摄照片，印制成限量版 T 恤在网上商店和实体店同时发售。迄今为止，这些精心印制的 T 恤已为慈善项目筹得超过 400 万美元的资金。Marc Jacobs 还在 Facebook 上建立了“Protect the Skin You're in”主页，这个主页颇为特别，它几乎不发布文字消息，只分享身穿 T 恤的潮人们自发上传的图片，将身着这一系列的 T 恤打造成时尚潮流的象征。通过设计发售明星裸体 T 恤这样一种前卫大胆的形式，Marc Jacobs 将慈善项目与时尚潮流相结合，用最普通的 T 恤演绎出精彩的故事，刺激消费者购买。

(3)社交媒体与现实生活无缝切换，实现营销效果最大化。

你听说过逛街购物时不用钱包在手，只要在社交媒体上发布一条消息，就能获得心仪的商品吗？2014 年新春伊始，随着纽约时装周的启动，Marc Jacobs 也重新整合了线上线下资源，引领消费者实现在线社交媒体和现实生活的完美融合。2 月 7 日至 2 月 9 日，Marc Jacobs 雏菊香水快闪店在纽约曼哈顿悄然开放。如果你是拒绝使用社交媒体的土豪，不好意思，在这家店内你将一无所获。快闪店内通行的是“社交货币”，顾客只需在 Twitter，Instagram 和 Facebook 上发布带#MJDaisyChain 话题标签的信息，就能在光顾快闪店时得到优雅俏皮的雏菊系列商品。赠送的商品从香水到项链一应俱全，如果发在 Instagram 的照片被评为当日最佳照片，甚至能得到免费的 Marc Jacobs 手袋。

在过去的几年中，Daisy 系列与消费者始终保持紧密的互动。对 Marc Jacobs 来说，这间快闪店既能向多年来喜欢 Daisy 系列产品的顾客表示谢意，也能与时下当红的社交媒体营销策略结合，让更多人爱上这个品牌。Daisy 在 Marc Jacobs 推出的众多系列中拥有最活跃的粉丝，虽然 Daisy 香水并不是 Facebook 上粉丝热议度最高的香水，但是粉丝们都对 Daisy 香水极其忠诚，他们常常发布有关 Daisy 香水的照片，甚至创作一些包含雏菊元素的画作，良好的用户参与为这次活动的成功打下了基础。除了获取免费的礼物，Marc Jacobs 快闪店还贴心地为顾客准备了免费的美甲服务、Daisy 照相亭以及 Daisy 系列的最新商品，顾客可以沉浸在曼妙活泼的雏菊氛围中，尽享奢华体验。

3. 启示

Marc Jacobs 无论是利用社交媒体借势话题，引起消费者的关注，还是发起慈善活动筹集资金，或者是开放快闪店的活动，都充分利用了线上和线下两条渠道，借势热点和活动内容，激发消费者的购买欲。尤其是 Marc Jacobs 发起的快闪店，更是充分利用了线上活动来带动线下消费。移动互联网改变了我们的生活，同时改变了我们的商业模式。不管是“互联网+”，还是“+互联网”，都在充分利用技术手段，对产品或者模式进行升级，以提升效率或者体验。线上和线下不是相互孤立的，成功的线下活动还需仰仗线上积累的品牌、影响力，成功具备了线上影响力的网站，可以适时发挥品牌优势、与目标用户联系紧密的优势、了解市场的优势等来策划举办线下活动，很多时候，线上无盈利没关系，线上的影响力就是无形资产，可以通过线上的影响力推动线下活动的开展，不仅仅会提升知名度、加强与用户的联系，还会有可观的经济效益。

Dialogue on Branding 37

第 37 期

打造百年品牌竞争力实战指南之四——管理力

Dialogue on Branding ▶▶▶▶▶▶▶▶

第 37 期

打造百年品牌竞争力实战指南之四——管理力

【本期节目概述】

科学的品牌资产管理应该设立哪些职能部门？品牌管理中可能会面对什么样的危机？本期节目，主持人晨辰和段淳林教授将会围绕打造百年品牌竞争力的要素——管理力进行探讨。

一、品牌的管理力

◎ 外部的品牌竞争力包括市场的能力、营销的能力和渠道的能力等，什么是品牌的内部管理力？

管理是一个复杂的问题，管理的能力首先体现在管理的职能上，我们要有一个系统的管理部门或者管理体系。另外，我们要针对不同品牌所面对的问题，有针对性地进行管理，明确品牌管理的职能到底是在哪个层面上去管理的，比如 CBO 首席品牌官，一般来说，首席品牌官就是这个企业品牌的创始人，或者是它的董事长，也是第一个重视品牌资产的企业家。居于首席品牌官之后是品牌总监，他监管整个品牌的商标、荣誉、广告等，即传播管理和品牌的危机管理，还有某些企业系统设置了一些品牌管理手册等，这些都属于品牌总监层面。

除了品牌总监之外，在管理的职能、管理部门的设置上，还有产品品牌经理，这个职位针对的是品牌理念的管理。产品经理的工作范围包括产品的开发到生产，再到产品在市场上的投放渠道的设置等。产品经理是一个能够很好地传达整个品牌理念的职位，产品经理能从产品的角度传播并贯彻整个企业品牌的理念系统。

除了产品品牌经理之外，在促销活动里面还有很多线下活动的执行人员，我们称这个职位为品牌策划师，这是一个属于执行和落地层面的群体，或者一个部门。到目前为止，在品牌职能部门的设置上，中国企业开始得并不早，中国企业前30年基本上是处于产品推动企业品牌的阶段，未来或者是到下一个阶段的时候，我们才会重视品牌，才会认为品牌资产是一个企业最重要的无形资产，是最受法律保护的一种具有附加值的资产。所以现在，无论是正在转型的制造业，还是快消品行业，或是其他行业的各个品牌，企业家都开始重视品牌资产的管理。但是多数时候，在品牌资产的管理上，除了职能部门之外，我们看到的是一种有关品牌危机的管理，因为对于任何一个企业来说，预测不到的信息或者冲击，即所谓的突发事件，都会令这个企业在发展过程中很难一帆风顺。

二、品牌危机的管理

◎ 品牌资产管理的相关部门非常得多，内容也很繁杂，其中的重点就是品牌的危机管理，那么什么是品牌危机的管理呢？

品牌危机管理其实是非常重要的一个话题，品牌危机管理牵涉到产品质量的危机管理。如三星 Note 7 事件就是一个典型的产品质量危机事件，在一些机场甚至有明确的规定，为了防止爆炸，携带三星 Note 7 产品的乘客不允许登机。类似于这种产品质量的危机所引发的品牌危机事件非常多，例如三聚氰胺事件、苏丹红事件，再比如最经典的强生药业的泰诺胶囊事件，中美史克的康泰克 PPA 含量的问题。虽然它之后推出了新康泰克，但是一夜之间，它的销售就从6亿元多直接下降到零，基本处于滞销状态，这些都属于产品质量危机所带来的对品牌的无形资产的影响。品牌的树立，是一个无形资产、商誉和信誉，以及口碑等不断积累的过程，如果产品出了质量问题，那么口碑就会随之失去，这对整个品牌资产的影响是非常大的，那么面对这样的一个危机事件应该怎么去管理应对呢？这是品牌危机管理的一个重要的方面。

第37期

打造百年品牌竞争力实战指南之四——管理力

◎ 什么是产品的广告危机？

除了产品质量问题之外，还有广告问题，即在传播中出现的欺诈广告、没有信誉的广告、误导性广告，甚至是违法广告所引发的危机事件。最近的一个案例就是极草5X事件。2008年，极草5X的问世打破了冬虫夏草的传统食用方法。在产品上市的最初，极草公司的宣传着眼于“虫草新吃法”，强调产品通过粉碎、压片、包装可以让消费者不受时间、地点的限制随时食用冬虫夏草。但后来，极草公司发现人们对冬虫夏草的印象根深蒂固，单从时尚、方便角度宣传很难迅速打开冬虫夏草含片市场。于是，便出现了一系列广为人知的极草功效性广告的宣传。在该系列广告的宣传中，提出极草5X开启了冬虫夏草含着吃的高效利用时代，极草5X是“站在科技的高点，使其对精华成分的有效释放提升7倍以上”。同时广告还将极草5X与传统的冬虫夏草吃法做了一番对比：“加热超过60度，冬虫夏草中的活性酶类、真菌多糖等会被破坏，功效明显下降。常温生服，才会有更好的效果。”在传统媒体的广告中，极草把直接吃、磨粉吃、泡水吃、蒸煮炖等传统冬虫夏草的食用方法列入了冬虫夏草低效利用的五大误区中；而在电视广告上，极草则利用冬虫夏草在显微镜下的微生物活动镜头来强调直接食用冬虫夏草的危害。这个广告有夸大的成分，极草5X可能确实对免疫系统有一点帮助，但令人质疑的是其功能有没有那么强大？

另一个案例就是马来西亚碧桂园旁的“森林城市”。这个公寓号称是国际顶尖团队打造的新加坡旁的智慧生态大城，但实际上跟新加坡并没有太多的关系，公寓位于马来西亚。用这样的广告，会让人们认为该公寓是在新加坡，这就误导了消费者。还有最近的简一大理石事件，该品牌打出了“不用大理石，就用简一大理石瓷砖”的广告语。简一大理石是广东佛山一个非常知名的品牌，2015年简一差不多花了将近3个亿拿到了中央电视台《新闻联播》黄金时段的一个广告投放权，2016年，除了电视广告之外，其对各大楼宇也进行了铺天盖地的广告投放。

简一对广告的投入非常大，但是很多人却不理解广告语到底是什么意思，简一也做了一个调查，结果显示60%的人认为“大理石瓷砖”就应该含有大理石成分，事实上简一大理石瓷砖只是一种仿大理石的瓷砖。而且采用“大理石瓷砖”这种说法，还会让人认为它是一种高品质产品。因此，一家厦门的公司状告简一，说它没有大理石成分，甚至还有环保方面的问题等。但是从另外一个角度来讲，一个企业宣传自己把大理石品类和瓷砖品类合在一起，创造了一个新的大理石瓷砖品类是可以的，因为这样是不会伤害到大理石生产这个行业的。“大理石”本身就只是一种天然石材的称呼和类别，从这个层面上看，并不是某一个生产大理石的企业，就能对这样的品类具有独占性。既然不是某个企业独有的，而是天然存在的，就像空气和水一般，那么人们就是可以共享的。

说到简一，它虽然号称自己是意大利的品牌，但是有人质疑它的产品并不是意大利产的。当年达芬奇家具也是类似的情况，意大利当地是有一个同名的品牌，但是达芬奇家具跟真正的意大利佛罗伦萨的达芬奇家私没有太多关系，因此达芬奇家具无论是在工艺、原材料上，还是在整个宣传中都是有着虚假成分的。达芬奇家具的品牌打造非常不容易，而且品牌定位很高端，然而由于这样一个危机事件，导致企业几乎不复存在，所有的无形资产和商誉都消失殆尽，整个品牌也受到了非常大的影响。

◎ 遇到危机事件，要想扭转局面很难，最好的办法是什么？是提前把控好自己的产品吗？

品质控制体现了商誉，而商誉是一个积累的过程。比如泰诺胶囊在遇到危机事件以后，即很多人吃了泰诺胶囊后中毒身亡，强生制药公司在调查后主动承担了责任。实际上责任并不在企业，但企业承担责任、积极改进，投资了两三亿，召回问题胶囊，重新进行整个品质的管控，重新更改了包装和流水线等，因此这个事件并没有影响到整个强生制药的信誉，反而给强生制药加分了。所以并不是危机一旦出现，企业就会失去机会。另外，除产品危机、广告危机这样一些事件之外，还有品牌商标危机，即商标相似所带来的纠纷，如乔丹体育和乔丹。很多时候有些品牌就是在打擦边球，例如珠宝行业有周生生，有周大福，还有一个品牌叫周大生。

◎ 什么是市场环境的危机管理？

除上述内容之外，在品牌危机管理里，还有市场环境的危机管理，即关于某些预测不到的问题的管理。比如优衣库，它一直以来就是外国“快时尚”品牌里快速进入中国市场而且引起了很多人特别是年轻人喜爱的品牌，但 2015 年的三里屯试衣间事件，导致它现在市场占有率不断的跌落。还有市场的挤压，或者是市场的某些环节出现问题之后，对品牌的整个销量会造成一些影响。比如品牌和供应商之间的关系其实非常紧张，这种紧张关系让优衣库整个市场的销量包括利润都下降了 46. 4%，在供应商方面，它的衬衣最主要的生产基地——OEM 的基地主要在东莞，平均每个东莞工厂的工人一天要烫 600~700 件衬衣，也就是说，它的平均人力成本实际上是 600~700 美元，像越南或者其他地方可能是 120~200 美元，甚至还有一些地方比这个成本更低，那么在高成本的情况下，供应商和品牌之间的矛盾其实很难调和。而且，如果成本居高不下，品牌在市场上又受到众多“快时尚”品牌的压力，那么它对整个市场空间的管理就是一个危机管理。其实这也是市场供应商之间的一种关系，所以也有人说优衣库对 OEM 工厂工人的人性化方面的管理是不够的，但是从品牌的角度来讲，优衣库一定要控制成本。

另外在番禺的一个生产车间，优衣库工厂的工人平均一个月的加班时间达到了 119. 4 小时，但是我国劳动法规定月加班时间不能超过 36 小时。所以供应商一方面要求高品质，另一方面从品牌的角度来讲需要控制成本。所以品牌与供应商的矛盾如何解决，就成为一个很大的问题。如果解决不好，就会直接影响销量，同时也影响品牌的信誉。像优衣库这样的企业，会经常发布一些社会责任报告。但如果品牌把加班时间降下来了，那生产成本就提升了，品牌在市场上所谓的“快时尚”的概念就会受到侵蚀。受到侵蚀以后，消费者对品牌的认识就有了不同的看法，就会影响到企业整体的品牌形象。

这种市场对品牌的挤压，或者是市场某一环节造成的危机，其实也影响企业整体的形象和商誉。这样的情况还有很多，比如在内部管理里吃回扣；比如和 IBM 做生意的同时，也跟其他的企业做生意。这就好比“希拉里邮件门”事件，我给你一封邮件，你私底下给我一个回扣，结果事件曝光，影响了整个企业的形象。

＊关键词解读＊

危机管理

危机管理是企业、政府部门或其他组织为应对各种危机情境所进行的规划决策、动态调整、化解处理及员工培训等活动过程，其目的在于消除或降低危机所带来的威胁和损失。通常可将危机管理分为两大部分：危机爆发前的预计和预防危机管理。后者是指应对危机的有关机制。具体是指企业为避免或者减轻危机所带来的严重损害和威胁，从而有组织、有计划地学习、制定和实施一系列管理措施和应对策略，包括危机的规避、危机的控制、危机的解决与危机解决后的复兴等不断学习和适应的动态过程。

在某种意义上，任何防止危机发生的措施，任何消除危机产生的风险的努力，都是危机管理。但我们更强调危机管理的组织性、学习性、适应性和连续性。

第37期

打造百年品牌竞争力实战指南之四——管理力

危机管理就是要在偶然性中发现必然性，在危机中发现有利因素，把握危机发生的规律性，掌握处理危机的方法与艺术，尽力避免危机所造成的危害和损失，并且能够缓解矛盾、变害为利，推动企业的健康发展。

危机管理是指企业通过危机监测、危机预警、危机决策和危机处理，达到避免、减少危机产生的危害，总结危机发生、发展的规律，对危机事件的一种科学化、系统化的新型管理体系。危机管理的要素有：

(1)危机监测。危机管理的首要一环是对危机进行监测，在企业顺利发展时期，企业就应该有强烈的危机意识和危机应变的心理准备，建立一套危机管理机制，对危机进行监测。企业越是风平浪静的时刻越应该重视危机监测，在平静的背后往往隐藏着杀机。

(2)危机预警。许多危机在爆发之前都会出现某些征兆，危机管理关注的不仅是危机爆发后各种危害的处理，而且要建立危机警戒线。企业在危机到来之前，把一些可以避免的危机扼杀在萌芽状态，对于另一些不可避免的危机通过预警系统及时进行解决。这样企业才能从容不迫地应对危机带来的挑战，把企业的损失减少到最低的程度。

(3)危机决策。企业在调查的基础上制定正确的危机决策。决策要根据危机产生的来龙去脉，对几种可行方案的优缺点进行对比后，选择出最佳方案。方案定位要准，推行要迅速。

(4)危机处理。第一，确认危机。确认危机包括将危机归类、收集与危机相关的信息、确认危机程度以及找出危机产生的原因，辨认危机影响的范围和影响的程度及后果。第二，控制危机。控制危机需要根据确认的某种危机，遏止危机的扩散，使其不影响其他事物，紧急控制刻不容缓。第三，处理危机。在危机处理中，最关键的是速度。企业及时、有效地将危机决策运用到实际中化解危机，可以避免危机给企业造成的损失。

* 案例 *

康泰克：正确解决危机，对消费者负责

1. 背景

中美史克公司出产的康泰克被认为是在中国销量最大的西药制品。在2016年之前的11年间，康泰克的销量达到了51亿粒，占据感冒药OTC(非处方药)市场份额的40%，1999年的销售额更达到7亿元。

2. 危机

2000年11月16日，国家药品监督管理局(SDA)对在中国市场的15种含PPA(PPA有收缩血管的作用，可以缓解鼻塞、流鼻涕等感冒症状。美国耶鲁大学的医学研究小组发现：过量服用PPA会使患者血压升高、肾功能衰竭、心律紊乱，严重的可能导致中风、心脏病甚至死亡)的药物发出禁止销售的通知。而中美史克公司的主打产品康泰克(复方盐酸苯丙醇胺缓释胶囊)正含有这种成分。由于中美史克生产的康泰克最有影响及销售量最大，一时间康泰克醒目地出现在各大媒体上，许多人都认为PPA就等于康泰克。一夜之间，医院、药店纷纷回收了这些药，一些患者还拿着处方和收据到医院要求退换药。

3. 执行

为应对危机，中美史克公司立即成立了危机管理小组，并划分职责：领导小组，负责制定应对危机的立场基调，并协调各小组工作；沟通小组，负责信息发布和内外部信息沟通；市场小组，负责加快新产品的开发；生产小组，负责组织调整生产并处理正在生产线上的中间产品。其人员由10名主要部门的主管组成，另外10多名工作人员负责协调、跟进。很快，危机管理小组发布了危机应对计划：坚决执行政府暂停令，暂停生产和销售；通知经销商和客户立即停止康泰克的销售，取消相关合同；停止广告宣传和市场推广活动。

第37期

打造百年品牌竞争力实战指南之四——管理力

消费者方面，全国各地的50多名销售经理被迅速召回天津总部，他们带着中美史克《给医院的信》《给消费者的信》回归本部，按部就班地展开行动。公司专门培训了数十名专职接线员，负责接听来自客户、消费者的问询电话，做出准确专业的回答以打消其疑虑。2000年11月21日，15条消费者热线全面开通。同时，公司还积极争取新闻媒体的同情和支持，利用媒体的力量引导消费者。中美史克公司在北京召开了新闻媒介恳谈会，表示了“不停投资”和“无论怎样，维护广大群众的健康是中美史克公司自始至终坚持的原则，将在国家药品监督部门得出关于PPA的研究论证结果后为广大消费者提供一个满意的解决办法”的立场态度和决心。

经销商方面，他们得到了中美史克公司明确的允诺，没有返款的不用再返款，已经返款的以100%的比例退款。中美史克在关键时刻以自身的损失换来了经销商的忠诚。

股东方面，为了说服公司的大股东恢复对公司的信心，继续向公司投资，中美史克高层把股东请到了生产地点，让他们看到企业员工都保持着高昂的士气；同时，还从英国和美国的研究总部调来专家论证抗感冒新药的可行性。另外，做出一套完整的解决方案，让总部知道公司将如何处理这些棘手的问题，需要总部提供什么资源，而这一切都有科学数据做支持。总部在这一番科学论证中，看到了重新获得的商机，同意继续追加投资。充裕的流动资金和良好的商业信誉使中美史克在整个过程中并没有出现严重的财务危机，不仅扛住了康泰克停产所造成的直接经济损失，而且还有后续资金进行新药的研发。

企业员工方面，2000年11月17日中午，中美史克召开全体员工大会。当时，中美史克的员工并且也面临巨大压力，生产线的停止让一半员工面临下岗的危险。令员工们没有想到的是，中美史克在没有解决好技术问题前果断地让康泰克退出了市场，并且中美史克总经理杨伟强向员工们通报了事情的来龙去脉，宣布公司不会裁员。此举赢得了员工们空前一致的团结。

4. 结果

PPA禁令发布的292天后，2001年9月3日起，杨伟强率领中美史克研发部门的一干人员，先后在北京、天津、上海、广州、成都与媒体和客户见面，为“新康泰克”上市再做公关。据报道，“新康泰克”仅在广东上市一周，便获得了高达40万盒的订单。但公司也付出了很大的代价，它要独立承担大约6亿元的直接经济损失。另外，中美史克将库存和回收的旧康泰克全部销毁，损失至少在1亿元以上，而公司为新康泰克在生产设备、厂房改造以及相应配套工程上的追加投资也达到1.45亿元人民币。

5. 启示

中美史克在此次品牌危机事件中快速行动，迅速成立危机管理小组，并明确各小组的职能，分工明确，有针对性地采取对策，对不同的方面做出相应的解决措施。与此同时，对消费者和经销商、股东以及企业员工方面都作出了相应的交代，确保与企业有关的所有层面都能在第一时间了解企业的决策和事情的进展，消息的透明和传播的及时是阻止谣言传播的非常重要的因素。中美史克此次全方位的考虑及其在危机之后的反应，符合危机处理的“3T”原则，即Tell You Own Tale(以我为主提供情况)，强调牢牢掌握信息发布的主动权；Tell it Fast(尽快提供情况)，强调危机处理时应该尽快不断地发布信息；Tell it All (提供全部情况)，强调信息发布应该全面、真实，而且必须以实言相告。

因此，企业在面临危机时，不要逃避责任，要主动承认错误，勇于承担责任，积极做出相应的解决措施，这才能够化险为夷。

Dialogue on Branding 38

第 38 期

化解品牌危机到底有没有套路

Dialogue on Branding ▶▶▶▶▶▶▶▶

第38期
化解品牌危机到底有没有套路

【本期节目概述】

当品牌遭遇危机，常规的应对方法有哪些？当苹果公司深陷危机时，不按常理出牌的乔布斯是怎么做的？如何看待支付宝就校园日记道歉事件？本期节目主持人晨辰和段淳林教授将会继续围绕如何打造百年品牌竞争力——管理力进行探讨。

一、品牌危机的应对方式

◎ 企业面对危机时常规和非常规的应对方式有哪些？什么样的方式才是最恰当的危机应对方式？

说到危机管理，有一个关于IBM的案例，从1993年到2003年的10年间，它从硬件生产商成长为IT服务商，实际上经历了一个危机战略转型的过程。一方面它剥离了硬件生产的PC事业部，另一方面它整体购买了普华永道的管理咨询团队。这就给众多企业提供了一个在危机战略转型中很重要的启示：要有清晰的战略思维，即明确的企业品牌愿景、包容和驾驭预知未来的能力和展示领导能力，并且勇于承担风险等。

很多企业在遇到品牌危机时，通常的策略性应对原则就是主动承担责任原则、公开道歉原则、真诚沟通原则、权威认证原则等。危机管理最重要的就是对公众的承诺，公众不可能要求看到绝对的真相，他们最希望看到的是企业在危机中是否有承担责任的态度。比如百度在莆田系事件中所表现出的危机应对能力是不够的，至少到目前为止，其都没有对这个事件有一个公开的表态。而这带来的负面影响非常大，所以在面对危机的时候，企业最起码要以真诚的态度和心态面对公众。

◎ 品牌危机的非常规应对方式有哪些？

那么当危机事件没有套路可循的时候，又该怎么解决呢？并不是所有的危机都需要去卑躬屈膝地道歉并承诺改正。比如 iPhone4 的天线门事件，在 iPhone4 发布的数个小时后，就有美国网友在专业论坛上发布消息，称 iPhone4 引以为傲的边框天线设计存在致命缺陷，在用户用手紧握 iPhone4 的时候，其移动网络的信号就会在数分钟内衰减到完全无法通话的水平。一开始乔布斯认为这不值一提，但随着媒体的发酵，他认识到了问题的严重性。于是他紧急召集高管开会，在讨论会上，一类人认为要为产品质量真诚地道歉，另一部分人认为不需要道歉，而是用数据来说明产品不存在问题。而追求完美的乔布斯并不认可这些解决方案，最后他在发布会上说了这样一段话："我们不完美，手机也不完美，我们都知道这一点，但是我们仍然想要让用户满意。"乔布斯规避了问题，并且将问题转移到了所有的智能手机上，并最终展示出一种对于产品和品牌价值的坚定的信仰。最终公众接受了乔布斯的说辞，iPhone4 的退货率远远低于预期。很多人评价乔布斯此次的做法使品牌危机管理在现代营销史上达到了一个新的高度。

二、近期的两个案例

◎ 说到品牌危机，就不得不提三星，三星的危机处理为何使其被公众抛弃？

按照一般的危机处理套路，应该在 24 小时内快速反应，但三星在这一点上是欠缺的。韩国三星 Galaxy Note7 手机于 2016 年 8 月 19 日开始在美国、韩国等 10 余个国家发售，中国市场也于 9 月 1 日正式销售该款手机。然而，Note7 手机在全球销售不到 10 天的时间内，却接连收到 35 位用户反映有关新手机充电发热、起火甚至爆炸等问题。迫于市场压力，三星电子无线事业部负责人 9 月 2 日召开记者会并正式道歉，宣布召回在全球售出的所有

Note7 手机。但令人遗憾的是，三星电子在全球启动召回计划后，三星电子中国公司却表示中国市场正式发售的国行版本不在此次更换之列，其给出的理由是在中国销售的 Note7 手机采用了和国际版及韩版不同的电池供应商，并不存在爆炸风险，不用召回，将在中国继续销售。该声明一经公布，立即引起中国消费者的不满，有些消费者质疑三星电子存在“地区差别对待”。三星电子针对中国消费者的“坚决”态度，也引起了国家相关部门的重视。中国国家质检总局正式约谈三星，在交涉下，三星电子最终向国家质检总局备案了召回计划。对于三星电子区别对待中国市场的质疑声音，在 2017 年 1 月 23 日调查结果公布会上，三星电子作出了详细解答，表示中国市场未参与第一次召回，是因为在第一次召回的时候，其他国家产品用的 A 电池，中国用的 B 电池，而且 B 电池没有发生 A 电池发生的问题。最后结果验证显示，在 B 电池发现了 A 电池没有发现的问题，三星电子并没有对中国市场采取任何双重标准。此外，三星电子针对此次事件的道歉声明，也只出现在了美国的《华盛顿邮报》等媒体上，其后期尽管有召回行为，但也没有对后续生产的改进和保障作出承诺。

原来消费者对三星的喜爱程度和信任程度是不亚于苹果的，但现在有一种说法是三星的危机给了华为机会，华为一直以来在产品质量控制上都是非常严格的。其实很多手机的质量把关都是严格的，但是突发的危机是不可控制的，好事不出门，坏事传千里，一部手机质量再好，大家都会觉得这是理所应当的，但只要有一点点瑕疵，那么影响可能是致命的。就像这一次事件后，公众几乎抛弃了三星。

◎ 企业危机防不胜防，最近支付宝推出新的功能——校园日记，其负面影响非常大，那么支付宝是如何应对危机并获得公众原谅的？

最近支付宝推出了一个新的功能——校园日记。这个功能只对女性开放，人们可以对女生上传的图片进行打赏。而这就被钻了空子，一些人在上面发了女生的淫秽图片，这个事情所带来的负面影响非常大，但是支付宝对此迅速作出了反应。支付宝的母公司蚂蚁金服董事长彭蕾第一时间发布了一封内部道歉信，信中强调：①所有打擦边球嫌疑的圈子立刻解散；②恶意发布突破底线的图片的用户将被永久封号并永久不能注册；③团队内部讨论整顿，对于我们要什么不要什么，想清楚并写下来，严格执行；④请大家继续鞭策。

支付宝的这次事件是一次网络危机事件，其传播速度是裂变性的，只要稍有迟疑，就会恶化到无法收拾的程度。这一封内部道歉信只表明了一种态度，即制裁和严格把关的态度，而最后所说的从品牌诚信经营的角度来看应该怎么做才是最重要的。而在内部道歉信最开始，彭蕾说“错了就是错了”，道歉的态度非常真诚，公众就能对其表示理解。没有一个企业是不犯错的，但犯错之后该怎么去解决问题、坦诚地面对公众，以及后续要怎么做，才是大家更关注的。

阿里巴巴董事局主席马云随后也在内网中发声：“阿里巴巴珍贵的品质就是改正错误的勇气。支付宝，继续努力。阿里人，学习反思和自查。”这就塑造了一种企业文化和品牌形象。即可以犯错，但犯错之后要去改正、面对，这是一种很重要的价值观导向。一个危机被很好地解决以后，反而能展现正面的品牌形象。如果这次马云他们没能及时站出来道歉，而是任由其发展，可能到今天公众也不能原谅他们。

＊关键词解读＊

品牌危机

品牌危机是指在企业发展过程中，由于企业自身的失职、失误，或者内部管理工作中出现缺漏，等等，从而突发性地导致品牌被市场吞噬、毁掉直至销声匿迹，公众对该品牌的不信任感增加，销售量急剧下降，品牌美誉度遭受严重打击等现象。

在瞬息万变的产品竞技场上，产品是不是名牌决定着一个产品甚至是一家企业的兴衰成败。在老百姓眼里，名牌产品必定要实至名归。因此，企业千方百计地创名牌，千方百计地实施名牌战略。然而，市场的变幻莫测又决定了任何一个名牌都有可能遇到意想不到的事情，一个正在走俏的名牌突然被市场吞噬、毁掉已不是一件新闻；有百年历史的名牌一下子跌入谷地甚至销声匿迹也已不再是耸人听闻的新鲜事……市场就是这样的残酷。名牌产品是不会有危机的，很多人都这样认为，事实却并非如此。尽管信息技术的发展和交通工具的更新为人们深入市场前沿提供了全面而准确的资料，但竞争的残酷性、市场的全球化等使任何一个品牌都无法保证自己在多变的市场环境中不会发生波动乃至危机。

1. 缺少整体发展战略

有一套好的、完善的整体发展战略是名牌产品和企业更好地发展的重要元素之一。产品怎样发展？价格怎样定位？不同市场采取怎样的营销手段？……有许多问题都需企业认真思考，勇敢去面对。不同地区、不同人，对产品的需求和要求不同，中西部的人没有东南沿海城市的人开放，他们的传统观念比较浓厚，也较保守，服装生产厂家在采取产品营销策略时就不能一概而论，在开放城市投入开放型服装是对的，然而，向较保守的人群投送较开放的服装是行不通的。有许多企业的危机都是因其缺少整体发展战略造成的。

2. 管理机制不健全

有一套健全的管理机制，企业才能更好地发展，然而并非每个企业都会这样，因为没有有效的管理机制而引发危机的企业是存在的。它的主要表现有：

(1)缺乏监控系统。监控系统是企业管理必备的良药。没有监控系统的企业就如一个不知饥饱的人，这个人一见到能吃的东西就拿起来往自己肚里塞，而不知吃饱了没有，更不知肚子能否撑得下，这样做的结果只有两个：一是此人被撑死，二是此人得病。对于一个企业而言，制度的实施、员工的工作、领导的决策都需要监控，如果一个企业没有有效的监控体系，制度没得到合理、正常的实施，员工、领导的工作偏离轨道，他们都不会发觉危机，即使危机到来，他们也不会对此事先警觉，并进行有效的预防和控制。

(2)危机管理制度不健全。危机管理制度是危机管理的基础，是企业朝更好的方向发展的保护伞，它的健全于否对企业的影响很大，如果它不健全，企业就不会对危机进行预防，也不会对此进行有效控制，更不会对具体危机具体应对。就是因为危机管理制度不健全，台湾华航20世纪80年代发生了大空难，损失颇大。

3. 缺乏名牌危机意识

企业缺乏名牌危机意识的表现主要有：

(1)骄傲自大。

①以为自己坐上了“名牌”宝座，其他产品就无法抗衡。有一些企业认为自己的产品是名牌，就“前不怕狼，后不怕虎”，不把别人放在眼里，时不时便以“老大”自居：“我是名牌，我怕谁?”对危机掉以轻心使得它们一接触到危机或闻到危机的血腥味就败下阵来。

②对“名牌”不负责任，盲目追求“大”和“全”，郑州亚细亚商场的衰败很重要的一个原因就是过分盲目地追求“大”，为了显示“不俗”，刻意制造声势，哪怕是一个小型公关活动，或是一个小型会议，都要用很大数目的活动经费，致使许多资金都被没有必要的浪费掉。

③不考虑自己的整体经济效益。有的企业有自己的名牌产品，在外人看来，它应该有许多的资金，殊不知，这只是表面现象，实际的情况是它

很“空”，贷款很多，欠债也很多，仅剩一副空壳。

④国家政策的优惠、政府的保护等，冲击了一些名牌企业领导和员工的头脑，他们思想膨胀，恃才自傲，忘乎所以，没有危机感：“连政策都让我三分，何况你们这些烂绿豆、小芝麻?”还不时以为自己已功德圆满，达到了至高无上的境界，可以高枕无忧了，殊不知，危机正在酝酿。

⑤为了追求经济效益，把“名牌”抛在了脑后，从思想上丢掉了“名牌”的意识。有的企业在名牌创建后，便认为大任已经完成，只顾追求经济效益而忘记了长远利益，把“名牌”抛在了脑后，对危机放松了警惕，致使企业“名牌”的位子还没坐热就已大势东去。

(2)缺乏预警机制和监督机制。

由于对危机丧失了警惕，企业在对名牌产品进行营销时，一般都不会建立预警机制和监督机制，不对危机进行有效的预防和监督，当危机悄然降临，企业猛醒时，危机已经发生。

(3)缺少应变措施。

有些企业一遇上突发危机，就方寸大乱、不知所措，究其原因在于企业对危机的突发性没有充分的认识，更没有制定相应的应变方案，全然忘记了“凡事预则立，不预则废”的道理。

4. 假冒货对名牌及企业的冲击

名牌产品因其占有极大的市场份额、具有较高的信誉而备受消费者青睐，理所当然地成为造假者、制冒者首选的造假对象，大到奥迪汽车，小到剃须刀、电熨斗、方便面，各路假货、冒牌货肆意充斥市场，践踏着大街小巷的每一处角落，严重程度令人触目惊心。

假货、冒牌货的身影无处不在，一些假冒的名牌产品招摇过境，给国家的信誉造成了严重的影响。特别是最近几年，出口到东南亚甚至欧美的产品有相当一部分都是假冒产品，不仅使当地消费者深受其害，同时，国家的形象和声誉也受到了严重的影响，在有些国家，“中国货”已成了劣质产品的代名词。

值得一提的是，制造假冒名牌产品招摇撞骗的并不仅仅是国人，国际上也有一些不法分子假冒我国的产品。据统计，假冒我国名牌产品的数量已经超过“正宗产品”的出口量，国外进口商进口到劣质产品后返过来找我国生产名牌产品的企业算账的事时有发生。

假货、冒牌货带来的后果是沉重的。导致假货、冒牌货充斥市场的原因主要有以下几点：

(1) 产品的技术含量较低，也没有有效的防伪技术，很容易被假冒。

(2) 产品销售过程中，企业与消费者缺乏沟通。在现实生活中，有许多消费者都不知道如何辨别产品的真伪，不知道所购产品的各项指标和含量，不知道产品的产地等，造成这种现象产生的原因中，很重要的一点就是企业与消费者之间缺乏必要的沟通，消费者对企业和产品不了解或认识不够。

(3) 监察机制不健全，没对假货、冒牌货及市场进行有效的监察。

5. 名牌产品本身的质量出现问题

名牌产品自身出现了质量问题是名牌产品产生危机的一个重要原因，导致这个问题的主要因素就是企业领导及员工缺乏质量意识，对产品的质量不重视。在现实中，有许多名牌厂家面对雪片般飞来的订货单、着急找上门的用户，不由得产生一种功成名就之感，昔日那种抓管理的狠劲、咬紧牙关抓质量的拼劲逐渐淡化，名牌的防线崩溃，管理松懈，质量下降，更没有了追求更高目标的理想。对于名牌产品本身的质量问题，主要有四种表现，即：以次充好；缺斤少两；偷梁换柱；企业为获取利润销售积压、过时、变质的产品。具体来说：

(1) 以次充好。

某些企业为追求经济效益，把质量不好的产品，甚至是低劣的二等品、三等品乃至等外品拿出来充数，致使企业原先的红火场面慢慢冷清，名牌被毁。“秦池”酒的事情就是一个惨痛的教训。

(2)缺斤少两。

某些企业为追求眼前利益，生产的产品质量不好，缺斤少两，对平等交换的信条弃之不理，致使产品乃至企业的形象在消费者心中大打折扣，信誉度降低，门前冷清。

(3)偷梁换柱。

拿“梁”把“柱”换掉，“质”变了，“味”当然也就不同了，“柱”被换成了“梁”，许多楼房经不起折腾就纷纷倒塌。现今有许多企业和商家都在玩这种把戏，某矿泉水品牌经过厂家营销人员的营销，以及大量广告费的投入，终于在郑州市场有了自己的一片领地，在消费者心中也有了一定的口碑，然而好景不长，消费者逐渐觉得水的味道与以前不一样了，一个有心的消费者拿了一些水样到有关部门做了化验，结果让人大吃一惊，拿去送检的水居然是自来水！消息一经传出，许多消费者纷纷要求退钱，拒绝再饮用此品牌矿泉水。消费者的讨伐使这家企业在半个月后退出了郑州的矿泉水市场，并宣布倒闭。

(4)销售积压、过时、变质的产品。

有的企业或商家不理会消费者的利益，将积压、过时甚至变质的“名牌”产品拿到市场上出售，哄骗消费者，欺瞒消费者，这样做的后果只能是品牌“死亡”。

6. 国外名牌冲击

随着改革开放的深入，我国与他国之间的交流日益加深，外国介入我国的经济活动日趋频繁，或是在我国投资建厂，生产外国知名品牌，或是同我国企业合资，用外国品牌换掉我国品牌……由于这一浪潮的冲击，我国名牌产品的地位岌岌可危。

7. 企业商标意识不强

商标是商品的记号，是名牌产品的根本标志和主要资本。因企业商标不到位而使名牌产生危机的现象时有发生。其主要表现有：

(1)不及时注册商标。

忽视名牌产品商标的及时注册，是大量名牌商标被抢注的直接原因。在市场经济条件下，品牌竞争已成为企业成败的关键：失去一个品牌就意味着失去了一大笔无形资产；失去一个知名商标，等于失去了一个大市场；失去一个品牌可能使企业从此夭折。正因如此，当今世界企业之间的商标抢注现象越来越激烈。

我国的许多产品都有自己的商标，经过各方面的宣传和努力，产品乃至企业在大众心目中有了一定的影响和知名度，然而有些商标没有及时注册，而被他人抢注，结果损失惨重。

(2)不及时续展商标或不续展商标。

《中华人民共和国商标法》规定：注册商标有效期为10年，到期前六个月内应申请续展商标，在此期间内未提出申请的，可以给予六个月的宽限期，超过宽限期限未申请续展注册的，即丧失商标专用权。在现实生活中，由于品牌意识不强，法制观念薄弱，某些企业忽视品牌产品商标的续展工作，没有及时申请延续注册，甚至不去申请续展，结果自己辛辛苦苦创造的品牌被别的企业或外国企业抢先注册，自己落到进退维谷的悲惨境地。

(3)国内市场中，合资企业里的中方为蝇头小利而使品牌陷入危机。

国内厂商因一时之贪，禁不起外商低价格的诱惑，另辟生产线，将产品改头换面，当产品发展成品牌后，外商突然撤资，国内厂商措手不及，陷入危机。

(4)名牌产品的“孪生子”——类似商标的侵蚀。

有那么一群“胆大聪明”的造假者，“上有政策，下有对策”，使用“攀龙附凤”的招数公开造假。

细心的消费者不难发现，此类商标，是用同类产品中某著名品牌的商标图案或文字稍加修饰、演变、改动而成的，它在视觉上给人一种错觉，在宣传效果上以假乱真。

(5)随意许可转让商标。

商标的转让需有一定的程序、步骤，并按这些程序、步骤一一进行和实施，另外，商标的转让还应有一定的转让条件和年限限制，千万不可随意转让商标，否则会给企业造成不应有的损失。

8. 产品缺乏创新

市场在不断变化，人们的消费水平、消费观念也在不断地变化着，这就要求企业的名牌产品也要不断变化、不断改进、不断创新，以适应市场的变化和消费群体的变化，“流水不腐，户枢不蠹”说的就是这个道理。只有不断创新的名牌才是真正的名牌，反之，一味守旧，跟不上时代发展和潮流的名牌终有一天会被人们抛弃，被市场所淘汰。导致产品缺乏创新的原因大致有以下几种：

(1)管理观念落后。

企业决策者有没有创新产品的观念至关重要。它关系着产品的市场占有率，关系着企业的发展和兴衰存亡。由于管理观念的制约，产品得不到创新而影响企业发展的事时有发生。“我的产品是名牌，根本就不用去下那么大的功夫搞创新”，“名牌产品还用去搞这个？创新是销量不好、名气不大的小企业的事，我们不用这个，浪费金钱不说，还浪费时间”。事实是这样的吗？不是的。

(2)缺乏市场调查。

有没有市场调查是是否是创新产品的前提条件之一。由于没有去进行有效的市场调查，对消费者的需求、市场的要求没有系统的认识，企业是不会去搞产品创新的。跟不上消费者、市场、国际大环境的产品和企业迟早要挨打。

(3)缺乏技术型人才。

产品的创新需要技术型人才的开发和努力，技术型人才的贫乏直接关系着企业是否对产品进行创新。

(4)资金投入不到位。有的企业耗巨资在广告宣传上，而不注重改进产品、创新产品，比如秦池。

9. 品牌延伸不当

品牌的正确延伸是品牌得到合理运用，是企业更好地利用品牌这一无形资产进行多元化发展的重要因素之一，但是并非每个产品都能正确地延伸品牌。某些企业由于过分看重品牌的价值，盲目地延伸品牌，结果给自己带来了危机。企业品牌延伸不当的现象有：

(1)风马牛不相及。

一个生产农药的企业能去生产矿泉水吗？如果有人这样提问你，你肯定会说不能，因为你不会去喝生产农药的厂家生产的矿泉水。

(2)对品牌盲目定位。

品牌的定位是否准确关系着企业的实际利益，盲目定位品牌，对企业的发展极为不利。

(3)产品与品牌不分。

不同产品使用同一品牌可以降低企业宣传产品的费用开支，这一点无可厚非，但它也有一定的不足。这些产品中一旦有某一种产品出现问题，其他相关的产品也会跟着出问题，比如销路不畅，遭受冷遇等，给企业带来危机。

(4)不顾实际情况，急于创名牌。

有些企业为了创名牌，忽视了自身的情况，如底蕴不足、条件不够等。企业花了大量的广告费终于将产品推上了“名牌”的宝座，但时间不长，就会因自己的原因而退位，或摔得焦头烂额。企业需要树立品牌危机管理意识，制定危机风险管理机制，对可能出现的危机进行全面掌控。当危机出现时，尽可能把危机带来的影响降到最小值，甚至把危机转换成企业正面宣传的契机。

第38期

化解品牌危机到底有没有套路

＊案例＊

央视“饿了么”曝光事件：品牌如何正确应对危机

1. 背景

2016年中央电视台“3·15”晚会，曝光了网络订餐平台“饿了么”：食物制作现场“污水横流”，厨师“尝完的菜扔回锅里”，平台引导商家虚构地址、虚假宣传，甚至默认无照经营的黑作坊入驻……虽然北京食品药品监督管理局在节目刚播出后就查处了“饿了么”五店合一食品加工点，上海食品药品监督管理局也约谈了“饿了么”的相关负责人，但习惯叫外卖的年轻人还是吐槽，感觉“像吃了一只苍蝇”。

2. 执行

“饿了么”在被曝光后，并没有在第一时间做出反应，直到当天晚上22点39分才在微博做出了数百字简短的官方回应。而在此官方回应之前，网上流传的“饿了么”的回应却多是负面的，如微博实名认证用户“饿了么-大先生”的微博：“对不起，今晚忘记给央视续费了”，这些内容在互联网上广泛流传，无疑加深了消费者对“饿了么”的不信任感。

其后，针对被“3·15”晚会曝光一事，“饿了么”CEO张旭豪发出内部邮件称，“饿了么”的食品安全监管问题被点名曝光，这暴露出公司在资质审核和管理环节存在着无法回避的问题。

同时他也表示，必须承认，在食品安全管理上，“饿了么”确实存在失职之处。“‘饿了么’要为社会提供更好的服务，首先要从完善自身做起。食品安全的原则和底线，我们必须遵守。面对曝光的问题，我们必须保持谦卑的心态，审视自己的不足，去沟通，去倾听，去改变，去寻求更完善的方式和方法解决问题。要快，要坚决，要见效果!”

3. 启示

“互联网+”为我们的生活带来了巨大变化，从上网购物到手机叫餐，衣食住行都已经被网络改变。然而，“饿了么”的情况也揭示，“野蛮生长”难免积累下种种矛盾和问题，“井喷”的背后可能是泥沙俱下、良莠不齐的消费品质。“饿了么”虽然是个案，但在“数字化生活”的大趋势下，不及时构建起良性的市场秩序，就会导致劣币驱逐良币，成为既影响行业发展又影响公众福利的问题。

“互联网+”的概念意味着，互联网要与其他行业搭配，才能产生乘数效应，进一步提升价值。以网络订餐服务为例，从消费者下单到食物的制作、配送，涉及的主体很多，远不是制作一个软件那么简单。我们对一家餐馆、一个网站怎么管很在行，但一个网络平台连接起无数餐馆，构建起一个庞大的系统，这该怎么管，可能就缺少经验了。“互联网+”时代，会产生很多社会治理的新课题。

与网络约租车等服务一样，网络餐饮消费如何准入、如何监管，将成为今后很长一段时间里备受关注也极具挑战的问题。对于这样的新业态，既要避免“一管就死”，管得太细、太具体，从而扼杀行业的活力；也要避免“一放就乱”，监管跟不上，从而让投机者得利、让消费者受损。这确实考验着管理部门宏观的智慧、微观的耐心。

从监管层面讲，必须界定好外卖平台与接入餐饮商家之间的关系，规定好责、权、利的主体。平台负哪些责任，餐馆负哪些责任，出现什么样的问题应该由谁来管，“谁的娃娃谁抱走”。同时要加强市场检查系统、市场评价系统的建设，线上线下一起建构良性的市场秩序。酝酿许久、即将出台的网络食品经营监督管理办法，对网络平台的义务做了明确表述；部分省市也做了一些管理创新，包括实行平台向监管部门报送制度等，都在尝试勾勒清楚这个责、权、利的框架。

对于各个网络订餐平台来说，也应该有更多的自律意识。互联网经济竞争激烈、更新换代快，然而，“唯品质不破”。中国消费者必然会走过图快、图便宜的阶段，进入“品质时代”。不管是坚守严格的审查底线，还是以即时视频监督等方式增加透明度，网络平台方显然有很多工作可以去做——眼里不能只有“圈更大的地、得到更大的市场份额”。没有品质与口碑作保障，丢失市场份额是“分分钟”的事情。

不管是网络订餐，还是其他基于网络的服务，对于阶段性发展之后暴露出来的问题，不应简单“唱衰”或者“一刀切”地禁止，而应该视为改进与升级的契机。衣食住行无小事，这样的治理，表面上看是管理互联网平台，但本质上是管理公众的生活，可以说是另一种“民生”。政府部门的监管模式，必须以改革之心、利民之志，努力实现创新升级。

Dialogue on Branding 39

第 39 期

成功邀请教父级“大咖”的秘密是什么

Dialogue on Branding ▶▶▶▶▶▶▶▶

第 39 期
成功邀请教父级“大咖”的秘密是什么

【本期节目概述】

2016 年 12 月 11 日，第 15 届中国广告教育学术年会暨第三届新媒体发展与创新国际论坛在广州大学城顺利举行。本次学术年会由中国高等教育学会新闻学与传播学专业委员会广告教育研究学组(原中国广告教育研究会)主办，华南理工大学新闻与传播学院、暨南大学新闻与传播学院、广东外语外贸大学新闻与传播学院、广州国家广告产业园、广东省新媒体与品牌传播创新应用重点实验室“三所高校、两大平台”联合承办，呈现了一场“大咖”云集、思维碰撞的学术盛宴。本期节目主持人晨辰和段淳林教授将与大家一起分享段教授在办会过程中的难忘经历，以及邀请众多国际“大咖”参会的有趣故事。

一、难忘的经历有哪些

2016 年 12 月 11 日，第 15 届中国广告教育学术年会暨第三届新媒体发展与创新国际论坛在广州大学城顺利举行，来自 150 多所高校超过 400 名师生报名参加。厦门大学陈培爱教授说这次会议是“国际化创新、规模盛大的创新、跨界的创新”；北京大学陈刚教授说这次盛会“盛况空前，具有里程碑式的意义”；中国传媒大学黄升民教授评价这次盛会“不可复制”；也有人说这次会议“不是标准”，因为已经达到最高标准，很难超越；陈刚教授也提到，在这次会议中，他明显感受到了广东省广告学术界和业界的联系和互动，他认为很有特色，并用了“岭南广告学派”这个词。这次论坛的主题是“使命与责任：中国广告的创新与未来”，其实社会正在面临这样一个转折，即未来我们到底讲什么样的内容，培养什么样的广告人才，社会需要什么样的广告人才，我们怎样重新定义广告？

二、我们的特色是什么

一直以来，我们非常明显的特色是数字营销和整合品牌传播，此外是一直强调要形成“三跨”——跨学科、跨界、跨国际；陈刚教授提到，要形成学界和业界互动的岭南广告生态圈；暨南大学杨先顺教授，提到了这次会议的“三多”——参会人数多、合办单位最多(三所高校、两大平台)、规格最高。

这次会议影响范围非常广，在映客上进行了直播，有13700人观看直播。天津师范大学新闻传播学院院长孙瑞祥教授没有到场，但他看了直播，他认为会议盛况空前，很有感触。最后的闭幕式上，几位教授总结了五个关键词——里程碑、不可复制、不是标准、岭南学派、岭南生态圈。

三、邀请国际“大咖”

2015年8月第14届年会在青岛科技大学召开时就确定了下一年年会的主办方。当时开会时我提出了以下几点：第一，下一年是第15届年会，是值得庆贺的一个年份；第二，广告学的发展到了关键时期，我们广告人才的培养到底应走向哪里；第三，年会应该由“北上广深”这些对广告更为敏感的城市来办。华南理工大学一直举办新媒体发展与创新国际论坛，致力于把新媒体论坛、“1212广告中国”和广告教育年会“三会合一”，因此已经站在了一个制高点上。

年会提出了三跨模式——跨界、跨学科、跨国际。跨学科一直是华南理工大学新闻传播专业的特色，主要是和计算机、软件等专业合作发展；跨界就是学界和业界互动，广东省广告行业协会、广州市广告行业协会都是合办方，赞助的企业也很多，比如米、艺之卉、四方传媒、圣火传媒，等等；国际化是我们非常看重的一件事，因为学术界请到国际“大咖”非常困难。

四、拿到主办权后怎么筹备呢？

我在美国西雅图参加美国3A(AAA)广告协会2016年学术年会时认识了年会主席许智修教授，她主动提出在中国合办2019年国际年会的愿望。

舒尔茨，美国西北大学梅迪尔学院终身荣誉教授，被誉为“整合营销传播之父”，是广告界和营销界泰斗级的人物。我们专门去了一趟美国，拜访了舒尔茨教授，与其确定了时间和细节，经费由三方(暨南大学、广州美术学院和华南理工大学)共同承担。

作为一次国际论坛，最后一共邀请了6位外教，包括美国3A广告协会会长、明尼苏达大学传播学教授许智修，密歇根州立大学传播学院教授李海容。另外还邀请到了美国伊利诺伊大学传媒学院副教授Kevin R. Wise，香港中文大学商学院市场营销系教授、“千人计划”专家、中国社会科学院研究员康萤仪。

* 关键词解读 *

数字营销

所谓数字营销，就是指借助于互联网络、电脑通信技术和数字交互式媒体来实现营销目标的一种营销方式。数字营销将尽可能地利用先进的计算机网络技术，以最有效、最省钱地进行新市场的开拓和新消费者的挖掘。

数字营销是基于明确的数据库对象，通过数字化多媒体渠道，比如电话、短信、邮件、电子传真、网络平台等数字化媒体通道，实现营销精准化、营销效果可量化、数据化的一种高层次营销活动。

数字营销曾被看作是特殊领域的独立营销形式，但是，由于它提供了相同的受众沟通方式(只不过是以数字形式而已)，2003年开始已经经常被看作是能够涉及绝大多数传统营销领域(如直复营销)的营销形式。

在数字经济时代，传统企业在实现数字化时，必须把数字营销作为一个重要的方面来关注，变革原本不能满足需要的营销思想、模式和策略，实现新的营销方式。数字营销作为一个热点，将与数字管理、生产制造一道，成为数字企业的三个重要组成部分。一般来说，在充分竞争的市场上企业只能得到正常利润，如果想得到超额利润，那就必须创新。创新是对生产要素进行新的组合，从经济学的意义上讲，它不仅包括技术创新，也包括营销创新。其中，数字营销就是创新的典型事物。

数字营销不仅仅是一种技术手段的革命，而且包含了更深层的观念革命。它是目标营销、直接营销、分散营销、客户导向营销、双向互动营销、远程或全球营销、虚拟营销、无纸化交易、客户参与式营销的综合。数字营销赋予了营销组合以新的内涵，其功能主要有信息交换、网上购买、网上出版、电子货币、网上广告、企业公关等，是数字经济时代企业的主要营销方式和发展趋势。数字营销具有如下特点：

商业营销需要新招式，企业按常规营销通常是厂家按自己的主观想象，先将同一种产品制造出成千上万件，再一级一级地批发到各地商场。结果有许多产品并不符合消费者的需要，经常可以看到“大降价”“大拍卖”之类的标语。这不仅会严重影响企业的经济效益，而且会影响企业的生存和发展，降低企业的投资回报率和盈利能力。

数字营销就是为解决这个问题而提出的一个新营销模式，数字营销是在防伪查询基础上诞生的一种新营销方法，数字营销应先从产品防伪说起，最重要的一点是消费者保护意识差，嫌查询麻烦，第二点是消费者没有认识到当查询率提升到95%以上甚至100%时，防伪技术会产生一个质的飞跃，这个质的飞跃就是数字营销。如前所述，常规企业都是生产一批产品，然后通过层层批发的方式把产品销售出去，由于企业和营销信息的不对称，企业也就无法掌握产品的销售情况，造成库存增大，以致产品积压，企业效益大幅度滑坡，投资回报率大大下降，甚至会造成企业倒闭；而当防伪技术的查询率达到95%以上时就可以解决企业营销中的信息不对称问题，这就是数字营销。数字营销就是随时随地掌握企业产品市场营销的统计和信息反馈管理工作，让产品销售信息为企业的生产管理提供准确的依据，让企业随着产品销售的市场风向标及时调整方向，向效益最大化的目标前进。可以说，数字营销是企业最好的市场谍报员，是企业管理的军师和师爷，这项技术是防伪领域的一个革命性创新，也会把防伪技术带入一个崭新的领域。

* 案例 *

高露洁：跨屏视频投放

1. 背景

高露洁通过品友DSP系统开展PDB（私有程序化购买）与RTB（实时竞价广告）相结合的跨屏视频广告投放，让更多目标人群了解高露洁重点产品——360°修护牙釉质牙膏，提高产品的曝光量和覆盖率，促使目标消费者将其作为牙膏产品的购买首选。

2. 执行

（1）人群定向技术，高精准覆盖目标人群。

在互联网海洋中，想要加深目标城市指定人群对高露洁360°修护牙釉质牙膏产品的认知度，高露洁依托品友互动自主研发的人群分析模型与广告优化算法，通过人群定向、地域定向及算法等技术手段，筛选并构建出符合潜在受众人群属性的人群标签组合，实现目标人群的精准覆盖。

(2)PC+Mobile 跨屏投放，深度影响目标客户。

在信息碎片化的今天，消费者每天面对众多屏幕，多屏间的革新帮助广告主拓宽传播渠道，提供多样化的广告投放选择。此次广告采用 PC+Mobile 跨屏投放方式，根据不同时段用户使用设备的习惯，充分利用受众特点、收视重点，以及用户粘性等特征，实现时间、空间互补，提高不同屏幕下总体客户的到达度，扩大产品人群的覆盖量。

(3)对独立用户进行频次控制，优化体验，节省成本。

为了更好地优化用户体验，保证用户对广告的新鲜感和满意度，品友 DSP 系统对此次广告投放进行了严格的频次控制，对独立用户展现次数限定在 6 次以内，为用户提供了一个良好的品牌体验环境，提升其对产品的好感，并有效节省人群覆盖成本。

(4)RTB 和 PDB 智能投放，保质又保量。

RTB 在公开媒体交易市场里竞价购买流量的效率高，每次曝光通过科学的验证，可以实现覆盖广度，但不能保证品牌投放具有充足的量。PDB 则是广告主私有采购媒体后，通过品友 DSP 系统进行优化投放，确保广告位的 100%预算覆盖更多人群，同时可以对广告进行实时掌控。此次高露洁产品的人群覆盖推广活动采用了 RTB+PDB 的智能投放组合形式，对广告费进行了科学的安排，使精准投放的效果更加均衡，充分发挥了“1+1>2”的营销效应，保证了广告投放的质与量。

3. 结果

通过品友的 DSP 平台投放服务，此次营销活动超额完成了客户设置的各项 KPI，相比于以往的投放，在相同预算下，品友 DSP 帮助客户将目标人群的独立曝光量提升了 23%，成功覆盖了更多目标受众。此次采用的跨媒体联合频控技术，确保广告主媒体流量效益最大化。统计结果显示，各媒体曝光量中，每位用户看到 1~6 次广告的 UV(独立访客)占比极高，其中三家达到了100%，实现了高露洁目标人群大规模、高质量覆盖，有效地促进了产品的推广和转化。

4. 启示

竞争的升级，要求企业在营销传播的策略及手段上也要不断升级。为满足营销助力的需要，在传播层面，在产品高度同质化的情况下，增加产品的曝光率从而转换成品牌的购买率才是品牌营销制胜的法宝。

跨屏视频广告的投放，加大了品牌的曝光度，品牌的曝光度越大，消费者对品牌的认知度就越高，认知度随着时间的推移，会转换成消费者对品牌的认可从而产生购买行为。一个好的品牌不仅要做好自己的产品，同时也要学会进行产品的宣传和广告投放。当今社会，流量是品牌生存的重要条件之一，如果没有流量加持，再好的产品也难以抵达消费者的眼里。因此品牌要重视广告的投放和宣传，引发消费者的关注。

Dialogue on Branding | 40

第 40 期

广告的未来在哪里

Dialogue on Branding ▶▶▶▶▶▶▶▶

第40期
广告的未来在哪里

【本期节目概述】

2016第15届中国广告教育学术年会暨第三届新媒体发展与创新国际论坛在广州大学城顺利举行，会议邀请了众多学界和业界的重量级嘉宾，对广告行业进行了深入的交流和探讨。本期节目，段淳林教授将和我们分享这些重磅嘉宾都有哪些精彩的观点。

一、舒尔茨的演讲主题

舒尔茨这次的演讲主题是“广告的未来是什么”，他的观点是在充满变数、挑战和机遇的今天，广告面临很多新的问题。这些问题包括什么是广告？我们怎么样重新界定广告？我们要研究什么内容？大学里的广告学教师要教什么内容？这是学界和业界面临的共同挑战。他认为，广告需要不断的变革和创新，原本的定义在今天可能已经不能再适应了，怎么样能够让广告适应今天和未来的市场环境，是我们面临的非常严肃的问题。舒尔茨认为，我们需要提出一整套新的假设、新的概念、新的思路和框架，比如怎么从消费者驱动这个方向为广告主提供解决的方案，对未来的预测将代替现在的投资回报率ROI，这个能力成为衡量企业管理能力的标准，甚至比KPI更关键。品牌比产品或者服务更具有价值，广告公司和企业一起维护消费者关系，各自的角色发生变化，共同成为品牌关系的代理人。

舒尔茨引入了“全品牌传播”的新概念，作为大众营销的总结和新的营销方式的世纪性的开创。今天的品牌传播的概念更多的是双向互动和沟通，新技术的发展使得市场营销的实现和消费者的双向互动成为可能，我认为品牌关注的是企业和消费者之间的关系，这种关系就成为品牌理论和整合品牌传播理论的理论逻辑起点，从广告理论、营销理论到今天的品牌理论，已经实现了这样一种逻辑。从现实逻辑来讲，传播技术实现了平台化的商业模式，让我们觉得双向沟通成为一种可能，消费者从被动接受信息到主动参与信息传播，再到互动参与甚至掌握话语权、关注品牌价值观的共建，这些变化其实是品牌传播的现实逻辑。

二、许智修的观点

许智修是美国3A广告协会会长、明尼苏达大学教授，颇具影响力。她讲了几个大的方面，包括技术的变化、计算广告学的发展、跨媒体融合、产学研对接，还讲了品牌接触点的问题和产学研的互动融合。无论是广告理论还是其他理论，理论逻辑和现实逻辑必须是互动的。理论具有超前性，能够回过头来指导实践，让人少走很多的弯路，要有敏感的触觉，光埋头苦干是不行的。

这次会议有6个分会场，分别是大数据与品牌传播创新、数字营销的发展与规范、中国广告创新人才培养、数字时代的广告艺术传播、新媒体环境下传统广告融合与创新、计算广告与广告的未来发展，这其中中国广告创新人才培养的分会场的讨论非常热烈，陈培爱老师三十年如一日地关注这个领域，在会上还讲了自己的观点。

三、会议有什么遗憾？

任何事情都不会绝对的完美，都可能会有一些遗憾和疏漏。这次会议要特别感谢广东外语外贸大学杨魁教授及其团队，6个分会场、闭幕式以及院长论坛都是由他们来承办的。由于这一次请的嘉宾比较多，上午的时间也比较紧凑，还有很多重量级嘉宾没来得及在主会场发表演讲，所以在下午闭幕式之前开设了一个小时的院长论坛，算是稍微弥补了一下各位嘉宾在主会场上的遗憾。

此外，本次论坛还有一个亮点，那就是设立了优秀学术论文奖，评出了十项优秀奖、五项三等奖、两项二等奖和一项一等奖，这在中国广告教育学术年会上是第一次，受到了大家的广泛好评。

＊关键词解读＊

品牌关系

品牌关系(Brand Relationship)，也就是品牌与接触点的关系，根据品牌接触点的不同，分为品牌内部关系、品牌与渠道关系、品牌与供应商关系、品牌与观念领导机构(对品牌的影响行为包括临床实践、组织机构的观点和团体的倡议)关系、品牌与用户关系、品牌与媒体关系、品牌与政府机构关系、品牌与口碑关系、品牌与特定事件关系、品牌与品牌关系。

传统的品牌管理注重的是顾客关系管理，品牌价值主要来源于品牌与顾客之间的利益关系。品牌沟通对象已经不仅仅是独立的消费者，而是社交网络中的消费群体，甚至是社会公众，因此，品牌的关系已经不再是单纯的品牌与消费者的关系，而是延伸扩展到社会化关系的层面，即品牌与消费者、消费者与消费者、品牌与其他利益相关者以及消费者与其他利益相关者之间的关系等一切社会关系的总和，对品牌而言每个关系的连接点都是品牌价值作用点。这种依托社会化网络形成的一个复杂而有序的关系网实际上也是品牌价值传递网，由消费者绝对主导。因此，品牌要进行社会关系管理。社会关系管理，包括两个密不可分的部分：社会关系网络构建和社会关系网络管理。移动社会化媒体让一切社会关系得以建立，把每个消费者的完整的社会关系真实地展现出来，虚拟社交网络和现实社交网络的融合使得消费者愿意花费更多精力与企业共同管理、拓展关系网，将个人的社会关系与企业或者组织联系起来，带来更多的品牌价值。

社会关系管理是以品牌核心价值为纽带，让一切社会关系的维持都依赖品牌核心价值，社会化网络已经将一切社会关系紧密地联系在一起，企业在未来应借助这个平台进行有效的分类与管理。

＊案例＊

“三只松鼠”：与消费者建立“亲密”关系

1. 背景

我们回顾一下这几年来“三只松鼠”“双 11”的销售额战绩：2013 年为 3562 万元，2014 年为 1.02 亿元，2015 年为 2.5 亿元，每一年都实现了高速增长。“三只松鼠”的抢眼表现，使其成为各路媒体和专家研究的对象，例如，针对 2015 年“双 11”“三只松鼠”的表现，有文章就罗列了其成功“秘笈”：包括娱乐营销、综艺营销、明星客服、金手指、智能物流等“高大上”的概念。对于这些分析，“三只松鼠”首席品牌官郭广宇并不认同，他指出，一颗小小的坚果之所以能产生这么大的能量，不能简单归结于这种那种打法，而在于“三只松鼠”长期以来对用户体验的坚持和点滴细节的积累。

“三只松鼠”取得成功以后，很多人都在模仿，例如模仿其卡通品牌形象，客服使用“主人体”，包裹里也会放果壳袋、湿巾、核桃夹，甚至有人连“三只松鼠”的短信都在模仿，但学来学去都不像，那是因为他们学到的只是表皮，对于“三只松鼠”成功的核心秘密他们并没有参悟。那么，“三只松鼠”2.5 亿元销售额的背后到底隐藏了哪些秘密？

2. 创意

(1)让消费者成为推销者。

“三只松鼠”品牌运作的核心理念是什么？那就是让消费者成为你的推

销者。消费者为什么要推销你的产品？并不是因为得了你的什么利益，靠利益博取的都是不长久的。一定要是发自内心的喜欢和热爱，这就要给予消费者充分的参与感，充分了解他们的需求，关注他们的体验。郭广宇讲到一个例子，在创业的第二年，“三只松鼠”遭遇了一次严重的年货危机，出现了断货情况，很多消费者在微博等社交媒体上骂“三只松鼠”，这时候就有一批用户站出来跟这些消费者解释，告诉他们产品马上就到，让他们再耐心等一下。这些用户就是“三只松鼠”的铁粉，他们见证了“三只松鼠”的诞生和一路的成长，并且参与其中。只有当你对用户足够好的时候，他们才会转化为你的推销者，这种好绝不是一些“小恩小惠”，而是真正懂得用户，无微不至地关怀用户。

(2)品牌无界化。

这是“三只松鼠”的另一个核心机密，之所以有这么多粉丝愿意追随“三只松鼠”这么多年，就是因为松鼠能跟他们玩到一起。用郭广宇的话来说，“三只松鼠”不仅是一个农业企业，还是一个动漫企业，本质上做的其实是一件泛娱乐的事情。不要认为卖坚果的就是农业圈的，要勇于突破自己的品牌边界，只有这样才能不断开拓出新的出路。

尤其是在这样一个娱乐至死的时代，更要会玩，要跟“80后”“90后”甚至“00后”玩到一起，一个品牌要有前瞻性，不仅要抓住当下的主流消费群体，还要研究未来主流人群的特征，只有这样才能保持不败，一些品牌老化得很快，跟年轻人玩不到一起，这样的品牌不出三五年就会被淘汰。

除了卖坚果，“三只松鼠”还在做动漫，例如《萌贱三国》《奋斗吧，松鼠小贱》等，他们有自己的制作团队，并与奥飞动漫有合作。为提升自身的制作水平，2015年“双11”的宣传片，“三只松鼠”还请来了好莱坞的制作团队亲自操刀。除此之外，“三只松鼠”还切入动漫产业的上游，制作了动漫大电影、儿童读物等，郭广宇解释说，小孩子往往会影响到父母的决策，“三只松鼠”不仅要抢占白领人群，还要影响未来的消费人群。

此外，“三只松鼠”还涉足娱乐圈，在2015年“双11”开始之前，明道、保剑锋、陈德容、苑琼丹、田亮、谈莉娜6位明星就悄悄潜入松鼠家，客串了一把松鼠。从12月10日晚开始，这些明星有的进入客服岗位上岗工作，与消费者在线互动并回答消费者的提问；有的在物流岗位参与拣货、打包等工作，幸运的消费者还有可能随包裹收到明星们的亲笔签名。这些明星各自拥有不少粉丝，这次他们到松鼠“打工”，无疑刺激了粉丝的神经，也拉动了消费需求。

郭广宇透露，这些明星的到访其实是安徽卫视的一档真人秀节目《你好菜鸟》安排的拍摄。除了综艺合作，“三只松鼠”还跟乐视展开合作，跟旅游业展开合作，等等。快消品本质上是一个泛群体的品类，因此不能太局限，要勇于突破自身的边界，消费者的需求每年都在变，品牌也要不断进化。郭广宇说，“三只松鼠”是要去真正影响一代人，卖坚果可能只是他们的一个副业。

3. 执行

在“三只松鼠”内部有一个红本文件，也称“松鼠宪法”，任何员工入职时都要学习并牢记，在这里列举一下核心的几条：①共同承诺，共享价值(员工承诺爱岗敬业，企业承诺跟员工共同成长、分享利益)；②用双手创造未来；③不准买同行产品；④不准让主人不爽。

尤其是最后一条被视为核心中的核心，从上到下必须无条件执行，所有的业绩考核都跟这一条挂钩。“三只松鼠”的用户体验之所以做得这么好，我想跟他们对“松鼠宪法”的坚持也有很大的关系。

为了充分了解用户需求、挖掘用户痛点，“三只松鼠”还发明了一种“全接触点的用户体验管理法”，就是让员工自己变身消费者，从消费者的角度思考每一个环节，拆解开来体验，然后再将每一个点连成一条线，问自己的痛点在哪里，哪些地方令自己不爽。

(1)快速地与消费者建立关系。

谈到这一点，郭广宇说，这两年互联网思维特别火，已经讲烂了，其实互联网思维的实质还是用户思维，这是一切商业的本质，不管你是传统行业还是互联网企业，都要遵守。这也是“三只松鼠”与消费者建立关系的出发点。互联网带来的一个改变就是与消费者关系的改变，品牌通过互联网打破了与消费者中间的一些隔阂，可以直接与消费者一对一的对话，这为满足消费者的个性化需求创造了可能性。

“三只松鼠”称呼消费者为“主人”，很多人不解，其实这就是一种互联网场景的设计，与奉顾客为上帝的传统做法形成区隔，在其企业文化的定义中，与顾客的关系不是买卖关系，而是朋友关系，上帝是高高在上的，将上帝变为主人拉近了与消费者的关系。

另外，为了与消费者建立关系，“三只松鼠”还通过开发一些周边产品，全面覆盖消费者的生活空间。这些周边产品包括前文提到的动漫作品，还有一些玩偶、家居用品等，通过这些周边产品来抓住用户的一些痛点，起到唤醒和强化记忆的作用。

郭广宇对场景营销的理解是：找到一个有效的场景，用一种有效的内容，与消费者当下状态产生互动与共鸣，而后让其通过手机入口迅速产生行动，从而逐步产生依赖，过后该场景就会成为一种诱因。例如，一个在外奔波的业务员，忙完事情回到酒店时已经过了饭点，饿得头晕目眩，这时候走进电梯刚好看到“饿了么”的海报，瞬间就会产生共鸣感，接下来掏出手机，扫描二维码，20分钟后，热腾腾的饭菜就送到了房间门口，从此，当他饿了的时候就会想到“饿了么”。

(2)不同的企业文化能带来不同的战斗力。

“三只松鼠”的企业文化也是特立独行的，每个员工都有一个以“松鼠”或“鼠”开头的花名，比如章燎原在企业内部的名字为“松鼠老爹”，郭广宇的花名是“松鼠小疯”，对顾客则一律称呼为“主人”，时间一长就会产生角色代入感，郭广宇说，现在有人叫他的真名反而不习惯了。在“三只松鼠”内部连工厂的大妈都会喊“主人”，这种企业文化对员工的影响是无形的，会增强他们的集体意识和服务意识。

另外，前文已经提到，在“松鼠宪法”中有一条是“共同承诺，共享价值”，这一条就是为了与员工重建信任关系(多数企业中，员工与企业之间是不信任的，甚至是对立的)，员工信任企业了，关系平等了，才会发自内心地服务好主人，主人也才会成为你的推销者。

现在很多人学“三只松鼠”，但学习不能仅停留在模仿话术、卡通形象的层次上，如果没有相应的企业文化与之相匹配，自然只是生搬硬套。企业文化是一个长期养成的过程，不同的企业文化可以带来不同的战斗力，这才是其他企业学不会“三只松鼠”成功奥秘的根本原因。

4. 启示

无论是早期的“森林食品第一品牌”，还是后面提出的“中国最具用户体验网店”，或是宣传的“互联网食品第一品牌”，到现在直截了当地提出的“全网坚果销量第一”，这些口号表明“三只松鼠”牢牢获取了用户心智，在合适的时间做出了最适合的决策。

从创新地使用开箱器、果壳袋湿巾到称呼顾客为主人，从简单、易记忆的品牌名字到萌意十足的动漫logo，从每个员工都只叫“鼠××”到装修着大树池塘的办公室，“三只松鼠”的每一个举动都是在用互联网思维去获取顾客好评。无论是“三只松鼠”的微博矩阵和粉丝互动，还是创始人章燎原频频现身各大电视、报纸杂志，“三只松鼠”本身和它的成功以及它的团队都引发了媒体的狂热追捧，在这个全民自媒体的时代，抓取大众的眼球，挖掘媒体想要什么，是企业成功的关键之一。品牌商应该意识到，互联网时代人们去的地方变了，之前人们更多的是去工厂、车间、电影院，而现在呢？年轻一代在微博、微信、朋友圈中待的时间更长。

互联网思维最重要的一点就是跟用户走得更近，我们要看到O2O日渐盛行，微信支付已经基本开放，人们打车、吃饭、购物已经不需要钞票了，互联网真的在改变人们生活的方方面面。这边我们还没搞懂互联网呢，世界已经进入到移动互联网时代了。如何让传统品牌具备互联网思维，真正接受并勇敢地踏进互联网这个新兴渠道，才是我们需要沉下心来去思考的。

Dialogue on Branding 41

第 41 期

2016 年财经新媒体峰会都说了什么

Dialogue on Branding ▶▶▶▶▶▶▶▶

第 41 期

2016 年财经新媒体峰会都说了什么

【本期节目概述】

本期节目中，段淳林教授回顾了 2016 年财经新媒体峰会（“金 V”之夜）的精彩内容，涵盖了对众多“大咖”发言的解读。其中，段教授与主持人晨辰将重点探讨如何评定财经自媒体的影响力所包含的维度、《21 世纪经济报道》通过发布“金 V 榜”所打造的超级金融 IP 生态圈的内涵。

一、2016 年财经新媒体峰会

◎ 在 2016 年财经新媒体峰会上，哪些专家学者的发言值得我们回味，“金 V 榜”的发布、评选与颁奖活动中又有什么亮点引人关注呢？

作为财经媒体的领军者，《21 世纪经济报道》通过创新实践，引领主流媒体积极转型，在互联网时代保持高维度的传播力、公信力与影响力。在南方财经全媒体集团成立暨 21 世纪经济报道 APP 发布四周年之际，《21 世纪经济报道》重磅举办了“打造超级金融 IP · 2016 财经新媒体峰会”。峰会于 2016 年 12 月 27 日举行，会议邀请了众多经济专家、新媒体意见领袖、财经新媒体创业先锋、金融机构品牌负责人共聚一堂，共同探讨财经新媒体未来发展趋势。

独立经济学家马光远用非常幽默的语言讲解了 2017 年中国经济的新方位，以“动荡”来概括全球经济形势，而把中国经济概括为“无人区”，并基于经济形势的变化对自媒体提出了建议。他主要讲了四件事：结婚，旅游，买房，生孩子。非常讽刺的是，一直以来，中国都以人均 GDP 6000 美元的心态衡量希腊这样人均 GDP 28000 美元的国家的生活，关注着别人的房价。他建议 2017 年高净值人群应以卖房为主。

峰会上，科大讯飞高级副总裁杜兰、天奇阿米巴创投基金投资合伙人魏武挥、财经早餐联合创始人张晓东也进行了演讲，之后还举行了主题为“新媒体商业模式的探索”的圆桌会议。会议探讨了所有人都在进行内容生产，但内容变现的商业模式却不清晰这一问题。

总体而言，此次峰会分为两个部分，前一部分是专家学者的探讨，后一部分是“金 V 榜”的发布与颁奖活动，其中的重头戏则是我所做的《2017 中国财经新媒体发展趋势报告》研究报告。这份报告历时两个多月调研完成，时间紧、压力大。报告发布后即获得了良好的反馈。“金 V 榜”是《21 世纪经济报道》对财经类社交新媒体的评价榜单，目的是发掘最具传播价值、品牌价值、投资价值的财经新媒体，打造服务财经自媒体、投资者、广告主的泛财经自媒体生态圈，即超级金融 IP 生态圈。

二、关于《2017 中国财经新媒体发展趋势报告》

◎ IP 生态究竟有哪些内容，“金 V 榜”评价体系又由什么构成的？

在《2017 中国财经新媒体发展趋势报告》中，我详细讲述了 IP 生态圈。我认为 IP 就是知识产权保护，特别是对文化类产品的原创性版权保护。在今天，IP 有了更宽泛的概念。所谓的 IP 生态，即包括个人 IP 生态(如光远看经济、吴晓波个人频道)、集体 IP 生态(如腾讯财经、21 世纪财经)、集群 IP 生态圈。《21 世纪财经报道》和许多财经媒体的联盟签约形成了财经自媒体集群生态，促成了集群生态圈的成熟与完善，使打造超级金融 IP 具有了可能性。

峰会发布的“金 V 榜”作为泛财经概念，包括六大板块：财经自媒体、证券类、商业银行类、基金类、保险公司类、互联网金融企业类，通过影响力指数的计算、合成以形成最后的排行。社交媒体影响力的评估标准主要以点击量为主，其次为评论数、点赞数、分享数等指标，同时增加内容质量的比重，在平衡流量与质量的基础上建构起评估标准。评估标准建立在算法的基础上，因而较为科学、客观。

* 关键词解读 *

IP

1. IP的定义

IP即“Intellectual Property”，其原意为“知识(财产)所有权”或者“智慧(财产)所有权”，也称为智力成果权。在中国台湾和香港，则通常称之为智慧财产权或智力财产权。知识产权是指人们就其智力劳动成果所依法享有的专有权利，通常是国家赋予创造者对其智力成果在一定时期内享有的专有权或独占权。

世界电影产业惯例则直称IP为“文学财产”(Literary Property)或“潜在财产”(Underlying Property)。好莱坞对“文学财产”的定义非常简洁明了：可以改编为电影的文学作品；而“潜在财产”的所指则更为宽泛，包含了文学作品之外的可以开发成电影项目的其他作品，如图书、戏剧、故事大纲、故事梗概和原创剧本等。

在当下的中国，IP早已超越了“Intellectual Property”的范畴。它可以是一个人，还可以是一部电影、一个游戏、一本小说、一个公众号。而其呈现形式也是多种多样的，除了文字，还有漫画，还有视频，还有音频，还有游戏等。

2. IP的吸引力——赋予品牌内涵

IP具有丰富的角色形象和故事背景，同时能够赋予品牌既定的内涵。当IP元素不再是噱头，而是成为品牌故事的参与者和演出者，则能成为成功连接用户和品牌的情感纽带。IP角色可以通过与品牌形象互动，从而产生新的故事，并在故事中产生更多的品牌情感溢价。

＊案例＊

漫威的超级IP宇宙

1. 案例背景

美国漫威漫画公司(Marvel Comics)与DC漫画公司(Detective Comics)齐名的漫画巨头，它创建于1939年，于1961年正式定名为Marvel，旧译为“惊奇漫画”，曾用名“时代漫画”(Timely Comics)、亚特拉斯漫画(Atlas Comics)。1939年4月，公司在《电影连环画周刊》创刊号上创造出了世界上第一位变种人超级英雄——纳摩，这是Marvel的第一位超级英雄，他比公司的成立时间还要早半年。2009年年底，Marvel被华特迪士尼公司以42.4亿美元收购，成为其子公司。2010年9月，Marvel宣布其正式的中文名称为“漫威”。旗下拥有蜘蛛侠、钢铁侠、美国队长、雷神托尔、绿巨人、黑寡妇、金刚狼、恶灵骑士等超级英雄和复仇者联盟、X战警、神奇四侠、银河护卫队、捍卫者联盟、光照会等超级英雄团队。

2. 案例创意

漫威的大部分英雄都靠斯坦·李一个人来编写，这样繁重的工作量是常人难以想象的。有时甚至连斯坦·李自己都不记得写过的人物。为了方便记忆，他在为笔下人物取名时故意把姓和名都选取相同的首字母——彼得·帕克（Peter Parker)、布鲁斯·班纳(Bruce Banner)、马特·默多克(Matt Murdock)……同时，他发明了“漫威式创作法”。靠着这一大批出色的人物，到了1968年，漫威已经追上甚至超越DC，成为漫画业的又一巨头。同时，漫画行业也终于走出了困境，并高速发展起来。这个时代也被称为“漫威时代”。

在漫威的漫画中，经常可以看到不同系列的人物互相串门：蜘蛛侠跑去和绿巨人战斗，金刚狼和美国队长一起搭救了年幼的黑寡妇。这是因为他们虽然各自有不同的漫画，但只要属于同一公司，就都是一个“世界”(Universe)里的人物。“世界”概念的重要性，就是要保证同一公司出品的漫画在一定范围内的整体连续性。假如一个事件在一本书里发生，那么同一世界里的所有人物都有可能受到影响。这使得漫威的IP具有了更多的创造力和价值。

3. 案例执行

80年的时间里，漫威专注于IP运作。这其中不仅包括将IP出售给其他影业公司，还包括在角色之间建立联系，形成人们常说的“漫威宇宙”，以及利用自己创造的角色打造一种“超级英雄文化”等。换句话说，就是独特的IP运作方法成就了如今的漫威。

起初，漫威在20世纪40年代的环境下，推出了反法西斯和具有爱国主义情怀的超级英雄，使之迅速受到青少年的追捧，自此漫威开始打造独特的超级英雄文化。漫威在其发展过程中，不断通过各种故事情节上的串联将超级英雄们的出生、成长和人生经历完善，形成了一个庞大的漫威宇宙。

除了情节和人物的统一外，漫威还坚持二元对立(善与恶)、三幕式结构(开端、发展、高潮)和主流意识形态(屌丝逆袭、邪不压正、人间真情)等价值观，让其角色更能被大众所接受。即使是以套路固定的商业片模式创作角色，漫威也能在俗套之上加入创新元素，努力寻求情节上的突破和人物上的创新。

此外，漫威影业有一套区别于好莱坞的制片人模式：六人制片人委员会。该委员会的成员一般由公司高管、高级编辑和漫画作者担任。

4. 案例结果

“统一世界观”的IP运作模式使漫威能反复利用角色，铺展开了纵横交错的故事与人物主线，并能带动周边产品的销量，大大提升粉丝黏度。

在拍摄电影前，漫威的制片人委员会会结合时代和观众喜好来改编漫画中的故事情节，让电影能被更多人接受，从而维护超级 IP 的生命力，使之更长久。

5. 启示

超级 IP 的产生并非一蹴而就的。漫威的“复仇者联盟”历经解散与重生，“蜘蛛侠”时隔 35 年才从漫画登上银幕，时间的打磨和内容的深耕是超级 IP 诞生最宝贵的推力。

对于国内相关产业而言，要打造漫威式的超级 IP，首先仍要以内容为王，同时，还要遵循渠道至上。只有全面整合利用资源，进行多方位的合作，形成生产到分发可持续发展的完整闭环，才能真正实现 IP 利益的最大化。

Dialogue on Branding 42

第 42 期

大数据重新定义世界

Dialogue on Branding ▶▶▶▶▶▶▶▶

第42期
大数据重新定义世界

【本期节目概述】

在2016年中国财经新媒体峰会上，段淳林教授讲解了《2016中国财经新媒体发展趋势报告》，从本期开始，段教授与主持人晨辰将就报告中的要点进行剖析。这一期节目，段教授将围绕着“大数据+”，讲述大数据是如何重新定义世界的。

一、“大数据+”财经媒体：精准、预测

◎ 中国财经新媒体呈现的特点有哪些，大数据又是如何对财经媒体产生重要推力的呢？

我联合《21世纪经济报道》和华南理工大学新闻与传播学院，以及广东省新媒体与品牌传播创新应用重点实验室共同发布了《2016中国财经新媒体发展趋势报告》。在2016年财经新媒体峰会上，我对报告进行了解读。这份报告包括两个部分，第一部分是解读2016年中国财经新媒体的特点，另一部分是分析2017年中国财经新媒体的趋势。

财经媒体和其他媒体一样，都面临一个新的发展特点、新的景观。这种新的景观，就是整个财经媒体行业的环境所发生的巨大变化。这是由互联网传播技术的发展引起的。所以我们在研究的过程中，可以把中国财经新媒体的媒体变化的新景观概括为“一大三化”。所谓“一大”，就是指大数据。王牧笛在主持2016年财经峰会的时候提到，如果不谈“互联网+”，峰会就没有亮点。因此我们要从“互联网+”开始剖析。“互联网+”实际上是国家战略，是把互联网全面应用到第一、第二和第三产业，或者是形成如互联网金融、互联网交通、互联网教育等新的商业业态。例如互联网金融飞贷网，或公共财经这样的“互联网+”传统产业。

从财经媒体的发展和整个媒体环境的变化来看，其中颇为重要的一点

是大数据+产业。在 2016 年，其整体变化异常突出。很多人认为大数据是一个新词、热词，是一个时髦的词。但实际上从原来的“互联网+”到现今的“大数据+”，它们的模式是类似的。大数据可以与各种产业组合，大数据还可以+医疗、+健康、+媒体等。但是“大数据+”会比“互联网+”更加清晰地让我们洞悉社会环境、行业环境的变化，这些变化让大家觉得感受深刻。“大数据+”产业的变化，使我们能重新定义一些概念。例如唐·E. 舒尔茨就提出要通过大数据重新定义广告。

我认为能重新定义媒体、营销、品牌，甚至重新定义我们的生活方式，都是由于大数据引发的观念变革，或者说是思维的变革。原有的大数据，只是一个数据而没有任何意义，但是基于数据的管理却不同。我们可以看到，依托于互联网和传播技术的发展，所有人在社交媒体上的生活痕迹、交流痕迹、交易痕迹全部都能保留下来。数据保留下来以后，我们就可以通过大数据的算法对其进行分析，然后搜寻目标者的痕迹，或者通过用户画像对其行为进行分析，由此精准地找到用户的需求点。

这种变化就如同蒸汽机、电力发明一般，对人们的生活产生了颠覆性的变革。这种变革带来了将大数据运用到社会、生活领域的新的研究范式。传统研究消费行为的方式，如市场调查，基本上都是采用的结构化数据，例如收集男女性别、年龄等信息进行统计学意义上的分析。但在大数据的分析下，非结构化的数据却更重要。所谓非结构化的数据，即每天都在变化的、流动性的动态数据。数据每日都会有更新和变化，原有的结构化数据被剖析后，可以归结为一个点。但在大数据的研究范式里，更多时候要通过计算来了解整个数据的存储、提取、整理、格式化等，这是技术层面的处理方法，也是动态的处理方法。

当然，更为重要的是大数据的思想。它是对现实逻辑的一种理解方式，是能够适应现实生活的一种运算和算法能力。对某一个行业而言，算法能力可能是这个行业独特的竞争力。从“大数据+”财经媒体方面来看，财经媒体只是旧媒体中的一员。财经自媒体、财经新媒体只是通过数据管理获得的独特领域。在这个领域里，我们能够通过大数据精准地找到用户。以“金融八卦”为例，“金融八卦”的定位很清晰，它有500万的粉丝用户，但其粉丝并非分布在一线城市的居民，而是二三线城市里关注泛财经内容的普通百姓。此外，“功夫财经”“财经早餐”的定位也非常清晰，它们的目标用户中高净值人群有200万。《21世纪经济报道》的用户画像也很清晰，由于其在广东起家，所以粉丝群也集中于广东，特别是广州市。《21世纪经济报道》在广东省和广州市的目标用户的年龄集中分布于25岁到45岁，基本上都具有高学历，98%都是本科以上人群。通过大数据，精确定位用户群能够得以实现。

另外，大数据对于财经媒体的作用，还表现在其可通过关键词或语意的分析，预测下一步的财经热点。财经媒体可以向一些大数据公司、大数据研究院不断推送信息，让它们预测这些信息是否可能成为新的热点。传统意义上的新闻热点是在发生后，或通过消息来源获知后把握的。但今天我们通过数据可以很清晰地进行预测，甚至有一些公司专门把这些热词分批卖给不同的媒体，有的也卖给境外媒体，比如BBC这样一些财经类媒体。所以，大数据+财经媒体意味着最基本的两点，第一点是精准，并由此实现第二点——强互动性。正如中央电视台财经频道评论员马光远在《光远看经济》里通过解答问题，与其用户进行灵活的互动、交流，这是传统媒体做不到的。另外，可以动态地预测未来的新闻热点，这是大数据引发的财经新媒体的一个最大的变化。

今天的大数据还处于初级阶段，数据怎么应用、怎么发挥价值及根据某行业形成独特的算法，还需通过技术手段不断进行优化。把大数据看作网络上的数据这种观念也有些过时，比如华南理工大学软件学院的一名“95后”学生，他只读了一年的大学就下海创业，创办了声牙科技公司。其公司的大数据技术能在展会、汽车展上，准确捕捉到哪些人群在某一款车旁停留过、在车旁边停留了多长时间、有没有进行购买，还能洞悉人群的集中度、年龄、男女的比例、兴趣爱好、对色彩的兴趣爱好、款式等，这令人十分惊讶。

实际上，声牙科技公司是应用了一样类似于路由器的东西，其能覆盖周边4万平方米的空间。在覆盖范围里面，即便你坐在隔壁办公室，只要你的手机是打开的，它都可以获取到你的数据。不过这也涉及隐私问题，所以它不能应用于涉及个人信息安全的领域。

二、"大数据+"用户画像分析

◎ 大数据推算出来的用户画像究竟指什么，关键意见领袖对用户行为又会产生什么影响呢？

以《21世纪经济报道》的用户画像为例，其阅读人群中以男性用户居多。根据分析报告里的数据，他们的学历普遍较高，学历本科以上的达到了98.18%。年龄分布于25~34岁的占了65%；35~44岁的占了29%；25~45岁的加起来高达90%。这一点与财经新闻所涉及的领域有关，财经媒体要求读者有一定的知识面或知识储备。所以从用户画像来看，其用户人群以中青年男性居多，因为男性对财经比较感兴趣。从品牌传播的角度来讲，这个群体是其优质的目标用户。通过大数据的分析，我们获得了《21世纪经济报道》的用户画像的另一个特点，那就是行业分布以金融保险为主，大约占据了77%，这个比例非常高。其用户兴趣较为广泛，排名在前列的兴趣爱好是影视音乐，此外还有软件应用等。并且，一些男性虽不爱逛街，但是热衷于网上购物，有些人甚至购物成瘾，购买了一大堆东西，有的快递甚至从来都没被打开过。

此外，他们也对新闻资讯和金融财经的资讯非常感兴趣，教育培训、旅游、美食、健康、家电数码等领域，都是他们感兴趣的。从用户的关注领域和生活形态来看，他们注重高品质的生活、精神娱乐生活。另外，他们在享受生活上的花销也较高，如在旅游、酒店上的花销。他们还有获取资讯、软件应用的习惯。其人群还特别关注公共领域的话题，例如健康、社会信息、公共信息等。从画像的用户区域分布来看，上海地区用户占17%，广东地区用户占16%，北京地区用户占12%。"北上广"是重点分布区，其中广东整体的用户群体数位居第二。从用户画像可见，其用户人群生态圈、核心生态圈仍分布在一线城市，而且东部沿海处于绝对优势地位。因为《21 世纪经济报道》是广东的媒体，其广东用户较多。

在财经类的社交媒体中，意见领袖的影响非常大。KOL（关键意见领袖）对用户行为的影响可通过数据进行分析。通过数据分析，我们可以发现个人的影响，特别是内容的影响，即网络红人 KOL，是通过持续地输出差异化的、原创性的内容去实现的。IP 是影响因素的一个要点，超级人格化的 IP 需要网络红人 KOL 具备非常专业的能力。KOL 在这个领域里一定得具有权威性，同时还需要具备良好的语言表达能力、惊艳的个人魅力，以及要有能“hold 住”大家的气场。

KOL 要愿意和粉丝进行互动并进行迅速反馈，建立差异化的个人魅力，更关键的是还得建立信任关系。信任代理，就是大批用户对网络经济红人 KOL 具有极高的信任度，这种信任度是一个重要指标。信任度达到一定程度后就可进行扩散或者进行多内容平台的分发。比如我们的节目，可以 KOL 的名义在蜻蜓 FM、企鹅 FM、今日头条等多平台进行分发。多平台分发的影响力就是建立在一种持续的信任度上的。

＊关键词解读＊

大数据

1. 大数据的含义

大数据，指无法在一定时间范围内用常规软件工具进行捕捉、管理和处理的数据集合，是需要新处理模式才能具有更强的决策力、洞察发现力和流程优化能力的海量、高增长率和多样化的信息资产。

在维克托·迈尔-舍恩伯格及肯尼斯·库克耶编写的《大数据时代》中，大数据指不用随机分析法（抽样调查）的捷径，而对所有数据进行分析处理。

IBM 提出，大数据具有“5V”特点：Volume(大量)、Velocity(高速)、Variety(多样)、Value(低价值密度)、Veracity(真实性)。

2. 大数据的精髓

维克托·迈尔-舍恩伯格及肯尼斯·库克耶在《大数据时代》里阐述了大数据的三大颠覆性的观念转变：是全部数据，而不是随机采样；是大体方向，而不是精确制导；是相关关系，而不是因果关系。

3. 大数据的应用

大数据是互联网发展到现今阶段的一种表象或特征，在以云计算为代表的创新技术的辅佐下，大数据被运用到了医疗、交通、教育等各个领域，并为人类不断创造更为丰硕的价值成果。同时，各种利用大数据进行发展的领域正在协助企业不断地发展新业务，创新运营模式。

例如，美国洛杉矶警察局和加利福尼亚大学合作利用大数据预测犯罪的发生；Google 流感趋势(Google Flu Trends)利用搜索关键词预测禽流感的散布；统计学家内特·西尔弗(Nate Silver)利用大数据预测 2012 年美国选举结果；麻省理工学院利用手机定位数据和交通数据建立城市规划等。

大数据技术的战略意义不在于掌握庞大的数据信息，而在于对这些有意义的数据进行专业化处理。换而言之，如果把大数据比作一种产业，那么这种产业实现盈利的关键，在于提高对数据的“加工能力”，通过“加工”实现数据的“增值”。

* 案例 *

今日头条：用数据说话

1. 案例背景

2014 年 6 月，移动端用户超过 PC 端，成为中国网民上网的第一大终端。同时，阅读新闻资讯是手机用户花费时间最多的行为之一。每天，整个互联网可以产生数以百万级甚至千万级的新闻资讯，但许多我们熟悉的门户网站对这些海量信息的露出只做到了千级。

另外，“大数据”技术发展迅猛。2008年年末，“大数据”得到部分美国知名计算机科学研究人员的认可，业界组织计算社区联盟（Computing Community Consortium）发表了一份有影响力的白皮书《大数据计算：在商务、科学和社会领域创建革命性突破》，此组织可以说是最早提出大数据概念的机构。2012年1月份，在瑞士达沃斯召开的世界经济论坛上，大数据是主题之一，会上发布的报告《大数据，大影响》（*Big Data*，*Big Impact*）宣称，数据已经成为一种新的经济资产类别，就像货币或黄金一样。在中国，大数据受到了各方的高度关注，众多企业纷纷应用大数据技术来助力企业成长，如阿里巴巴集团在管理层设立“首席数据官”一职，负责全面推进“数据分享平台”战略，并推出大型的数据分享平台——“聚石塔”，为天猫、淘宝平台上的电商及电商服务商等提供数据云服务。

2. 案例创意

在大数据场景应用下，搜索、推荐、个性化定制的客户端可以凭借技术优势成为业界焦点。通过数据分析、数据挖掘、信息检索、个性推荐算法、人工智能等技术手段，应用能够实现最精准的内容推荐。

今日头条是一款基于数据挖掘的推荐引擎产品，它为用户推荐有价值的、个性化的信息，提供连接人与信息的新型服务，是国内移动互联网领域成长最快的产品服务之一。它由国内互联网创业者张一鸣于2012年3月创建，于2012年8月发布第一个版本。

3. 案例执行

今日头条作为近年来最火的移动互联网产品之一，其成功在很大程度上取决于头条团队大胆地利用大数据和人工智能技术颠覆传统的内容传播形式：

（1）个性化信息，千人千面，随刷随有。今日头条的信息流是在分析用户的兴趣后产生的，并且可以时时刷新，信息层出不穷。这是今日头条在移动互联网上的重要创新。

(2)信息精准抵达受众，极大地提升信息传播效率。通过数据挖掘、智能分析、机器学习等技术，今日头条用机器对每则资讯进行计算和分发，并且能够结合用户阅读习惯、阅读时间、阅读环境等多个维度，智能地为用户推荐精准的个性化信息。

(3)“大数据+”算法，越用越懂用户。今日头条之所以非常懂用户，得益于大数据与算法。今日头条的后台系统每天观察5500万用户的使用行为，每天产生200TB的数据，通过大数据挖掘能够了解用户的兴趣分布。

(4)将“人找信息”变为“信息找人”。今日头条的推荐引擎能有效帮助用户快速发现感兴趣和高质量的信息，提升用户体验，增加用户使用产品的时间，并有效减少用户浏览到重复或者厌恶的信息所带来的不利影响。

4. 案例结果

截至2016年，今日头条的流量已经相当于(部分数据报告显示大于)除腾讯新闻客户端外其余新闻客户端产品的总和。

从“两微一端”各平台的入驻情况来看，进入总榜前100名的媒体中入驻今日头条客户端的有63家，客户端已经逐渐成为网民阅读新闻的主要方式。但当前网民对于客户端使用度高度集中，各传统媒体自身运营客户端难度不断增加，通过入驻影响力较大的客户端，有助于传统媒体获得优质的信息出口，扩大其传播力。例如光明网通过今日头条客户端，所发文章每日可以得到数百万的阅读量。截至2016年11月底，已有超过39万个个人、组织开设头条号。其中约有30万自媒体头条号，以及政府、媒体、公司等其他类型的头条号约9万个，今日头条帮助内容生产者在移动互联网高效率地获得了更多的曝光与关注。

5. 启示

数据将成为重要的生产资料，数据思维已是各行各业抢占红利的重要利器。今日头条之类的大数据应用平台能精确洞悉用户需求，为不同的用户进行个性化的信息定制，在注意力的争夺战中握得了重要砝码。在未来，大数据将为人们的生活带来更多的可能性，发现更多令人惊喜的商业蓝海。

Dialogue on Branding 43

第 43 期

移动化与平台化凸显

Dialogue on Branding ▶▶▶▶▶▶▶▶

第43期
移动化与平台化凸显

【本期节目概述】

在上期节目中，段教授指出财经新媒体具有“一大三化”的特点，本期节目段淳林教授和主持人晨辰将对《2016年中国财经新媒体发展趋势报告》里提到的“三化”中的“移动化”与“平台化”进行多面的解读。

一、用户接触习惯移动化

◎ 新媒体用户的接触习惯发生了什么样的变化，这种变化又迎合了怎样的时代潮流呢？

财经新媒体的移动化，指的是用户的接触习惯转到了移动端。2016年6月，中国的网民人数已经达到了7.1亿，半年内新增网民2000多万，增长率为3.1%，互联网的触及率达到了51.7%，手机的网民规模达到6.5亿左右，而且数据还在不断更新。这还只是半年前的数据，前段时间我带领一些美国外教参观腾讯公司时就发现，仅仅微信的某些数据就相当惊人，比如微信同时在线人数达到了8.99亿。Web 1.0是硬件时代，从硬件到软件是一个变化，从PC端到移动互联网又是另一个变化。中国移动互联网是伴随智能手机和移动APP的普及开始的，特别在2011年，微信出现，成为人们获取资讯的第一个入口。去年，我和美国学者进行探讨时，他们告诉我，美国手机移动端用户比例为84%，而那时中国手机移动端用户比例已经高达90%多了。许多人都通过今日头条、腾讯新闻等网上客户端获取咨询，因此报纸出现了断崖式的滑落，而手机则成为生活的助理。

不久之前，我们还认为电子支付是很遥远的事情，而现在已经是一个非常普遍的现象。微信支付这种方式符合了社会期待。首先，它十分方便；其次，它新鲜好玩。比如，有的人笑侃移动金融就是发红包，因为发红包既便捷又让人开心。我由此联想到《纽约时报》的一个短视频，其中描述的就是微信的强大功能，这个视频让美国人非常震惊。事实上，微信已远远不止于社交化的功能，它已经成为一个智慧城市的概念。就移动化的特点而言，我想以“财经早餐”为例：每天，我最早接触财经新闻的入口就是“财经早餐”，大致浏览相关内容后，我还会分享给我的微信好友，比如在迪拜做贸易的朋友，他就会认为这些信息非常受用。因此，手机已成为用户行为变化的第一个入口、第一个接触点，这个变化在中国非常突出，在财经媒体方面尤其突出。

关于移动化，我还想谈一谈从2008年到现在发生的巨大变化。2008年我去斯坦福讲课，大家以“手机广告的盈利模式——以3G门户为例”进行了探讨。而现在，3G门户都不存在了。那时，我们还在探讨手机是第一媒体还是第五媒体，分析手机的媒体价值等。当时在论坛上，我遇到了舒尔茨，他问了我一个关于二维码的问题，不过坦诚而言，我当时不知道二维码，2008年基本上也没人熟悉二维码这个概念。但到2016年12月份舒尔茨来中国时，几乎所有人都在使用二维码，他也由此对中国的变化感到惊叹。同时还表示，他不愿意错过见证中国发展的机会，因此他探访了腾讯和今日头条，对它们表示了赞赏。

值得一提的是，腾讯的公益平台从2014年到2015年也发生了显著变化：2014年的腾讯深耕于PC端，短短一年之后，腾讯公益平台的90%就转移到了移动端，这是非常成功的案例。

二、财经新媒体平台化

◎ 新媒体平台化具有哪些鲜明的特点呢？

“平台化”也是移动互联网金融、财经新媒体发展的一个突出特点。从前我们从品牌的角度出发探讨了许多战略，但当下我们思考的战略中很多都是基于共享经济，或者流量的。要讨论平台，就要谈到流量、点击率、用户量。平台除了流量之外，还有一个更重要的特点，那就是可以进行互动，实现资源共享、资源整合。比如投资平台，可以将鼎晖投资等投资“大咖”集中于平台，给他们提供服务，让双方找到供给和需求的结合点。所谓平台，就是指提供共享和交流的地方。比如滴滴打车，它在需求和供给方面都实现了互动。

建立连接多边关系的金融平台，是中国新兴财经媒体平台化转型的一个要点。这个要点具体有两大方面，第一个方面是财经新媒体平台化思维的建立，平台化的建立需要重构传统财经媒体产业链，将传统媒体和新媒体进行融合；第二个方面是财经新媒体平台初步实现了内容多样化发展。

下面，我用具体例子来解读以上两个方面。平台化的第一个方面是财经新媒体平台化思维的建立。南方财经全媒体平台可谓传统媒体中进行产业链整合的典型，2016年11月17日，其在广州正式揭牌成立。广东省是媒体大省，积极响应国家供给侧改革的策略，而南方财经全媒体则是中央批准的首家全媒体平台，它的目的是打造“媒体+金融”“媒体+技术”的平台，致力于在3~5年里，成为世界公认的媒体平台。南方财经全媒体的几个想法，一是实现媒体业务+数据+交易。南方财经全媒体平台是由《21世纪经济报道》、广东卫视科教频道、股市广播频率三家媒体深度融合而成的，它希望能够整合社交媒体，形成一个广播、电视、报纸、社交媒体的矩阵，包括“两微一端”（微信、微博加客户端），构成其内容的整体矩阵。二是更关注数据，平台与大型互联网公司合作，建立新三板资讯平台。21世纪经济研究院已更名为南方经济研究院，推出了南方财经数据服务移动终端。在未来，南方财经全媒体集团还将打造理财资产交易中心和文化金融交易中心。到底是运用媒体人的思维，还是技术人才的思维，是决定平台化能否成功的一个重点，除了技术之外，还可以考虑市场化、产业化等思维方式。

平台化的第二个方面是内容多样化的发展。传统财经媒体，特别是自媒体主要应用“用户生产内容”的产出模式，模式比较单一，存在较多同质化内容，缺乏个性，很难有创意点，因此很难吸引用户，如今许多自媒体没落也是源自于此。简单打个比方，你可能关注了几十个公众号，但是都好久没点开看了，资讯太泛滥，人们已经不知道该看什么了；因此即使收到了推送，人们也不一定会看，因为很多推送在内容上高度相似，就像今天若聚焦特朗普，则公众号推送的内容就几乎都是关于特朗普的，而且表达的观点也颇为相近，缺乏有深度、独到的见解，这就是 UGC 同质化的一个表现。因此，内容要想获得多样化的发展，就要从 UGC 到 PGC，实现个性化推送。内容的来源要更加开放、更加有个性，比如吴晓波、马光远等人就敢于发声，具有自己独特的观点。

当然，平台化是极其复杂的，它的特点远不止这两个方面。有人认为平台化未来不会成为一个趋势，但我们的报告认为下一步的趋势里应该包括“一横多纵”。虽说实现平台化不容易，但平台化趋势一定会存在。

* 关键词解读 *

PGC

1. UGC、OGC 及 PGC 的区别

UGC(User-generated Content)即用户生产内容，也称 UCC(User-created Content)。随着移动互联网的发展，网上内容的创作又被细分为 PGC (Professionally-generated Content，专业生产内容，也称 PPC，Professionally-produced Content)和 OGC(Occupationally-generated Content，职业生产内容)。

这三者既密切联系又明显区别。一个平台的 PGC 和 UGC 有交集，表明部分专业内容生产者，既是该平台的用户，也以专业身份贡献具有一定水

平和质量的内容，如微博平台的意见领袖、科普作者和政务微博。PGC和OGC也有交集，表明一部分专业内容生产者既有专业身份，也以提供相应内容为职业，如媒体平台的记者、编辑，既有新闻专业的背景，也以写稿为职业领取报酬。

和UGC不同的是，PGC有着一定的优势，它从根本上对内容制造者进行了筛选，即它首先保证了内容的“优质”。移动互联网的碎片化场景下，深度的、有价值的内容显得弥足珍贵，而这显然是来自于PGC的，而UGC无法大量、持续地制造出优质内容。未来会有越来越多的UGC产品“消亡”，而PGC将强势崛起。

2. PGC行业发展现状

(1)视频网站：中国视频网站的内容生产正从UGC走向PGC，按照互联网传播和市场运作规则产生的业态演进。目前，PGC需按互联网的传播特性在内容传播层面进行调整：第一，各种类型的节目要想充分调动观众兴趣，就要按照一定的主题和关键词进行“切割”；第二，互联网平台的节目选题及内容要更纯粹化；第三，视频网站可与电视节目形成良好互动，延伸电视传播内容，自制相关节目。

(2)旅游网站：以UGC形态存在的旅游社区，却有着明显的缺陷：一方面，海外的旅行内容较少，不能满足海外游客的需求；另一方面，优质旅行内容的作者不能保证作品的更新效率，UGC内容参差不齐，甚至线下活动多于线上内容。“穷游”“蚂蜂窝”等编辑精品内容的优质PGC社区的崛起，将旅游网站引向了更为积极的发展方向。

(3)社交媒体：专注于广告和公关领域的Rohit Bhargava曾提出一个观点：在社交媒体上，PGC将会逐渐冲击UGC，并占据更多的注意力。在我国，新浪微博就建成了独具特色的“大V”舆论场，让PGC具有了更强的媒体影响力，吸纳了众多粉丝群。但谣言、不良商业行为等也同时凸显，急待进一步整治。

＊案例＊

优酷土豆：草根与专业并行的内容生态逻辑

1. 案例背景

自互联网诞生以来，它就一直被视为打破知识垄断格局的利器，不仅能够促进信息传播，推动人类知识增长，甚至还为人类带来了民主自由的无限想象。在互联网上，每一位网民都被赋权，可以自由地发声，自由地搜索知识。随着网络的发展，网民表达心声的渴望愈加强烈，而相关技术不断走向成熟，OGC 由此兴起。

但网络谣言散布、生产内容质量低下成为痛点，行业呼唤更具规范性的高质量内容生产。互联网中对于理性讨论、专业知识及生产的需求是非常强烈的。而 PGC 能让整个网络环境更尊重知识、理性，让真正有价值的问题得到应有的讨论空间。

2. 案例创意

优酷土豆股份有限公司(2015 年 8 月 6 日更名为合一集团)是中国网络视频行业的领军企业，专注于视频领域，旗下拥有中国排名第一和第二的视频网站优酷网和土豆网。优酷土豆为用户群提供多样化的内容，现已覆盖 PC、电视、移动三大终端，兼具影视、综艺和资讯三大内容形态，贯通视频内容制作、播出和发行三大环节，成为真正意义上的互联网媒体平台。

“每个人都是生活的导演”是土豆网创立第一天就明确的价值观。而优酷网和土豆网的双剑合璧，引领中国网络视频行业进入了发展新阶段。在“视界大战”中，获得更多新鲜、优质的内容成为其追求，其还更加关注中国年轻人的生活方式和成长分享，这是对土豆网原本价值观的进一步加强。

UGC、PGC 形式的交织能激发更多创造力和想象力，带动其开拓更广泛的疆域。

3. 案例执行

对于视频行业中的优酷土豆来说，UGC是其自创始之初就流淌的基因，因此优酷土豆对UGC的支持也不在话下。从内容激活与流通、UGC作者成长与输送到UGC品牌等几大方面，UGC的发展都得到了优酷土豆不断加码的支持。

2013年6月优酷网、土豆网分别推出“优酷分享计划”和“土豆播客分成计划”，一经推出就受到了原创作者的欢迎。而优酷土豆在对UGC支持上，仅第三季度分给视频作者的金额就高达1000万，像“暴走漫画”“李洪绸”等UGC创作大户，更是早就迈入了优酷土豆“百万富翁”的阵营。

得益于优酷土豆平台的影响力，多个UGC项目取得了成功。分成计划除了吸引大量生长于互联网土壤的“土著”，更吸引了大量“90后”的优秀新生力量，出现了如搞笑类的《Big笑工坊》、资讯类的《90后的秀》等节目。

优酷土豆的分成计划不仅开创了国内针对原创视频分成的先河，孵化了众多成功案例，更是凭借相对成熟的体系和绝对的规模优势成为行业的标杆。

在当下视频行业，自制内容所附带的品牌价值已经被普遍认可，视频网站也不再是单纯的内容发行平台，同样的，优酷土豆也从内容传播平台转变为具有内容生产属性的媒体平台，而优酷土豆的内容生产也更多地延续了互联网产品的操作模式。

“合力成就、快乐分享”是优酷土豆提出的分享精神，它欢迎PGC内容合伙人参与进来，并联合建立起完善的PGC生态系统。

土豆优酷从内容与体验着手，与众多优秀的PGC团队共同合作，整合多方资源生产自制视频内容。在优酷土豆平台上，《逻辑思维》《暴走漫画》等节目分成收入超百万元，优质原创视频内容接连涌现。此外，优酷土豆还积极开拓手游PGC资源，构建更多样的营销链条。

4. 案例结果

在UGC方面，首先，优酷土豆已然成为用户发现和观看创意视频的首选平台，5亿用户量、稳居行业第一的视频播放量等成为平台的硬实力指标。这不仅为原创作者提供了分成保障，也得到了广告主的青睐。其次，优酷土豆严格按照广告“营收”给原创者分成，原创者随时能通过后台查询视频播放量和收益，直接透明。再次，优酷土豆还研发了一系列新产品、新技术以进一步保护原创作者利益，比如率先开通了“视频认领”业务，帮助播客识别出侵权视频，保护原创版权。

另外，优酷土豆的PGC生态系统涵盖了内容生产、推广、品牌形成、粉丝汇聚等维度，形成了可持续的内容系统；优酷土豆通过助推优质内容增强了品牌价值，并打通了有效的价值变现渠道。

5. 启示

UGC业务不仅可以刺激用户使用业务，提高运营商收入，同时也是运营商提高用户忠诚度的有效手段，用户不仅可以和自己的亲朋好友分享自己的喜怒哀乐，还可以从自己创作的内容中获得分成。

而与UGC模式相比，PGC专业性更强，内容的质量和品质更有保证，同时由于采用了分成模式，PGC的运营成本会和UGC持平，但是收入更高。

随着版权内容的水涨船高，单纯的花高价买版权内容放到网上，只能成为简单的“搬运工”，花高价买内容，再高价卖给广告主的商业模式短期内无法为视频网站带来盈利。而PGC创造的是与制作发行方共同分成收入的商业模式，这减少了视频网站购买版权的成本，与过去通过购买版权再售卖广告的模式相比，这是一种颠覆。

Dialogue on Branding 44

第 44 期

自媒体的盈利模式大揭秘

Dialogue on Branding ▶▶▶▶▶▶▶▶

第 44 期

自媒体的盈利模式大揭秘

【本期节目概述】

本期节目中，段淳林教授与主持人晨辰继续就《2016 年中国财经新媒体发展报告》中财经新媒体“一大三化”的趋势展开深入研讨。节目着重围绕媒体的社会化现状，涉及了中国财经新媒体向社会化媒体转型的发展趋势，揭秘了自媒体的盈利模式。

一、中国财经新媒体向社会化媒体转型

◎ 步入泛媒体时代，财经媒体应如何转型，其转型的特点又是什么呢？

（一）财经新媒体的“社会化”内涵

2016 年，中国新兴财经媒体逐步向社会化媒体转型。从“经纬榜”对社会化财经自媒体的评选可见，“财经早餐”“港股那点事”“正和岛”“金融八卦女”“EMBA”等自媒体大号纷纷涌现。从前，我们的媒体呈现单向传播的特点，媒体具有很强的权威性，代表了政府，是党的喉舌，门槛非常高，并不是大众能轻易主办的媒体；但随着技术的发展，人人都可以成为媒体，我们进入泛媒体时代，而自媒体就是媒体的社会化。

从产业链角度来看，自媒体使内容从生产、传输到终端需求，都变成了“无限”的概念。首先，内容生产是无限的生产，泛媒体时代每个人都可以成为自媒体，可以抒发自己的见解；其次，媒体传输也是无限的传输，以前我们的传输靠广播电视网、互联网、运营商的电信网，现今的 Wi-Fi、云端则打破了这种界限，甚至有智能手机的地方都可以进行传输；最后，需求也是无限的，因为个性化，每个人的需求都不一样，自媒体的发展让

我们看到了需求层面的变化——从“信息接收者”变成了“用户”，“用户”更强调自主性、话语权，以及和自媒体之间的互动性，这些特点是传统媒体所不具备的。

从媒体的社会化特点来看，原来的信息不对称被打破，单向灌输的模式被打破，用户和自媒体大号都有了话语权，当然这都建立于不违背主流价值观的基础上。自媒体的发展正是基于这样三个特点——无限生产、无限传输和无限需求，形成媒体的社会化、公众的社会化、用户的社会化，使得传统媒体高高在上的单向传播变成了平等的平台，实现了互动和交流。

(二)财经新媒体在社会化转型过程中的特点

第一，财经新媒体逐步建立了快速传播路径。在这个时代，信息的传播速度非常快，并且具有大信息量、高专业性和高实用性的特点。比如“黄生看金融”就具有高实用性，大家在其中都能找到对自己有用的东西，他推送的内容是大家关心的热点话题。

第二，以新兴财经媒体为核心的互联网金融服务生态圈逐步建立。说到“经纬榜”的时候，就得提到投资价值、品牌价值和服务价值。比如，你的自媒体有没有品牌价值？定位是否清晰？是为某一个群体服务还是面向大众？以“正和岛”为例，“正和岛”以企业家、精英人士为目标群体，它通过理财产品和商城来实现变现。而“EMBA”公众号，其后续也有金融服务，比如建立“投资家”，将投资类公司引入到其平台以提供一些服务。

第三，多种类的新兴媒体应用程序出现在市场上，从而能接触到不同的目标用户群体。例如人们关注的 H5 应用、微信小程序、软件即服务(SaaS)。不同的应用程序可以提供不同的服务，比如金融类的各种 APP。

第四，专业性的问答。社会化媒体在意见领袖中越来越流行，专业性问答里也包含了互动和交流，比如《吴晓波频道》《叶檀财经》等，其更多的后续互动交流也是社会化媒体一个非常明显的趋势。

二、中国财经新媒体的市场现状及盈利模式

◎ 当下，中国财经新媒体市场发展情况如何，财经自媒体又该以什么样的商业模式运营呢？

(一)中国财经新媒体现状

纵观国内市场，财经用户对财经资讯的需求越来越广阔。人们的生活水平逐步提高，大家开始关注投资理财、创业投资、购房等问题。在2016年中国微信公众号的阅读内容占比上，财经类内容占比最高，为32.3%。

我认为财经新媒体可分为两类：一类是专业性的财经新媒体，包括传统垂直的客户端，如网易财经、搜狐财经、和讯财经、东方财富网等，也包括平台类的财经新媒体，如雪球财经、界面、呱呱财经、蓝鲸、野马财经等；第二类是财经自媒体。财经自媒体订制化成为一个非常鲜明的特点，其表现在两个方面——个性化和社群化。

“界面”是中国第一大报业集团上海报业联手弘毅投资、国泰君安、海通证券、小米科技、奇虎360、卓尔传媒推出的新一代财经新闻网站以及移动互联网APP。“界面”有几个特点：①实力强劲的原创报道团队，参与创办的有《经济观察报》《第一财经》，团队骨干来自《华尔街日报》《南方周末》财新传媒等；②读者参与新闻制作，包括在线参与选题会讨论和成为高级行业观察员，读者参与度越来越高；③精准拓展服务种类，比如为用户提供求职、购物、社交、投资理财等服务，根据目标用户有针对性地拓展服务种类。界面的盈利方式有几种：一是渠道获利的利润分成，即流量；二是广告收入，包括插屏广告、软文等；三是电商业务；四是寻求战略合作，收取租金。

(二)自媒体商业模式的探讨

对于财经自媒体，大家最为关注的问题是其如何盈利。由此我将对自媒体商业模式展开探讨。

迄今为止，财经自媒体商业模式中的第一点，也最关键的一点是定制化的收费模式，也就是用户可以通过付费获取某一方面的内容。现在，许多国人仍不习惯付费获取的方式。但2010年，我去访问《纽约时报》《华盛顿邮报》时，他们就曾提及，《华尔街日报》有60%的内容都是收费的，并且有人愿意买；商业模式的第二个关键点是会员制的内容聚合社区模式与精英化的内容生产；第三点则是金融交易平台的模式，客户关系管理、P2P；第四点是综合社区服务模式，“界面”是这一模式的典型代表，它不仅提供新闻，还涵盖了商城、广告、后续的战略合作等综合内容。

财经自媒体盈利的商业模式可以概括为个性化新闻消费、精英化内容生产、优质客户关系管理以及全息化财经社群。我们之后在预测中会继续探讨其盈利模式。要尤为注意的是，广告依然为盈利模式中非常重要的一点。

* 关键词解读 *

自媒体

1. 自媒体的性质

(1)媒介即讯息：自媒体有别于由专业媒体机构主导的信息传播，它是由普通大众主导的信息传播活动，即传统的“点到面”的传播，转化为“点到点”的一种对等的传播概念。自媒体作为新时代的传播工具，对我们的思维产生了革新的、突出的影响。

(2)表现渠道多样：论坛、博客、微博、微信以及众多新兴的视频网站构成了自媒体现存的多种表达渠道，随着用户的深度使用，个人门户类网站也将成为自媒体的新兴载体。

(3)传播主体多样化、平民化、普泛化。自媒体传播主体多样、覆盖人群广，而不局限于专业人士，能在更大程度上网罗新闻消息；自媒体传播者多来自于“草根”，预设立场少，有助于新闻客观性的判断；自媒体使话语权得到转移，有助于大众张扬个性、凸显个体价值、表达民意。

(4)内容构成自由化。自媒体内容没有高筑的藩篱，也不需要既定的核心。

2. 自媒体的发展趋势

(1)大众媒体崛起：自媒体打破了传统媒体“自上而下”“点对面”的传播方式，让传者和受者的界限趋于模糊，让“人人都是媒体”成为可能。

(2)冲击传统媒体：“零门槛”的网络传播形式让用户可以自由灵活地发布信息，而无需通过传统媒体发声。传统媒体对信息的筛选、议程设置等特权面临愈加艰巨的挑战。

(3)受众即新闻源：“草根媒体”能更广泛地收集信息，在突发性事件传播中更有突出的优势。

(4)专注微内容。短小精悍的微博、评论、标题等都使得自媒体传播更灵活、发展空间更广阔。

＊案例＊

“金融八卦女”：以八卦的名义观财经

1. 案例背景

随着社会的不断发展，新闻媒介进入了以手机媒体为代表的3.0时代。受众不再只是被动单向地接收媒体的新闻，也可以成为新闻传播者。尼葛洛庞蒂说，后信息时代的根本特征是“真正的个人化”。

科技的进步使得草根进行信息提供、获取、分享具有更多的可能性；在快速发展的现代社会，人们希望能在第一时间获得最新消息。以手机、微博等为平台的自媒体可以在第一时间为人们提供丰富的信息，很好地满足了这种需求；自媒体这种几乎零门槛的媒介的出现，使得全民表达成为可能，每个人都拥有了属于自己的麦克风；现有的传媒体制下，传统媒体的传播行为受到来自行政与市场的双重压力，在面对一些社会问题，尤其是敏感话题时畏首畏尾，因而错过最佳的时机，或所说的不完全为人们所信服，导致人们的知情权不能被满足。在这样的背景下，自媒体凭借自身方便快捷、人人皆可发声的特点，成为社会公共话语权表达的前台。

2. 案例创意

“金融八卦女”，从新浪微博起家，其以敏锐的时事观点和劲爆的金融圈八卦走红，成为金融圈的一枝独秀。其微信每日都会爆料金融圈八卦内幕，且保护信息源，受到网友尤其是金融圈人士的广泛关注。与其说“金融八卦女”是一个人，不如说她是一个复合形象。“金融八卦女”从来都是团体作战。此外，她还有“三千线人”——线人们通过微信、QQ、邮箱传递八卦。

跟其他的财经平台相比，“金融八卦女”具有突出的IP形象以及人格化的特点，其目标用户群表现出了精准鲜明的细分化。读者分布在金融行业、互联网行业、创投圈及媒体圈。除了社交或交友，“金融八卦女”也举办了一些线下的社群聚会、读者见面会，如“智库沙龙”“私董会”等。这些社群涉及了互联网创业、金融、P2P监管等内容。

3. 案例执行

目前，“金融八卦女”涉猎了微博、微信、APP方面，并且仍在不断探索打造个性化的财经自媒体平台，深耕内容生态领域。在APP上，“金融八卦女”会发布早报，早报的语言风格既“金融”又“八卦”，此外也有“下午茶”“夜读”等各具特色的栏目，这些栏目的文章为大家所喜闻乐见；在微信方面，“金融八卦女”做了一个专门介绍女性的专栏，即“北上广深女子图鉴”，采访优秀的、有特点的女性。“金融八卦女”团队信奉八卦是一种风格，代表有趣的态度，并持续展现自己独特的视角。此外，其还联合91金融旗下的“91众创空间”打造新媒体产业基地，该基地位于北京市西城区、石景山区等核心城区。

未来，“金融八卦女”的发展方向是希望从自媒体平台发展至金融社交平台，再到金融交易平台，以及做“金融八卦女”IP的深层次开发。

4. 案例结果

经过7年多的发展，“金融八卦女”已经逐步发展成由微博“大V”、微信公众号及客户端APP等组成的新媒体矩阵，全网粉丝超过500万名。

目前，“金融八卦女”的粉丝有“一行三会”等金融监管机构从业者、国内众多上市公司董事长、中高层管理人员以及金融界知名人士等，影响范围包含银行、信托、券商、保险、资管、VC、股权投资机构，以及政府、协会、商业从业者等金融和泛金融人群。2016年实现营收近2000万元。除此之外，其也在积极探索金融交易撮合、社群付费内容和社交服务等新的盈利模式。

该团队能够提供数千个工位，可容纳100多家新媒体创业企业。

5. 启示

目前流行的自媒体形式多样，以流量为重的娱乐类自媒体，拥有海量的订阅用户，然而转化率却差强人意，且用户维护成本还在不断增加；以低价策略为生存手段的大众消费类自媒体，在低端消费品转化率上有很大优势，但不适合不缺钱的高端人群，且不易建立深度信任；以颜值和表演性为主的网红自媒体，具有一定的人格化魅力，且容易与用户建立信任，但这种信任却难以持久。如今，专业内容成为创业新缺口，中国的投资者对专业知识的需求正在极速膨胀，掌握专业金融内容的自媒体将把握未来投资的新趋势。

现下，金融自媒体的核心突破口仍该放在专业内容和人格化形象的塑造上。通过内容创业，自媒体需进一步让用户成为专业知识的所有者，进而实现流量变现；打造人格化的形象则能使投资平台增强可信度，建立与用户的长期合作共赢关系。

＊案例＊

“财经早餐”

1. 案例背景

在时间稀缺、信息爆炸的当下，时间成本成为最昂贵的成本，越高端的人群时间越是紧迫，需要提高阅读效率、节省阅读时间，这就是他们在信息资讯获取方面的最大痛点。这是“财经早餐”开拓“财经轻资讯”新品类的原动力。

此外，不少企业在做订阅号的时候还是延续企业品牌的定位，固化而不创新，然而受众的想法越来越多变，一成不见的事物难以吸引受众，缺乏符合受众口味、分众化的自媒体品牌。

在各类微信群和朋友圈中，新闻简报、要闻摘编类的信息很受欢迎，一些个人微信号推出的此类内容获得了很高的阅读量。但当时基本没有媒体机构的微信公众号做这件事情。

2. 案例创意

“财经早餐”把每天最有价值、最精炼、最新鲜、最全面的财经信息第一时间推送给用户，很好地解决了高端人群因时间稀缺而无法有效找到有价值信息的需求冲突。“财经早餐”在定位产品的同时，也定位了财经资讯的一个新品类——财经轻资讯。与市场上相关财经长文信息形成差异化相区隔，抢占了“‘财经轻资讯’等于‘财经早餐’”的新品类第一认知。包括“财经早餐”在内的互联网品牌，只有抢到品类第一认知才算安全，互联网打破了传统商业在时间、空间层面的限制，商业边界可以无限延伸。所以，在品类认知层面，“财经早餐”也是成功的。

“财经早餐”还准确定位了目标人群，解决了相关需求。在信息服务行业，定位高端人群的价值会更好。所以，“财经早餐”决定为高端财经人士提供服务，力争做好高端人群的小秘书。这能有效提升其阅读效率、节省其阅读时间。

3. 案例执行

2014年9月15日，文字版本的“财经早餐”推出，每天于早晨6点半之前发布，为粉丝提供独家或者是及时新鲜的快捷咨询；2015年4月26日，推出语音版“财经早餐”，注重与用户的互动，一起探讨产品形态，并请了央视著名的财经人士周宇进行财经总点评；2015年10月20日，推出实时财经快讯，实时快讯推出后，被不少大的门户券商和平台所大力转载和引用；推出一系列的名人早餐会系列节目，该节目分为三个环节，第一就是对话，第二就是拍卖早餐的时间，第三个是用它拍卖的款项做一些社会公益项目；推出英语版的“财经早餐”。

“充实的一天，从‘财经早餐’开始”，这是“经济日报”微信公众号“财经早餐”栏目的口号，也是一个愿望：每天第一时间向用户提供最重要的新闻。“财经早餐”作为一个新闻集纳类栏目，实际上是帮助用户筛选、梳理和提炼信息。每日早间提供20~30条精选信息，基本可以帮助用户了解当下全部的重大新闻。

4. 案例结果

精简的轻咨询平台让用户体验感更明朗、舒适。“财经早餐”有效满足了用户的实际信息需求，从用户需求中深掘出机会，在创造性地满足用户信息需求中实现了创新发展。

“财经早餐”的推出还带动了“经济日报”微信公众号的发展：平台粉丝增长速度显著加快，整体阅读量大幅增加，粉丝活跃度明显提升。目前，

“经济日报”微信公众号的粉丝活跃度已达到40%左右，“财经早餐”为整个平台注入了新活力。

“财经早餐”还实现了微信群和朋友圈的社交化传播。传统的媒体传播是大众传播，而现在社交媒体通过类似“二传手”模式，将传播内容进一步向下渗透，分众化分发。借助二次传播极大地扩大了传播效果，也在很大程度上改变了不同传播模式间的力量和效果对比。

5. 启示

无论是建设新媒体还是推动融合发展，关键不在于铺多大摊子、建多少平台、发多少信息，而在于如何有效满足用户的实际信息需求。

此外，产品本身必须是精心选择和倾力打造的。首先，产品必须是市场需要的。现在信息市场的细分化、受众需求的多样化和个性化，为自媒体打造产品提供了无限可能。其次，产品要能够发挥自身优势。选择熟悉的领域，做擅长的事情，更容易成功。最后是产品必须突出特色，只有特色产品才有核心竞争力。

在新媒体规模数量剧增、市场竞争日趋激烈的今天，营销推广在媒体建设发展中的作用越来越重要。要充分适应当前传播格局、模式的变化，创新营销推广的理念、方式和手段，善于将大众传播与社交传播有机结合起来，如此才能取得最佳效果。

Dialogue on Branding 45

第 45 期

吴晓波和《罗辑思维》背后隐藏着什么商业逻辑

Dialogue on Branding ▶▶▶▶▶▶▶▶

第 45 期
吴晓波和《罗辑思维》背后隐藏着什么商业逻辑

【本期节目概述】

《2017 财经新媒体发展趋势研究报告》提及了“七大趋势”，其中，“人格化凸显”是一个重要内容。本期节目，段淳林教授与主持人晨辰就财经自媒体为何偏爱选择个人化符号，如何构筑独特的 IP 商业生态圈，以及怎样以个人带动社群化运营等方面进行了讨论。

一、打造 IP 商业生态圈

◎ IP 作为文化符号，长期以来热度不减。那么，财经新媒体的 IP 化运营又有着怎样的独门秘诀呢？

在《2017 财经新媒体发展趋势研究报告》中，我提到了七大趋势，即人格化凸显、从一到多、资本驱动、多元变化、跨界整合成为新常态、价格发现和智能算法催生个性化新闻。这七大趋势内涵丰富，本期我将重点分析人格化凸显的趋势。

人格化凸显，即财经新媒体的 IP 化运营，如我们所熟知的《吴晓波频道》《光远看经济》《叶檀财经》等。之前，我曾提到 IP 是一个生态，IP 化是生态圈的建构。IP 不仅仅是知识产权与原创内容，一个 IP 在内容的构建中甚至能成为文明的符号、财经的符号。比如《吴晓波频道》预测了 2017 年财经趋势，大家都认可其代表了专业财经的方向。IP 也可以是文化符号，比如《罗辑思维》就是网络文化的符号。当下，我们处于泛媒体时代、众媒体时代、自媒体时代，又该如何凸显个人形象与品牌？IP 化需要清晰的定位，塑造的形象要进行传播、分发、落地与变现，这些都是 IP 化的变现过程。谁拥有最多内容分发的成绩，谁就拥有了个人形象传播机会，也就拥有了驾驭个人 IP、获得红利的机会。

《吴晓波频道》的运营形式有很多，其个人 IP 已经成为多分发平台内容的文化品牌，大家觉得他有公信力与信任度。就自媒体而言，IP 化的过程就是信任构建的过程。IP 化是品牌的 IP 化，也是内容的 IP 化。比如，乔布斯重新定义了手机，他对产品品质的极致追求是产品 IP 化的过程。雷军的成功则是重新定义了用户，即手机“发烧友”。他们都构建了以个人为中心的商业生态圈。

二、人格化凸显　社群化经营

◎ 如何将个人化发展到 IP 社群化？

个人 IP 生态圈，是围绕一个有才华、有智慧、有社会影响力的名人构建起来的。集体生态圈，则是基于团队支撑个人 IP 的生态构建，构建起强力的人格化符号。

《淳林话品牌》同时在多个平台上推出音频产品，最初立足于喜马拉雅 FM，之后在蜻蜓 FM、微信平台、头条号上也进行分发，未来极有可能在企鹅 FM 等多个平台逐渐形成人格化形象。这也表现出人格化凸显的特征。

社群化运营，即围绕人格化进行持续的内容生产。如《吴晓波频道》《光远看经济》就是围绕话题展开互动从而形成社群，聚集起精英人士。《吴晓波频道》《罗辑思维》是需要付费的，专业人士会订阅这些内容。付费也算是一种变现。《光远看经济》的微博粉丝有 195 万，其公众号有数万的阅读量、评论量，马光远则根据评论与网友互动，增强了用户黏性，形成了社群。

《吴晓波频道》从个人人格化到 IP 社群化的发展过程中，社群的互动性很强。它的显著特点是“内容+互动”，线上与线下整合，形成一种真实的社群关系，最终促成 IP 的社群化运营。精准的社群用户人群、较强的社群价值特征非常明显。《罗辑思维》推出的“得到”APP 为用户提供知识服务，快速抢占移动阅读市场先机，只做精选的头部内容，迎合了消费升级的时代背景。《罗辑思维》从个人 IP 单一自媒体到“得到”APP 平台化社群运营自媒体的转型是十分出色的。《罗辑思维》把内容生产与内容分发集中在一起，使社群的社会价值、经济价值得以充分发挥。

* 关键词解读 *

社群运营

1. 社群运营的原则

(1)重点非关注企业自建社群，而是通过用户进行建构，带动社群优化升级。社群运营是为了与更多用户进行黏着，形成长期的互动关系。通过网络病毒式的传播能够增加参与者数量，使社群得以健康成长，并分化、扩展成新的社群群体。

(2)划定简明清晰的目标，并逐步实现，同时增强用户个体在社群中的长期活跃性。社群建构的推进需要进行阶段性的规划，分解发展步骤，循序渐进地增强用户黏度。

(3)明确个人化的任务，并引导其完成，解决社群中的核心用户群长期活跃的问题。纯粹依靠社群领袖来维系大量社群活跃度的方式并不可取，社群运营需使用户找到自己的位置，并结合自助目标中的短期和长期目标，推动用户自我实现。

(4)进行正面的群体集合，维系品牌主体和用户的良好关系。群体激励需让用户实时了解个人的贡献，并能够实时公开结果，展现社群的平等公正性。

2. 社群运营的关键点

(1)做有态度的内容，聚集起人气与共鸣。

(2)进行圈层化互动，活跃社群，同时使运营方的价值得到及时的反馈。

(3)从共享中互利，使人人都能成为社群中的获利者和贡献者，并通过共享和互利维系更长久的社群关系。

* 案例 *

《罗辑思维》的社群化运营模式

1. 案例背景

功能商业时代面临着“三无”困境。所谓功能商业，是指企业将产品或服务的功能层面放在首位，不断通过技术改进和模式创新来改善用户体验，力求不断为用户创造更大的实用价值。追求极致产品和极致体验，正是功能商业的目标，也不断将功能商业推向巅峰。

然而，功能商业最致命的问题在于，片面重视人的物质功能满足，却忽视了人的精神需求，即使试图满足用户的精神需求也是从物质功能层面入手，导致人的精神满足效果非常差，根本无法触及人真正的刚性精神需求。久而久之，功能商业的困局越来越显著，表现为“三无”：即用户无感、竞争无度、品牌无格。

“三无”困境呼唤有品牌人格化的精神商业实践，在发展道路上进行领先一步的探索和尝试。社群经济是一种以满足人的精神需求、平衡人的物质生活与精神生活为主要目标的经济形态，它能实现消费者主权的回归，促成社会资源实现优化配置与共享。社群经济可以说正是解决“三无”困境的良药。

2. 案例创意

《罗辑思维》的传播口号是“有种、有料、有趣”，“有种”即态度上不媚俗，“有料”即要有价值的传播内容，“有趣”即分享方式好玩、有趣。

《罗辑思维》力图打造具有影响力的知识社群，其充分运用粉丝对自我价值认可的需要，以“U盘式生存”为自我标榜，即“自带信息，不装系统，随时插拔，自由协作”，以及爱智求真、积极上进、自由阳光、人格健全的人生信条。

创始人罗振宇以“爱读书”这一兴趣，将人群通过社会化聚集在一起时，人群就聚集成了“社群”，而且有了领袖，这个领袖就是罗振宇。

一旦领袖罗振宇再向社群注入信仰，这种信仰又被社群高度接受，这时，社群就有了巨大力量。当社群的力量通过社会化媒体这种“强关系、强到达、强交互”的方式传播覆盖后，这种力量将更加坚固。

3. 案例执行

《罗辑思维》的视频脱口秀节目，于2012年12月21日开始在优酷网上开播，每周五更新，每季50集。该视频节目除了由罗振宇、李天田、吴声的团队来策划打造外，还会邀请社群成员或粉丝来参与节目选题的策划，这实际上是众包新闻的应用，挖掘的是社群成员的剩余劳动力。

《罗辑思维》的微信公众号每天早上会推送60秒的语音，根据语音提示回复相关文字推送文章。在微信界面中有“会员专属”和“逛商城”栏目，在“会员专属”的分栏目“会来事”里，形成了社群成员的众筹平台；“逛商城”栏目中公众号粉丝可以在店铺中购物；“领嫁妆”栏目里相关女性会员可以获得婚嫁服务；“罗胖书单”每期设置一个主题，该主题下有团队的推荐书单和脱口秀视频链接。

2017年3月，持续在各大平台更新了4年，收获了累计超过10亿次播放量的《罗辑思维》视频，正式停播了。脱口秀节目退出了其他音视频平台，只在罗辑思维旗下的知识服务应用“得到”APP独家更新。由此，《罗辑思维》改变了多平台分发形式，并将周播的视频节目改为日更的音频栏目，开启了付费社群的新篇章。

4. 案例结果

《罗辑思维》于2012年年底上线，由罗振宇和独立新媒体创始人申音打造，开播几个月后便迅速红遍互联网，所推出的付费会员制度更是震惊业界内外，《罗辑思维》顷刻间入账 160 万元，向众人展示了它强大的商业变现功能。

2015 年，《罗辑思维》完成 B 轮融资，估值高达 13.2 亿。超高的数字并不仅仅意味着《罗辑思维》的价值，它同时传达了一个信号：社群的春天已经到来。《罗辑思维》产生了巨大的影响力。同时，它创造了一种新颖的传播理念、社区组织和变现模式，对其他自媒体人的轻创业带来了很好的思路。

5. 启示

社会关系通过互动行为得到建立或强化，社群价值的实现也要依托社群成员积极参与社群活动。《罗辑思维》通过一次次有效的社群活动让弱连接强化，使社群关系不断夯实。其中，最重要的一环就是激发用户对社群活动的参与，让用户在社群活动中得到物质回报或实现自我价值。

同时，要充分利用媒体平台，社群渠道的选择不仅要“大而全”，更要“小而美”，要充分建立广泛的沟通渠道，掌握各类渠道的特点，能够充分合理地利用。

要发挥意见领袖在社群中的作用。如果不是大众消费品的覆盖传播，而是分众的市场传播，就要摸清人群中的中心节点群，更好地渗透大目标客户中去做传播覆盖。意见领袖能有效引导和协调社群活动。因此，要找准意见领袖，并充分发挥其作用，降低社群信息传播和运营成本。

案例

中信银行在百度建立章鱼卡吧

1. 案例背景

在社交媒体日益兴盛的影响下，企业粉丝经营成为互联网思维下的新产物。

第45期
吴晓波和《罗辑思维》背后隐藏着什么商业逻辑

作为当今网络新文化的发源地以及互联网“粉丝文化”的孕育地，百度贴吧于2013年宣布推出平台化战略，其宗旨是建立一套生态系统，帮助企业合作伙伴从贴吧获得海量用户，从而发展出关注企业品牌的粉丝群体。而中信银行信用卡中心作为百度贴吧第一批也是最重要的合作伙伴之一，将与百度贴吧携手推进平台化战略的实施和落地。

2. 案例创意

章鱼卡吧是章鱼粉丝团于2013年11月6日在百度贴吧注册的官方讨论吧，是中信信用卡中心首个粉丝联结阵地，也是百度贴吧首个由金融机构建立的讨论吧。章鱼卡吧的管理结构以大吧主、总舵主、分舵主、小吧主、志愿者等层次组成。其中大吧主、小吧主、志愿者都是社会人士，是中信银行信用卡中心的外部团队，这种组织架构符合互联网思维，将有力地激发网友众创和众筹，共同营造和维护健康的线上娱乐环境。

3. 案例执行

章鱼粉们通过“众包、众筹、众创”模式举办过“章鱼卡吉祥物设计大赛”“武汉男神、女神线下评选”“敢表白就敢送你去巴厘岛”“章鱼卡吧携手Visa微信公众平台送豪礼”等活动；除线上沟通平台的建设外，中信银行信用卡中心还通过章鱼粉丝团和同城会的线下拓展，组织粉丝体验当地合作商户产品或自主发起轻型活动，建立社交圈，提供从线上到线下的体验。中信信用卡中心未来将在拥有一定粉丝规模的基础上尝试为粉丝提供定制、团购、代购等服务。

百度贴吧通过提供有用或有趣的产品及服务，能够营造一种人人平等、人人参与的归属感、尊享感，这正是社群最大的价值，也是充分发挥粉丝经济能量的大前提。此外，中信银行还把粉丝引入了信用卡产品规划、设计、营销和销售的全流程中。

4. 案例结果

通过发起花样百出的线上线下活动，中信银行吸引了更广泛的用户群，增强了粉丝黏度，也提升了自身的业务水平和工作效率，在原有的顾客关系的维护方面取得了不俗的成绩。

在全面的互动过程中，中信银行进一步加强了粉丝对中信信用卡的认知，不断优化、改善中信信用卡与客户及粉丝之间的关系。

未来，“章鱼卡吧”将从“客户互动平台”“市场营销平台”和“客户服务平台”三大平台定位发力，孕育新的商业模式。

5. 启示

如今，我们已经进入发达的互联网时代，社会形态再次发生了变化。计算机网络技术的发展，为社群潜能的发挥提供了更大的空间。社群之间的联系更加便捷、紧密，社群的力量更容易爆发出来，而且比任何时候都变得更加灵敏，能够对非常细小的事件做出极为快速而且高度一致的反应。在互联网环境下的社群还具备自我强化的能力。

社群3.0时代，社群以连接一切为目标，不仅仅是人的聚合，更是连接信息、服务、内容和商品载体。要打造一个成功的社群，就要遵循平等共处、兴趣至上、愿意分享的重要法则，营造人人都是自媒体的良好氛围。最终使团体具有稳固的情感内核，成就强参与感、强归属感。

社群营销的力量是集体的力量，蕴藏在社群的每个成员之中。成功的社群营销，是能够让自己的消费者自觉主动、不计酬劳，而且满怀激情地投入到产品研发、改良和品牌的传播中去。他们将自己和自己所偏爱的产品从情感上捆绑到一起，将传播自己所偏爱的产品作为一件光荣的事情来对待。